# 现代金融经济的风险及方法策略研究

崔 嵩 著

吉林科学技术出版社

图书在版编目（CIP）数据

现代金融经济的风险及方法策略研究 / 崔嵩著 . -- 长
春：吉林科学技术出版社，2020.10
ISBN 978-7-5578-7857-3

Ⅰ . ①现… Ⅱ . ①崔… Ⅲ . ①金融风险－风险管理－
研究 Ⅳ . ① F830.9

中国版本图书馆 CIP 数据核字（2020）第 214836 号

**现代金融经济的风险及方法策略研究**
XIANDAI JINRONG JINGJI DE FENGXIAN FANGFA CELUE YANJIU

| | |
|---|---|
| **著　　者** | 崔　嵩 |
| **出 版 人** | 宛　霞 |
| **责任编辑** | 穆思蒙 |
| **封面设计** | 舒小波 |
| **制　　版** | 舒小波 |
| **幅面尺寸** | 185 mm×260 mm |
| **开　　本** | 16 |
| **印　　张** | 11.25 |
| **字　　数** | 230 千字 |
| **页　　数** | 180 |
| **印　　数** | 1-1500 册 |
| **版　　次** | 2020 年 10 月第 1 版 |
| **印　　次** | 2021 年 5 月第 2 次印刷 |

| | |
|---|---|
| **出　　版** | 吉林科学技术出版社 |
| **发　　行** | 吉林科学技术出版社 |
| **地　　址** | 长春市福祉大路 5788 号 |
| **邮　　编** | 130018 |
| **发行部电话 / 传真** | 0431-81629529　81629530　81629531<br>81629532　81629533　81629534 |
| **储运部电话** | 0431-86059116 |
| **编辑部电话** | 0431-81629518 |
| **印　　刷** | 保定市铭泰达印刷有限公司 |
| **书　　号** | ISBN 978-7-5578-7857-3 |
| **定　　价** | 50.00 元 |

# 前言
## PREFACE

  当前我国的科技水平得到了一定程度的提升，在科技快速发展的带动之下，我国的经济水平更是有了更好的发展。与此同时，我国积极融入当前经济全球化的进程中并不断通过自身的努力，逐渐在世界经济体系中占据较为重要的地位，也逐渐在国际市场中有较强的经济竞争力。但当前我们所处世界市场仍以市场经济为主，这也就意味着在市场经济体制中发展市场经济是伴随着种种风险危机的。由于市场经济自身所带有的不确定因素，相关的国家的经济在这一环境下发展也将面临极大的金融危机。因此，随着我国在国际影响力不断上升的进程中，我国在世界市场经济贸易不断增长的同时，我们也仍需要不断加强对于相关经济主体在金融经济发展中的风险防范意识和不断完善其自身对于风险防范的措施，以便更好立足于当前国内外的金融经济市场。

  《现代金融经济的风险及方法策略研究》主要选取经济发展中的重要部分—金融经济的风险防范极其相关措施作为当前我们探究的对象。本书主要从简析当前我国金融经济风险的主要类型入手，紧接着对当前我国所面临的金融危机进行相关的策略探索，并且希望相关人士参考。

编者

2020.8

# 目 录
## CONTENTS

# 第一章　导论

## 第一节　研究背景

### 一、研究背景

经过40多年改革发展，我国的经济发展取得了巨大的成就。随着中国制造业迅猛发展，自主创新能力弱、自主知识产权和核心技术受制于人，能源利用率过低等缺陷日趋明显。高新技术产业在中国的国民经济中占有重要地位，世界经济进入技术经济时代以后，科学技术贡献成分已经成为了推动经济增长的主要动力。要保障国民经济保持持续稳定发展就要求我们必须花大力气解决高新技术产业发展的问题。同时我们应当保持清醒的意识，我国现阶段的高新技术产业发展水平仍旧处于起步阶段，基础脆弱、核心竞争力及可持续发展能力不强仍旧是其显著的缺陷。这就要求我们站在战略的高度，立足于高新技术产业的战略性地位与其作用来鼓励高新技术产业发展。金融市场是现代市场经济体系中的重要组成部分，从一定意义上讲金融制约着整个市场体系的发展。金融支持，是改善和提升产业的发展水平和竞争力的必要手段。高新技术产业的可持续发展离不开科学、完善的金融支持体系。相较于传统产业，高投入，高风险，高收益及长周期性等是高科技产业的显著特征。

如果没有资金支持，一家科技企业是无法成功的从一开始的项目培育过渡到产品成形阶段，最终实现科技产业化。如果项目没有充足的资金链供应，项目的研发进度势必会受到影响，那么最终的产品即使能走上市场，也会因为丧失了原先的优势而使市场份消失殆尽。与此同时，单一的、缺乏层次的资本市场受其自身条件的制约无法满足科技企业发展每个阶段的融资需求。如何弥补这一缺陷，建立一个多层次资本市场，使其与科技企业在各个发展阶段保持同步，就成为了支持科技产业成长的核心问题。

### 二、研究目标和研究意义

#### （一）研究目标

研究目标预期要解决的问题有以下三个方面。

（1）对高新技术产业金融支持进行理论上的梳理文章希望通过对前人关于高新技术产业发展金融支持的研究成果进行总结梳理，对高新技术产业发展与金融支持相互作用的理论机制进行了研究与探讨，并对高新技术产业发展金融支持的理论知识体系进行总结完善。

（2）进一步探索高新技术产业金融支持目前存在问题。文章希望能够利用金融学理论作为基础理论，并以金融支持为切入点，采用历史与现实相结合、国内与国外经验作对比的方法，探究我国高新技术产业发展过程中金融支持的现状以及存在的一些问题。

（3）对构建合理科学的高新技术产业金融支持体系给出建议。文章首先解释了高新技术产业的含义，对高新技术产业的与资金需求的特点进行了研究，围绕我国高新技术产业金融支持暴露出的问题，从比较分析入手，结合美国、日本、德国等国家金融支持高科技产业发展的基本做法和成功经验进行综合考察与介绍，力求能够提出我国高新技术产业金融支持体系的构建和发展战略，提出实现该战略的思路以及相应的制度与政策创新建议。

### （二）研究意义

高新技术产品的成长周期的每一个环节都需要大量的资金投入，为了促进高新技术产业的发展，必须构建一个完善的金融支持体系。从本质上看，高新技术产业发展实际上就是一个高新技术规模化、科学化、市场化的发展过程。凭借金融市场本身的发展与金融工具的不断推陈出新来增强技术产业的资金利用率，从而实现高新技术的产业化，最终使金融市场与高新技术有机融合在一起，这俨然成为了新时代背景下高新技术产业发展的必经之路。所以，当务之急就是要不断完善金融支持体系，使金融市场与高新技术产业的结合成为可能。

（1）有利于建立高新技术产业与金融互动机制，促进金融与高新技术产协调发展。

（2）通过构建合理的高新技术产业金融支持体系，促进高新技术产业的健康发展。

（3）通过高新技术产业金融工具创新，合理满足高新技术企业各个阶段的融资需求。

（4）对增强高新技术产业政策的有效性和完整性具有重要意义。

# 第二节　研究综述

在现实世界中，风险无处不在，风险成了影响一切金融活动的基本要素。金融系统的主要结构就是为了完成和实现对资金和风险进行有效分配的功能。风险管理的发展在很大程度上依赖于从20世纪50年代起学术研究对风险管理的学术研究和70年代衍生产品定价方面的成果。从20世纪80年代起，西方主要国家开始逐渐放松了对金融体系的管制，使由政府控制的风险逐渐转移到各类金融和非金融机构，对风险管理的需求极大地促进和推动了风险管理技术和对风险管理相关问题的研究。

## 一、市场风险

自20世纪70年代布雷顿森林体系崩溃以来，由于国际金融市场利率、汇率波动的加剧，市场风险成为金融机构面临的重要风险。同时，由于管制放松和金融自由化的发展，以及由此而带来的金融机构混业经营的发展，传统的商业银行以信用风险为主、投资银行以市场风险为主的差异逐渐消失。随着国际化趋势和业务范围的深化与发展，银行等金融机构正逐步从传统的扮演资金和期限中介角色而被要求扮演风险转移的角色。这方面的活动越来越要求金融机构应当具有非常专业的对包括市场风险和信贷风险等风险类别进行评估及控制的能力。

随着计算技术的飞速发展和金融行业技术、市场发展的需要，风险分析与度量方法从两个方面产生了突破。一方面是在时间方向上，对不同交易时期收益率序列分布相互独立、同方差的假定放宽为异方差，时变参数模型和随机波动率模型等。另一方面是近 10 年来人们开始广泛应用的风险值方法。VaR 方法是根据现代金融理论，应用最新的统计分析方法和计算技术发展起来的风险分析与度量技术。下面我们主要针对这两方面的相关模型在市场风险度量中的发展历程进行介绍。

### （一）波动率模型

过去 20 多年里，文献中给出了大量针对波动率进行建模的方法。波动率模型对期权定价、组合选择和风险管理来说都是非常重要的一个核心环节。波动率估计模型从使用的方法和模型的构建思想可以划分为 4 大类别：主要包括使用历史波动率进行移动平均或加权方法的模型、时变参数的 GARCH 系列模型、随机波动率模型、以及通过衍生产品的内含波动率型。对波动率模型的预测进行改进的模型还包括使用增加样本量的高频数据模型，考虑多种资产之间关系的多元波动率模型等。

### （二）VaR 方法

VaR 方法是 G30 的全球衍生品研究小组于 1993 年开始推广、使用的风险管理方法。随后 J.P. 摩根提出了 RiskMetrics 方法并从 1994 年起向公众提供计算全球 400 多种资产和指数的日和月 VaR 所需的数据集。国际掉期与衍生品协会，国际清算银行和巴塞尔银行监管委员会都推荐使用 VaR 系统来估价市场头寸和评价金融风险。到目前为止，VaR 方法已经成为金融机构进行风险管理的主要方法之一，并被认为是对银行和其他金融机构的市场风险进行度量的最佳方法。

从本质上说 VaR 是一个统计估计值，我们可以在各种统计假设之下应用多种统计方法来得到 VaR 的估计。VaR 方法由 3 个基本要素组成：相关风险因素的当前头寸，头寸随风险因素变化的敏感性和对风险因素向不利方向的预测。第一个要素是非常明确的，VaR 的不同计算方法主要来源于对第二和第三个要素的不同处理。虽然一个组合 VaR 的计算方法有许多种，但它们基本上可以划分为 3 类：分析方法、历史方法和蒙特卡罗模拟法。

1. 分析方法

也称为参数方法，是通过假定资产的收益服从某一类参数分布，用历史数据对分布的参数进行估计而得到预期的收益分布再进行 VaR 的计算。历史方法又可以细分为两类：简单历史方法和历史模拟法。简单历史方法不需要对资产收益的分布作任何假定，它从实际的历史数据中直接寻找所要的最低收益来作为 VaR 的估计。

2.历史模拟方法

就是用市场价格和比率的历史变化来构造一个组合未来的可能损益分布，然后再从这个分布出发来估计组合的 VaR。

3.蒙特卡罗方法

不是使用历史观测到的市场因素的变化来产生假想的未来损益，而是通过给定被认为能恰当的刻画或近似市场因素的可能变化的变量的统计分布。对于发生频率比较低的风险损失事件，上述的 VaR 方法不能完全使用数据中的信息，需要使用针对极端事件的方法来给出置信度比较高的 VaR 估计。Longin 提出使用极值方法直接处理极端事件，对比较小的尾部能给出比较准确的 VaR 估计。在风险管理和控制过程中，不仅需要知道组合的整体风险，风险管理者需要分析各风险因素对总风险的作用和构成。为此有研究者给出了增量风险值和成分风险值来对风险因素的作用进行分析。增量风险值刻画了资产组合中或某种风险因素发生变化时对总风险的改变量，对增量风险比较大的资产或风险因素，对其持有量的增减将会对总风险产生比较大的影响。成分风险值是资产组合中每一种资产或风险因素对总风险贡献的比率，成分风险值越大表明该资产或因素的作用越强。

Artzner 等的研究发现，VaR 方法并不能满足风险度量应有的一致性要求，缺乏可加性和凸性，由此可能造成最小化 VaR 的组合优化问题存在多个局部最小等问题。随后 Rockafellar 和 Uryasev 提出了"coherent measure expected short fall"条件风险值（CVaR）等，解决了不可加性问题。进一步，Alexander，Coleman 和 Li 对衍生产品的投资组合通过 CVAR 进行优化组合套期时，发现 CVaR 也存在形态变异的现象，引入一定比例的成本后能改善 CVaR 的效果。目前关于 VaR 方法的热点问题是如何考虑不同风险类别之间的相关性问题。Rosenberg 和 Schuermann 从整体风险管理的角度出发，对市场风险、信用风险及操作风险等给出了综合的 VaR 度量方法 H-VaR。模型中采用 Capula 方法，考虑了分布的肥尾，偏态特征。通过模拟比较了简单相加的 A-VaR，多元正态 N-VaR，Capula-VaR 和 H-VaR，Capula-VaR 和 H-VaR 给出的 VaR 结果通常低于正态。结果显示即使只考虑多元正态，BIS 目前的各种风险类别简单相加的方法高估 VaR 达 40%。

### （三）信用风险

1988 年巴塞尔资本协议实际上只是对信用风险要求资本充足率。2003 年巴塞尔新资本协议 BaselII 中对市场风险、信用风险和操作风险都要求资本充足率。信用风险是指信贷资金安全系数的不确定性，表现为企业由于各种原因，不愿意或无力偿还银行贷款本息，使银行贷款无法回收，形成呆帐的可能性。世界银行对全球银行业危机的研究表明，导致银行破产的最常见原因就是信用风险。信用风险评估是商业银行信用风险管理的首要工作和关键环节，事关银行的生存和社会的稳定。最近 20 年里，发达国家对信用风险度量和管理研究的关注程度越来越高，加之以东南亚诸国为首的发展中国家对信用风险的关心，相信信用风险的度量和管理必将成为 21 世纪风险管理研究中最具挑战的课题。

1.信用风险模型分类

虽然信用风险是金融行业最早认识的风险，并投入很大努力来研究和管理，但对信用风险的度量直到 20 世纪 90 年代仍未取得实质性的进展。对信用风险的度量一直是艺术的成分大于科学性。早期的信用风险研究主要是采用分类的方法，以信用评级机构的信用等级划分为代表，过去 10 多年里涌现了许多新的分析度量方法：包括基于期权定价理论的结构化模型，直接对违约概率和违约损失进行估计的模型简约模型，信用等级的信用转移矩阵，衡量组合信用风险的精算方法等。

信用风险可以分解为 3 个基本要素：信用风险损失 =PD×LGD×EAD。式中 PD 为违约概率，LGD 为违约时的损失率，也等于 1 减去偿还率（或回收率），EAD 为违约时持有的头寸。所有的信用风险模型都是针对其中的一个或几个基本要素来建立模型，但几乎所有模型中都假定 EAD 是外生的且可以单独决定。文献中在过去很长一段时间都只关注违约概率，只有近些年才开始考虑对偿还率进行建模，进一步分析二者之间的关系。从建立模型所依据的基本假设和理论体系，对信用风险建模大致可以分为两大类：结构模型和简约模型。

2.结构模型

结构模型是以期权定价理论为基础，由 Merton 模型发展起来的一系列模型。这类模型假定公司总资产服从一个连续变化的随机过程，当价格变化达到某个设定的触发点时引发信用风险。

Altman，Resti 和 Sironi 把这类模型划分为两代，第一代包括 Black 和 Cox，Geske，Vasicek 等。结构模型提供了信用风险定价的一个基本框架，揭示了公司违约的驱动和触发机制。主要通过公司的资产价值、资本结构变化来决定公司违约，为信用风险管理的发展奠定了理论基础。在这类模型里，信用风险相关的基本要素都是公司特征结构的一个函数，在假定偿还率是外生决定的条件下，可以给出公司违约概率 PD 的估计。由于 Merton 的模型假设比较严格，后面的每一个模型都是不是在某一方面放松一些假定使更接近现实。Black 和 Cox 引入更加复杂的资本结构，Geske 加入了到期前的多期利率支付，Vasicek 区分长短期债务在违约时的作用，这正是 KMV 模型的一个主要特点。但这类模型的实证结果很不理想，一方面是因为模型中假定的只有在债券到期日才发生违约，但实际上远非如此。还有债务的优先次序在实际中也并非如此，Franks 和 Torous 指出在违约清算时，通常出现有上一级债务没有得到完全偿还，但更低级的债券也得到了偿还的现象。还有偿还率为对数正态分布的假设实际上也高估了偿还率，Gupton 和 Stein 把这一关于分布的假设改为贝塔分布。

为此，在 1990 年代给出的第二代模型试图改进这些不足的方面。第二代结构模型中都去掉了只能在到期时才发生违约的假定，只要到达了违约触发点，违约可以发生在到期日前的任何时刻。这类模型包括：Kim 等，Nielsen 等，Hull 和 White，Longstaff 和 Schwartz 等。在这些模型中，偿还率也基本是假定为外生的，与公司资产的价值变动无关。Longstaff 和 Schwartz 引入了利率变动与违约事件的关系，Brys 和 Varenne 进一步把违约触发点也作为随机过程来建立结构化模型。

第二代的结构化模型仍然存在 3 个方面的不足。

（1）现实中难以直接获取公司总资产价值和资产收益波动率的基本数据，公司总资产的数据并非如期权定价中的标的物价格一样可以直接观测。大多数公司的资本结构较为复杂，由此不可能为每项具体的公司债务进行定价。

（2）不能反映频繁变动的信用评级改变这类信息，模型仅只是反映最后的违约事件。

（3）最后一个缺陷是公司价值连续变化的假设。由于价值是连续变化的，按理违约只能在发生违约前的瞬间才能被预测，如果不考虑公司总资产价值的跳跃，违约概率就将是确定的。

3.简约模型

为此，简约模型试图从另外的角度来克服这些缺点，直接对违约事件本身建立模型。这类模型放弃了对公司资产价值和资本结构等的假设，直接对违约概率和偿还率的动态变化过程分别做出假定，将公司的违约事件和发生违约时的损失视为独立的随机事件。简约模型是由 Litterman 和 Iben，Madan 和 Unal，Jarrow 等，Lando，Duffie，Duffie 和 Singleton 等提出并发展起来的。模型通过 Poisson 过程来描述违约事件，用特征参数来刻画违约事件发生的可能性大小。发生违约时的损失程度也是一个随机变量，即公司违约现象的发生取决于某些风险因素的强度。公司的信用风险通过 PD 和 LGD 这两个随机变量来确定。简约模型放松了对公司资本结构的假设条件，且采用可观测的市场数据，进行信用风险定价。与结构模型相比，简约模型可以描述不连续、突发的违约事件，并能解决信用风险管理中获取基本数据的困难。简约模型假定违约是由一个外生的随机变量驱动的，在任何一段时期内都存在非零的违约概率，违约事件发生取决于随机变量离散地到达某种水平。这样就使得该模型的应用更灵活，便于操作。另外，通过简约模型导出的信用风险定价表达式较为直观、简洁。这类模型主要是对违约概率进行描述，对偿还率也通常采用某种比率关系来假定。Jarrow 和 Turnbull 假定是债券价格的一定比率，Duffie 和 Singleton 通过信用差来确定。Duffie，Jarrow 等利用评级机构提供的偿还率数据来估计偿还率的参数。

不幸的是，实证结果对简约模型的支持也是相当有限，Duffie 采用 Duffie 和 Singleton 的方法发现这一模型无法解释观测到的不同信用等级横截面之间的信用差期限结构。

4.信用风险模型的最新进展

近年来，信用风险模型的研究试图通过综合两类模型的优势而寻求模型互补的有效途径，更加强调了建立模型时考虑违约概率和偿还率之间的关系。龚朴，何旭彪！"甚至把这类改进模型划分为一个新的类别—混合模型"。因为连续扩散过程不能描述公司资产价值所发生的突然变化，故根据 Merton 结构模型导出的违约概率随着债券期限的缩短变得异常微小，即公司几乎不可能发生短期违约现象，这显然与市场实际情况不符。为了反映突发事件对公司违约行为的影响，Zhou 将结构模型和简约模型结合起来。带跳扩散违约模型能够产生与市场实际情况相适应的各种信用价差曲线，也可通过该模型导出的短期信用价差描述公司短期违约行为。由于跳跃项目的作用使得公司资产价值可以突然触及或者跃过违约障碍而发生违约。

Giesecke 详细讨论了信息不完全对结构化模型的影响。无论违约障碍信息是否完全，均需结合简约模型导出违约强度，从而获得公司信用状况的相关信息。Chen 和 Panjer 提出，可从市场信用价差数据和简约模型获得违约强度的信息，以此导出有关跳过程参数的期望值，并通过结构化模型获取公司资产价值和违约障碍的完全信息，进而为公司信用状况作出评价。该方法用 JLT 模型描述信用等级的迁移变化，并模拟了投资组合 VaR 风险值，以此来管理风险。Barnhill 等在信用等级迁移模型基础上，综合考虑投资组合的市场风险和信用风险，结合利率、信用价差、外汇汇率风险等多种市场风险因素，给出了固定的收益投资组合的风险评估方法。

由于一些金融产品的信用风险（如信用证）与两个或两个以上的信用主体同时违约相关联，同时也是出于资产组合信用风险管理的需要，违约相关性研究近年来受到了学术界和金融界的广泛关注，Zhou 构造了两个公司同时违约的结构式模型。

### （四）金融危机与风险传染

通过近年来计划经济体制向市场经济体制的转化，我国的经济体制改革取得了举世瞩目的成就。对金融体系的稳定性的研究日益受到学术研究、市场参与者和政策制定及监管部门的高度重视。但在面对一个制度变迁和竞争压力和国际经济的融合与一体化趋势的环境下，如何在今后的金融体制改革过程中，通过科学的政策调控和监管手段实现平稳过渡而不诱发危机，抵御周边地区金融危机此起彼伏的金融事件和危机而不受传染，是我国金融体系值得高度重视和深入研究的问题。

1.金融危机传染的基本理论

金融危机的产生通常都是由于经济系统或金融体系存在某种程度的缺陷，在外部非预期冲击或因内部失调而出现的金融市场均衡状态的改变（银行挤兑、金融机构破产、货币贬值等）。金融危机的出现或传染根据其发生的原因可以归为：外部冲击和内部失调两大类。产生金融危机的风险分为两种类型。

第一类风险是某些金融冲击使得一部分市场或金融机构发生同时的失败而丧失功能的风险；第二类风险是一个或一小部分金融机构发生失败或危机由于机构之间存在的金融联系而扩散和传染到其他的金融机构。

关于金融危机的研究大部分是集中在对第一类风险的研究。这些研究包括研究银行在提供流动性的作用时由于挤兑可能出现的均衡状态改变，讨论大恐慌和理性的、基于信息的挤兑进行区分，采用理论模型分析发生挤兑可能性的影响与银行间资金拆借市场的关系，用一些比较简单的模型来模拟分析银行间拆借市场的水平与发生银行挤兑的概率的量化关系等。

对第二类风险的研究更多是集中在对金融传染过程的研究。金融传染是指一个地区发生的金融违约事件或冲击通过金融传染扩散到其他地区，导致金融危机的过程。由于发生金融危机传染的原因和表现形式很多，所以对金融传染风险进行描述和解释的理论也有很多种，各种研究成果从不同的侧面和理论体系对金融危机和其传染的路径进行了分析。

2.金融危机传染风险的度量

由于金融危机传染风险的传染路径和传播方式多种多样，对传染风险的衡量标准也很难统一。流动性冲击可能造成银行间市场的联动，可以采用银行间头寸来度量金融危机传染的风险。金融中介机构的角色是提供市场流动性交易，其拥有的财富水平将决定金融机构参与交易的能力和控制风险的水平，当金融机构的财富比较少时，其参与市场的作用有限造成金融传染风险的可能性也比较低；另一方面，当其财富充分大时，其提供流动性、化解风险的能力比较强，发生传染风险的机会也不大。只有在中间的部分，根据它们与其他类型投资者财富的比例对传染风险有影响。金融中介机构具有比较大的杠杆，在他们的资产发生损失时会通过财富效应放大整个市场的波动率而增加金融传染风险。

由于信息不完全造成的传染是因为一个地区或部门发生危机被用来对周边其他地区的情况进行预期而产生。研究发现银行系统和货币市场之间存在的信息不完全程度与金融危机传染有正的相关性。在银行面对流动性冲击时，当银行之间的同质性比较强时，相应的传染风险就比较小，存在比较广泛的银行间市场能取到稳定作用。而当银行之间的流动性风险和规模差异比较大时，传染风险的作用将会增强。

从理性预期模型的角度来看，由于金融传染所导致的价格改变和金融危机传染的程度依赖于市场规模对宏观风险因子的敏感性，信息不对称的程度增加了传染风险。Kodres 和 Pritsker 研究发现金融传染可以发生在不具有共同宏观风险因子的市场之间，具有对宏观经济因素进行动态衍生工具对冲交易的市场之间，其传染的程度和方式都受到影响。

3. 金融危机传染的防范手段

金融危机传染的机制和路径很复杂，危机的传染可能是其中一种或多种路径的综合，为此在对金融危机传染风险进行防范的时候需要采用对应的一些措施。管理层的政策实施错误可能会对一国的经济体系带来严重的破坏，这一点已在东南亚金融危机中得到了验证。亚洲的经验表明，固定汇率易受投机冲击，如果措施失当，会比浮动汇率带来更大的汇率不稳定。

最终贷款人的作用和第三方担保对金融传染风险有比较好的抑制作用。Cook 和 Spellman 讨论了第三方担保贷款也具有政府担保的类似作用，当垃圾债券和担保公司的利差都随着一些不可观测的共同因素影响而上升时，就会增加担保风险而引发危机传染。在国家和国际组织作为最终贷款人时，需要有比较及时的贷款安排。在东南亚金融危机中，由于对东亚金融危机的严重程度和可能的后果估计错误，导致了来自 IMF 的救援来得太晚而且救援力度太小。我国的经济结构更加复杂，经济规模也比较大，对最终贷款人的制度安排方式需要有比较深入的研究。

Huang 和 Xu 通过构造型的结构模型分析了通过公司、银行和银行间市场内生的金融危机和危机的传染风险。在没有市场约束机制的单一银行市场中，由于信息的传递不及时会产生金融传染风险。在具有市场约束机制的多银行市场中，由于信息披露而改善了银行间市场的信息环境，信息的对称使银行挤兑时的流动性保障，避免危机的发生。对此我国可以借鉴一些国际的经验，通过深入研究，正确定位我国金融市场的不完善程度，实施相应的信息披露要求来降低传染风险。我国目前正处于经济转轨时期，随着金融改革的推进，经济结构中存在的一些缺陷和潜在风险将会逐渐暴露。国内目前也有一些研究对金融危机的传染风险进行讨论，但还没有系统地对我国的金融结构调整和潜在因素形成比较合理的共识，对我国金融改革过程中可能诱发的风险传染机制和周边地区及世界经济变化导致金融风险传染的潜在因素分析还没有比较完整的体系。

### （五）公司为什么要使用衍生工具进行风险管理

从 20 世纪 70 年代开始，随着外汇、利率等衍生工具的迅速发展，越来越多的公司介入衍生工具市场进行风险对冲，这些公司使用衍生工具的动机和策略成为学术研究的一个热点。为什么金融机构或非金融机构要进行风险管理，他们是如何使用金融衍生工具来进行风险管理及使用衍生工具进行风险管理的效果如何，是一个倍受关注的问题，也是近 20 年来众多学术研究想要回答的问题。

关于公司为什么使用衍生工具等来风险管理，Stulz，Smith 和 Stulz 认为是由于公司面对具有凸性的税收函数，财务危机成本和管理者风险厌恶等，风险管理可以通过改善这些问题而增加公司的价值。Myers，Froot，Scharfstein 和 Stein 认为公司通过风险管理可降低投资不足的成本，Stulz 指出公司风险管理可以减缓过度投资和投资不足的信息不对称问题，Tufano 认为公司由于治理结构不同而面对不同程度的代理人冲突将对风险管理持不同的态度。这方面研究的核心问题是基于 MM 定理，所有的理论都是建立在 Modigliani 和 Miller 所假定的条件在某种程度上不成立。主要的理由都是由于资本市场的不完全性增加了股东的风险分散成本，公司通过风险管理可以在整个公司的层面增加股东价值。

1. 税收影响

Smith 和 Stulz 首先指出在公司面对为凸性的税收函数时，可以通过风险对冲来降低应税收入的变化，由此来增加公司的价值。

Nance，Smith 和 Smithson，Tufano 等采用递延税项（Taxlosscarryforwards）数额或 Mardsen 和 Prevost 采用虚拟变量对这一理论进行了实证研究。

Graham 和 Smith 认为这一变量太简单，不能反映税收凸性的激励作用，Graham 和 Rogers 甚至发现这一变量与税收函数的凸性不相关。

Graham 和 Smith，Fok，Carroll 和 Chiou 采用投资课税扣除额作为代理变量来验证这一假设，但这类变量的效果也不理想。由于这些变量都不能很好地代表税收函数凸性，Dionne 和 Triki 采用数值模拟的方法来量化当公司使用风险管理手段降低应税收入的波动之后带来的好处。

2. 财务危机

Smith 和 Stulz 认为当公司的财务危机是有成本时，即使通过对冲进行风险管理是有成本的，风险管理仍可以降低发生危机成本的现值和发生危机的概率。使用公司的杠杆率作为其财务危机成本的代理变量，Berkman 和 Bardbury，Haushalter，Gay 和 Nam，Rogers 的研究结果显示，公司的杠杆率和对冲风险之间存在正相关。而 Nance，Smith 和 Smithson，Tufano，Allayannis 和 Ofek 给出的结果则是这一关系不显著。另一方面 Stulz，Leland，Graham 和 Rogers 认为由于使用风险管理工具将会增加公司的债务容量，这一变量关系存在一定程度的内生性，需要同时对风险管理和债务决策同时进行考虑来建模，但这样处理将大大增加建模和估计的难度。尽管如此，Dionne 和 Triki 还是对此进行了尝试。

有文献另辟溪径，Berkman 和 Bardbury，Gay 和 Nam 采用利率覆盖率来作为财务危机的代理变量，Tufano 和 Haushalter 则采用营业成本来度量财务危机的成本。GeczyMinton 和 Schrand 使用对公司长期债的信用评级作为财务危机度量。但由于信用评级对公司规模有偏向，另一方面的问题是信用评级的信息通常滞后而且是不连续的。为了克服信用评级的上述缺陷，Brown，Crabb 和 Haushalter 通过计算 Altman 的 Z 得分变化来衡量财务危机的概率。Fehle 和 Tsyplakov 引入使用短期风险管理工具，可以动态调整套期比率的连续时间模型来讨论减低财务危机损失和税收损失的模型，研究发现财务危机与风险管理策略之间的关系是非线性单调的关系。

### 3. 管理层的风险偏好

关于公司使用风险管理手段的动机的另一个解释理由是，降低所有者和公司管理层由于风险偏好不同产生的代理成本。公司管理层一般是把自身的大部分资产——通过持有公司股票和人力资本的方式把自身的主要精力投入到公司中。而分散化的投资者可以通过分散化投入多家公司，因此公司管理者比所有者有更强烈的动机来降低公司的风险。在进行实证分析时，管理层的股票持有和期权持有代理变量的选择同样是一个非常重要的问题。最早的研究直接考虑持有量，但这一变量受公司规模的影响。随后考虑的是持有比例，Jalivand 使用最高的 5 位管理者持有量，Berkman 和 Bradbury，Nguyen 和 Faff，Mardsen 和 Prevost 考虑整个管理团队的持有量。值得注意的是管理层持有的股份比例代表了管理者和股东某种程度上的利益一致性，但这一变量也许度量的只是管理层与股东之间的委托代理问题强度而不是风险偏好。

Smith 和 Stulz 提出可以通过向管理者提供与公司股票价格具有凸性的支付合约来抵消管理层与股东的风险偏好冲突。Core 和 Guay 发现向管理者提供股票期权是一种增加凸性支付的重要方式，Tufano，Rogers 的研究结果支持这一假设。Carpenter 所进行的研究发现股票期权对管理层具有双向的影响。为此，这一影响的程度将取决于各种因素和股票期权的相对敏感性。只有在考虑了其他因素的影响之后，才能确定公司管理层如何采取风险管理策略。

Tufano，Gay 和 Nam 的研究采用的是内部人持有的期权数量，这同样也存在公司和管理团队规模的影响，期权持有更受到期权特性的影响。严重实值期权和虚值期权对管理层的财富影响差异非常大，因而产生的激励动机也大不一样。

Knopf 等，Graham 和 Rogers，Rogers 采用管理层持有的股票和有期权定价得到的持有期权的 Delta 和 Vega 给出了支持这一假设的结果。Knopf 等通过 S&P500 成分股的非金融公司，在控制了其他变量的影响后验证了随着公司管理者持有的股票和期权组合的敏感性增加，公司倾向于对冲更多的风险。

### 4. 信息不对称

根据 Stulz，DeMarzo 和 Duffie 的模型，公司通过风险管理可以改善信息不对称，减少由于管理层决策行为不可观测而带来的过度投资或投资不足的成本。当公司面对具有正的净现值的项目，但由于财务约束需要债务支持而不能投资时，导致投资不足的成本。通过风险管理可以增加公司股东剩余索取权的状态，通过风险管理而到达现金流充裕和现金流不足状态之间的平衡。

Froot，Scharfstein 和 Stein 验证了在外部投资的成本高于内部融资成本时，风险管理确实能改善投资不足的问题，把握公司的投资机会。在同时考虑融资、投资和风险管理决策的条件下，Morellec 和 Smith，Lin 和 Smith 发现风险对冲和公司投资机会正相关。市净率是使用比较广泛的公司投资机会代理变量，另一个代理变量是 R&D 费用，Haushalter 使用投资费用。

Froot，Scharfstein 和 Stein 认为 R&D 费用可能还代表项目质量和财务约束的信息不对称，Gay 和 Nam 进一步推测 R&D 费用和风险对冲之间的关系是由于信息不对称，不诚实的管理者可能为了隐藏劣质的项目而投入大量的 R&D 费用或模仿优秀的管理者而使用风险管理策略。还有一些文献使用流动性来度量投资机会：Allayanis 和 Ofek，Borokhovich 等使用速动比率，Nguyen 和 Faff 使用流动比率和现金及现金等价物比公司规模。Froot、Scharfstein 和 Stein 特别强调存在投资机会未必导致公司采取风险管理策略；不能实现投资的风险可能是由于外部成本过高。因此在检验公司的风险管理动机时，不仅要考虑公司存在投资机会，还要有代表实施能力的变量。

为此，Geczy，Minton 和 Schrand，Borokhovich 等都考虑在投资机会上乘以外部融资成本。尽管使用的变量和处理方式有所差异，几乎所有关于这一问题的实证研究都得到了支持这一假设的结论。

# 第二章　金融经济风险生成机理分析

金融危机本质上就是商品价格与其价值脱离。由于资本品的价格背离其价值都是以产生体系内的泡沫为途径，这种泡沫可以产生于汇价、股市、房地产等金融和非金融市场，因此实际上金融危机都是以经济泡沫的产生为前提的。

整个经济体系的发展过程中经常会产生各产业之间的不平衡，不平衡就会导致整个经济体的资金流向发生改变。一般的不平衡是由于某个或某些行业的利润相对较高吸引资金集中流入，经过一段时间的发展这些行业会返回到正常状态。在某些情况下，由于特殊原因在这些行业产生了持续增长的预期，引起投机资金的持续进入，使得泡沫在这个行业开始产生并膨胀。当膨胀到一定程度时，整个实体经济已经无法支持这个泡沫论了，金融系统已经变得很脆弱了。此时如果出现任何不利的消息，比如盈利不及预期等等，或者灾害或战争发生就会改变人们的整体预期，让人们意识到泡沫的存在，或者政府突然采用紧缩性的政策，于是泡沫便被刺穿了，泡沫破裂了，各种资产的价值大幅缩水，加上实体经济产能过剩导致的呆坏账等使得金融危机的爆发成为必然。

# 第一节　只考虑一国国内的情况

在这种情况下我们仅仅考虑国内的贸易和资本流动而不考虑国与国之间的交流。

## 一、经济发展中产业结构的不平衡性现象

这里说的不平衡性现象是指某个或某些产业出现的供求不平衡，因为我们要谈经济泡沫的产生，所以这里的供求不平衡就是指供给小于需求的情况。而产生供不应求的原因可能在于供给的意外减少（比如粮食的减产），也可能在于需求的意外扩大（比如人们生活习惯和消费倾向的改变），然而短期内市场却无法弥补供需之差。

### （一）产业转型的内部结构

产业转型是对旧产业的创造性破坏。产业转型需要在旧产业基础上进行创新。创新理论的奠基人熊彼特把创新比作生物遗传上的突变，"这类似于生物学上的突变理论，即不断从体系内部革新经济结构，不断地破坏旧的并创造新的结构的'产业突变'，构成一种'创造性的破坏过程'"。熊彼特认为，创新主要是指"建立一种新的生产函数"，即实现生产要素和生产条件的一种新组合，它包括五个方面：①引进新产品；②开辟新市场；③引

进新技术，采用新的生产方法；④引用新的原材料，控制原材料的新的供应来源；⑤实现企业本身的新组合。按照熊彼特的理论，可以把产业转型看作是产业突变的过程。由于任何一个时代的产业发展都是一定需求结构、技术水平和资源结构的综合反映，并在这些因素变动的影响下不断演变。因此，产业突变的动力也来源于产业演进的动力系统中，是这些力的相互作用诱发，并推动了产业转型。

1. 需求是产业转型的思想来源和动力源泉

一个产业必定为社会提供一种或一类产品或服务。正是由于这些产品和服务符合人们的消费习惯，符合人们的消费需求，这些产业才能成长壮大。也是由于人们对某些产品或服务的需求不断减少，才导致这些产业的萎缩和衰退。需求是决定产业成长的基本条件是无异议的，因此我们也可以得出同样的结论：需求是产业转型的根本动力，任何新产业的诞生或旧产业的改造都是需求的产物。因为顾客需求是产业转型的启动器。

管理大师彼得·杜拉克认为，企业的存在就是为了创造顾客。一些中国企业已经开始以市场的变化、顾客的需求作为企业经营策略的指南针，有些仍按照自己的想法进行新产品的开发和市场的开拓。这种企业导向的直接结果是以自我为主的思维方式，这种思维方式不一定能够保证生产出来的产品满足顾客的需要，而不能满足顾客需要的产品也无法转化为企业创造的价值。那些不断跟踪顾客需求变化的企业，已经在市场竞争中取得了一些成功，畅销的产品不仅为企业直接创造了价值，还建立了最可贵的顾客忠诚度。

波特教授认为，复杂、挑剔的用户是改善产品质量、性能和服务的重要因素。他列举了大量国家由用户引导企业被动创新的例子。如在日本，消费者把拥有录像机视为身份的象征，对录像机知识的掌握很丰富，热衷于追逐最时髦的式样、最好品质的产品。如此一来这种行为推动了厂商的不断创新，维持了日本录像机产业在世界上独一无二的竞争力。

随着信息技术的广泛应用，人们之间的信息交流越来越方便，生产定制化和销售网络化为企业产业创新提供了更加丰富的思想来源，而且客户更有可能成为产品的设计者和开发者，顾客的自我参与将大力推动被动创新，需求对产业创新的拉力也更加强大了。

从表面上看主动转型似乎与需求关系不大，有时候甚至说是转型创造了市场，创造了需求。但从根本上分析，主动转型仍然是由需求引导和决定的，起决定作用的仍然是需求，即产业主动转型的动力仍然是需求，不过这种需求可能是消费者潜在的需求或未来需求。产业洞察力或预见力是产业转型的起点和基础。产业洞察力是对需求变化和技术发展等的先见之明。哈梅尔和普拉哈拉德认为，产业发展预见能力是建立在对技术、人口统计数据、规章制度及生活方式之发展趋势的深刻洞察力之上的。未来不是过去的延伸，未来即现在；人们未来的需要是产业先驱现在的奋斗目标。如苹果电脑公司在 20 世纪 70 年代就想让儿童拥有电脑。当时电脑还深藏在公司办公大楼内专门修建的房间里。正是这种异想天开式的产业预见能力，苹果公司于 1977 年就推出了大众化的 PC 机，比 IBM 的 PC 机早了 4 年，苹果公司成功地成为 PC 产业的创新者和领先者。如果苹果公司对 PC 产业的预见能力脱离了消费者需求，则必定没有苹果公司成功创新的神话了。产业预见能力是对市场需求长期的、累积的经由知觉、思考、感觉的过程升华而来的。企业培养产业预见能力的目的在于认识顾客的未来需求，从而确定产业转型的方向。

当然，需求是产业转型的思想来源和直接动力，我们还应当初步考虑满足需求的各种可能性，如资源条件和技术可能性。因为人类的需求是无限的，任何一个企业都不可能全面满足顾客的需求。产业转型也只能在特定的时期内满足需求或较以前更好地满足了需求。

2. 技术创新是产业转型的发动机

从总体上看，科技突破是产业转型思想第一位的外部来源，科技突破不仅指科学技术上的发明、发现，它的内涵扩展到能用于生产的科研成果的问世。科技突破和技术创新的高级形式是技术革命，产业转型的高级形式是产业革命。产业生命周期与技术生命周期具有相似性。荷兰经济学家范·杜因在其所著的《经济长波与创新》一书中指出，产品的生命周期存在于技术的发展过程中，技术的创新、扩散和更迭都会反映在产业的发展变化之中。以燃料产业为例，燃料产业经历了由木材—煤—天然气、石油—核裂变燃料—太阳能等的重大转变，每一次转变都是技术创新的产物。

事实表明，较低级的技术在进入生命周期的成熟阶段后，后一时期产生的新技术迅速成长，取代前项技术，成为产业的核心技术，产业技术水平在传统技术与新技术的交替中不断上升到新的层次，通过多次的产业转型后产业也向高级化和知识化发展。技术创新直接推动产业更迭和产业演进已是众所周知的事实了。

美国为了保持综合国力的世界领先地位，克林顿政府比历届政府都更重视技术创新对促进美国经济发展所起的关键作用。1993 年，克林顿下令成立了国家科技委员会，并亲自任主席。他说保持美国科技优势是美国全社会的任务和职责。美国历来把技术创新视为维护国家利益、促进经济发展的关键任务之一，并且为此采取了一系列刺激技术创新的政策措施，如对先进技术的研究与开发实现优惠税收政策和信贷，取消可能限制技术创新的规章制度，在技术转让中注重保护知识产权等。在长期激烈的国际竞争中，美国技术创新形成了独特的优势。

纵使技术创新就其本身而言并不重要，而且有的技术扩散困难或难以产业化。但是，如果技术创新显著地影响了企业的竞争优势或产业结构，或者能替代原有技术时，则对产业转型有较大的影响，会诱发产业转型。

3. 企业家创新精神是产业转型的动力

熊彼特在《经济发展理论》《资本主义、社会主义与民主》中独到地把企业家看成是"革新者"，强调与日常工作和单纯的管理不同的"创新"是企业家的真正职能和必须具备的素质。按熊彼特的创新模式，经理并不都能有资格被称为企业家，只有对经济环境作出创造性的反映以推进生产增长的经理才能被称为企业家。熊彼特强调和重视"企业家"在资本主义经济发展过程中的独特作用，把"企业家"看作是资本主义的"灵魂"，是"创新"、生产要素"新组合"以及经济发展的主要组织者和推动者。产业转型是企业家创新的最高层次，但凡对历史有重大影响的企业家都是全新产业的开拓者。大多数新兴产业的诞生基本上是由少数几个具有创新精神的企业家所为。哈梅尔和普拉哈拉德在《竞争大未来》一书中直言，"凡是享受过美国中产阶级生活方式的物质成就者，都不得不承认他或她领受到这些产业先驱极大的恩惠"。密执安州迪尔伯恩的格林菲尔德村的亨利·福特博物馆记载了美国历史上产业创新的伟大先驱，如迪尔、伊斯曼、查尔斯通、贝尔、爱迪生、沃森、莱特兄弟、福特等。

从企业家成长模式来考察，企业家经历了业主型企业家、发明家型企业家、经理型企业家、专家型企业家四个阶段。不同类型的企业家拥有的共同特征就是产业创新能力。产业革命本质上是企业家革命，企业家是产业革命的灵魂。企业家以创造利润为目标，而利润是回报。企业家的创新精神是产业不断创新的不竭动力。熊彼特所讲创新的五种情况至少可以说是企业家产业转型的基本内涵。

4. 产业内企业的竞争压力也会变成产业转型的动力

每一个企业都是用来进行设计、生产、营销、交货以及对产品起辅助作用的各种活动的集合。不同的企业都在产业价值链的各环节上竞争。同一产业的价值链基本相同。在激烈的市场竞争中，每一个企业只有拥有区别于其他企业的优势才能生存。企业的竞争优势的基本来源是通过对基本价值链（基本活动和辅助活动）的某个或多个环节的创新。竞争是市场经济的灵魂，是经济发展的不竭动力。可以说，没有竞争就没有今天的经济成就。竞争虽然有不利的一面，但绝不至于像马歇尔所说的那样："'竞争'这个名词已经充满了罪恶的意味，而且还包含某种利己心和对别人的福利漠不关心的意思。"相反，垄断倒是市场经济的敌人，是万恶之源。这也正是西方国家普遍禁止垄断行为的缘故。如美国反垄断法的首要命题之一就是：产业集中度过高会产生明示或默示共谋。回顾现代经济发展史就可以得出与马歇尔完全相反的结论：竞争是产业生活的基本特征，也是产业创新转型的直接推动力。

产业内企业的竞争从以下几个方面推动了产业转型。

（1）企业通过创新投入来开发新产品或改善现有产品性能。如果企业没有竞争威胁，则没有创新投入的动机。正如我国的一些自然垄断性产业如电信、邮电、电力、自来水等的研究与开发投入比率是所有工业部门中最低的一样，没有竞争不可能有创新投入。产业内企业普遍性的创新投入会促进产业技术进步或加速新技术在产业内的扩散，或开创新产品，这从多方面推动了产业创新。

（2）企业竞争压力促进了产业细分和产业重构。由于竞争压力的存在，企业为了获取生存空间，一方面不断加大产品差异化的程度或开发新的替代产品；另一方面又不断突破原有产业的界限，向相关产业延伸，尤其是当产业衰退时更是如此。这些行为的结果是产生产业细化、替代产业或新兴产业。

此外，政府政策制度和要素供给的变化等都是产业转型的动力。政府对新兴产业主要是高新技术产业的极力支持，极大地促进了产业转型的步伐。产业供给要素如原材料、能源和人力资源，外资等稀缺性程度或相对比价的变化也会成为产业转型的动力。如20世纪70年代全球发生了两次石油危机，在不到10年的时间内原油价格上涨了约14倍。石油危机不仅引发了能源产业本身的创新（新能源不断被开发出来），而且使全球经济进入了节能产业和低耗能产业的时代。正是由于石油危机的冲击，才促成了日本主导产业从原来高能耗的重化学工业、原材料工业（钢铁、有色金属冶炼等）、机械工业等产业向低能耗的装配加工型产业（如电子工业、汽车工业、机电一体化产业等）的转型。日本产业转型的直接动力就是能源危机的压力。因此，产业供给要素的变化（主要是稀缺度上升）以及偶然事件也有可能成为产业转型的动力。如人类刚进入21世纪，全球原油价格扶摇直上，对高能耗产业（如重化学工业、汽车工业、化肥农药业等）构成了致命的打击，这必将成为产业转型的直接驱动力。又如随着全球水资源稀缺性的提高，水的价值提高是必然的，这就为产业转型提供了广阔的天地。产业转型的各种作用力是相互联系、相互促进的，它们可能形成互动良性回馈来推动产业转型。

### （二）产业转型的制约因素

改革开放以来，我国经济得到了巨大发展，特别是加入世界贸易组织后的一段时期，在全球化、信息化以及科技产业变革的大背景下，国际竞争和综合国力较量日趋激烈。我国产业的发展将面临着国际、国内市场严峻的挑战，加速我国产业转型，提高我国产业的竞争力，保持我国经济持续、高速增长，提高我国的综合国力，是当今我国经济发展中一个最为紧迫的任务。近年来，总的来看，产业转型的进展缓慢，效果并未达到最大化，原因在于体制、政府、企业、消费者四个方面。

#### 1. 体制性障碍

在计划经济体制向市场经济体制转变的过程中，计划机制和市场机制同时存在，共同调节经济运行。当前市场经济机制尚未健全，市场机制中价格机制、供求机制仅仅是初步运行，竞争机制、风险机制作用还很弱。再者，商品市场虽然初具轮廓，但以资金市场为主要内容的生产要素市场还处于雏形和初步发展阶段。我国的产业转型存在着体制性障碍。

（1）不适当的行政干预仍然存在

到目前为止，围绕我国国有企业所形成的政企不分，政府过于干预企业经营决策的问题，仍然没有得到较好的解决，政资分开、资企分开、政企分开还不规范，而且缺乏制度上的保障，政、资、企关系远未理顺。

部门和地区性的行政分割严重阻碍了生产要素的横向流动和在我国市场上的优化配置，影响企业重组存量资产。地方保护和条块分割的管理体制，有碍于淘汰落后企业和打破行业垄断。淘汰落后企业和打破行业垄断是产业调整的重要措施，但在地方保护和条块分割管理体制的干预下，一些濒临破产或技术落后的"五小"企业很难从市场中退出，一些高利润的垄断行业也很难进入市场，从而无法形成优胜劣汰的竞争机制，更无法让资源获得合理配置。

我国的国有企业有的属于地方政府，有的属于中央政府。企业的所得税按不同的隶属关系分别上缴中央财政或地方财政，这就使得不同级次的财政所属企业的合并面临着非常复杂的利益调整。这既影响了企业的正常经营和市场竞争，也限制了企业之间的资产重组和联合兼并。不但中央企业与地方企业难以联合，而且同省市但不同级次的财政所属企业也难以合并。

除投融资的行政性审判、条块的行政性分割外，我国政府对国有企业的行政还突出表现在政府部门对企业组建和发展的行政性介入。这种行政性介入作为对市场机制尚不完善的一个补充是必要的，但必须有一定的限度，遵循一定的规则，否则，会在企业发展中留下很难解决的后遗症。

政府通过政企分家、放权让利、归并管理部门、组建股份公司、改变工业管理部门职能、企业层层下放等对管理体制进行改革，减少了旧体制的一些弊病，但也出现了一些问题。如一方面政企不分，条块分割，多头管理，多层管理依然存在，另一方面又出现无头管理；一方面政府放权让利，按市场经济要求的独立自主、自主经营、自负盈亏的企业的权利又不够，另一方面又出现了权益和利益无约束，即放任自流，利益流失。

（2）对传统产业尤其是国有企业调整困难

我国作为从计划经济向市场经济转轨的国家，国有经济目前的比重仍然很高。由于国有企业制度在一般竞争性领域的有限适应性，加之企业中大量存在着经营机制上的弊端和缺陷，以及经营管理上的薄弱和漏洞，致使我国国有企业效率低下，经营亏损的现象比较严重，而且，至今没能有效缓解和根除。加之国有资产管理体制的不完善，企业治理结构的缺陷，没有形成合理的激励约束机制，导致国有企业效益低下，市场竞争力日益弱化。以市场需求为导向，以市场竞争为动力，来调整和优化产业，对于高耗、低效的行业，用产业政策予以限制和淘汰。这些企业调整具体操作上困难重重。

这些企业调整或淘汰时的主要障碍在于资产、资金和人员安置等方面。机器设备等资本品具有较强的资产专用性，产业转移比较困难，特别是从传统产业部门向新兴产业部门转移更为困难，甚至是不可能的。此外，由于技术的、自然的原因，国有企业的某些固定设备投资属于一次性投资，根本不能收回。资产专用性强和一次性的固定设备投资造成了国有企业的沉没成本十分巨大。无论国有企业选择哪种途径，都需要一定数额的资金支持。例如，关闭破产需要破产清算资金，职工安置资金，社会职能职工移交资金，离退休、退养人员养老金，抚恤金、医疗费等资金，而产业转型更需要巨额资金。但由于税费负担和社会负担沉重，且长期以来实行低价微利政策，导致国有企业自身缺乏积累，财力有限。在调整过程中，国有企业资产变现率较低，一般不超过 20%。各级财政虽然可为国有企业退出提供一定的资金支持，但相对于实际需求而言，相差较大。此外，大部分国有企业都有沉重的债务负担，拖欠银行贷款数额巨大、时间很长，并且相当一部分已经形成呆账、死账，所以银行一般不愿为国有企业提供资金，况且还会要求国有企业在调整或退出前处理所欠贷款。国有企业职工的数量庞大，企业调整或退出后，要对劳动力补偿或重新安排就业和培训，否则将引发严重的社会治安问题。能否支付劳动力巨额的安置成本，将成为最关键的问题。这也是目前我国结构性失业的主要原因，对社会稳定构成了严重威胁。

（3）产权制度还未规范

产权是经济主体活动的基础。目前，我国的产权改革尚未完成，还没有形成稳定、明晰和高效的产权制度，成为我国产业发展的制度性障碍。

由于改革滞后的原因，除少数外，国有企业发展普遍举步维艰。十一届三中全会以来，尽管我国对国有企业进行了多种形式的改革，先是给国有企业扩权让利，后来又实现了租赁制、承包制、股份制等"两权分离"的企业组织模式，但总的来说，国有企业的改革效果并不理想，内部人控制问题比较严重。不少企业明亏或暗亏，国有资产仍然在受着严重的侵蚀。私营经济的产权内在机制虽然相对健全，但产权运行的外部环境没有根本性的变化，资本积累缓慢，规模和实力不能迅速提高，对政策变化的担心，也影响了部分企业的长期发展。至今私营企业发展了多年，无法形成气候，这类企业在国际竞争中仍将不可能有多大作用。集体经济是一种封闭的产权制度。我国大多数集体企业的产权属于一次性博弈制度，即企业职工同集体企业财产关系受企业职工流入和流出的影响。这种封闭性的产权制度，给职工进入或退出企业的行为造成障碍，不利于生产要素的自由流动和资源的合理配置，限制了企业规模的扩大和竞争力的提高，这种制度已经越来越无法适应大型企业的发展。股份制有限公司具有便利融资、分散风险、稳定经营和提高效率等功能，是最适宜于大型企业发展的一种形式，但这种企业形式在我国的运用时间短、且并不普及。

近年来，尽管我国在国有企业中大力推进现代企业制度改革，并且取得了明显的效果，但是，仍然存在一些突出的问题，主要是企业冗员太多，社会包袱沉重；资金严重短缺，债务负担沉重；投资主体多元化尚未形成，企业法人治理结构运行徒有其表；政府职能转变滞后，所有者并未真正到位；国家股权流通困难；社会保障体系还不健全；企业经营者的产生，激励和约束很不规范。这种情况说明现代企业制度改革的任务还很艰巨。

（4）现行投资体制不适应产业转型的要求

①现行投资体制制约了增量资产的效能

一般而言，通过向瓶颈产业的合理投资，也可充分发挥增量资产在产业结构调整中的作用。但由于现行投资机制的不合理，增量投资分配往往呈平面性扩张，偏离了向瓶颈产业倾斜的初衷。首先，行政性分权的融资体制，导致投资决策上的多层次条块分割，大量的投资活动带有浓厚的政府色彩，出现了新增资产越多，产业结构反而越不合理的现象。其次，地域辽阔，市场正处在发育过程中，从投资决策、项目建设、形成生产能力到产品进入市场销售，不同地方和企业间的信息沟通存在许多障碍。近年来不少民营企业也进行过度重复建设，使其投资的项目陷入困境，就是有力的例证。再次，资本市场发育程度低，地区保护和部门利益的行政干预，也助长了"自我融资、重复建设"倾向的产生。

②科技资金投资机制不完善，阻碍了技术进步。近年来，我国一直把投资重点放在基础设施建设上，这是必要的，也是结构调整的要求。但是，对企业技术进步的投入却明显不足。在我国经济发展中，许多基础产业增长过多依赖于引进"二手设备"，这种以初级适用技术、中间技术为主的产业技术构成已成为严重缺陷，与跨世界经济发展战略任务形成尖锐矛盾。在我国经济增长中，产业技术因素所起的作用不足30%，而发达国家远在60%以上。

完善的资本市场和风险投资机制为高技术企业提供融资渠道并促进其发展是发达国家的成功经验。传统的银行融资方式已不能满足企业及科研单位对科技资金的投入需求，但科技金融投入裹足不前，科技风险投资尚未起步。目前我国的资本市场才刚刚起步，二板市场和风险投资的进入和退出通道还没有建立起来，这使得在资金的使用和投入上阻碍了企业的技术进步。资本市场和风险投资机制的不完善，阻碍了我国企业的技术进步。

20世纪80年代中期以来，通过科技体制改革和《科技进步法》的实施，科技投融资体制开始打破过去依靠政府财政拨款的单一模式，初步形成了以政府投入为引导、企业投入为主体、银行贷款为支撑，社会筹资为补充的多层次、多渠道的科技资金投入体系和与之相适应的投入机制。但是我国目前科技投入总量与发达国家和发展中国家相比严重不足，且相对投入量尤其偏低，财政科技投入份额下降，财政主导投入格局仍未改变，政府在财力困难的情况下，仍无法摆脱科技投入的主体角色，导致科技投入主体错位。企业科技投入份额上升，但还未成为市场经济下的科技资金投入主体，资金来源结构不合理。产业体系技术含量低，使得企业转向高技术知识型产业难度加大。

2. 政府调整失灵

（1）政府职能转换不力，政府干预企业和市场的行政因素过强。在传统体制下，由于政企不分，生产要素的合理流动机制不能迅速建立，各种资源无法向优势产业流动，使产业缺乏有效的调整机制。在新旧体制转轨时期，旧的体制尚未彻底打破，新的社会主义市场经济体制仍未形成和完善，政府主体型经济向市场经济体制下企业主体型经济转变裹足不前，政企不分的状况还明显地存在于国民经济的各个方面。在投资体制方面，政府行为仍占主体，市场机制作用甚微，价格扭曲，投资项目与市场需求脱节，导致不合理的重复生产和建设现象蔓延。在财税体制方面，财政收入占国内生产总值的比重持续下降，中央政府难以集中资金用于结构的调整。在社会保障体制方面，由于社会保障体制仍不健全，企业的破产和资产重组不能够顺利推进，不能为经济结构的调整提供良好的保证。"分权式"的改革使地方政府的利益动机得到了强化，地方保护主义盛行。中央政府财政收入占整个财政收入的比例逐年下降，中央直接控制的资源有限。因此中央政府难以有效地行使调整产业结构的职能。

（2）宏观调控是保证国民经济持续、快速、健康运转的重要手段。改革开放以来，传统的以直接行政调控为主的体系已削弱，以经济杠杆调节为主的间接调控体系和政策还未建立和健全，价格、税收、利率等经济杠杆的运用还不够灵活和充分，出现了宏观调控的效应相互抵消或逆调节的现象。宏观调控中以金融、财政、投资调控对产业结构的影响最突出。在金融调控方面，改革开放以来，银行的政策性业务和商业性业务没有真正分离，大量借贷款通过各种途径流向价高利厚的加工工业，甚至违反政策用于炒股票和房地产，完全背离了金融宏观调控的初衷，没有起到优化产业结构的作用。在财政调控方面，分税制以来，中央财税相对份额不断下降，但所承担的事项未能相应削减，这种"大政府、小财政"的特征直接削弱了其所承担的基础设施和产业的资金投入能力。在投资调控方面，三大投资主体投资行为的机制存在明显的摩擦和掣肘，导致投资流向纷乱、社会资源配置无规则，必然引发产业问题。

（3）政府的产业政策还存在着一定的主观性。在计划经济体制时期，指导产业发展的政策仅仅停留在口头上，没有完整的措施与手段，也没有具体的实施方案和定量要求。在转轨时期，由于市场机制还不完善，政府在制定产业政策时主要凭人的主观决断，即使有了产业发展规划和政策，也缺乏可操作的配套政策和实践手段。在这种情况下，政府的优化选择能力并不可靠，从而导致资源配置不合理和产业非良性化、非优化和调整的困难。

3. 企业没有成为真正的市场主体

企业"放权让利"以来的改革，忽视了权利的规范化、明晰化的制度创新，企业并没有完全摆脱行政附属物的地位，没有真正成为具有独立地位的经济利益主体。

（1）企业改革滞后

企业扩权让利和利润留成、两步利改税以及承包、租赁、股份制等的一系列改革，都是在既定的产权制度不发生改变的情况下进行的，尽管经过改革，企业生产和经营的活力和效益获得了明显的改观，但是离真正成为自主经营、自负盈亏的市场主体的要求还有很大差距。企业的投资自主权、资产处置权、机构设置权、干部任免权和外贸自主权等经营自主权仍未完全落实，致使企业在遇到生产经营困难时，不得不在找市场的同时，更多地依赖政府解决。长期以来，我国的企业特别是国有企业，背负着沉重的社会包袱，几乎涉及社会生活的各个领域。改革开放之后，这种情况有所好转，由于党、政、资、企关系一直没有理顺，社保体系未健全，现代企业制度改革还未到位，我国企业特别是国有企业的社会包袱仍然很重，压力仍然很大。同时企业缺乏技术创新积极性的根源是企业体制改革落后，还未建立起企业自我发展的良性循环机制，这使国有企业在对"三资"企业、乡镇企业以及进口产品的竞争面前，显得非常被动。

（2）中小企业众多，发展缓慢，竞争力低

目前我国中小企业规模不合理，有相当多的企业在资产规模、生产规模、经营规模等方面达不到其所在行业的基本要求，直接限制了企业资产效益的发挥，导致企业生产经营成本居高不下，并成为企业经济效益不佳的重要原因。由于受到地域所有制性质、行业行政隶属关系等方面的限制和制约，中小企业的资产流动性较差，难以通过市场实现产权重组和规模调整。企业规模较小，导致其技术改造和创新能力较弱，产品出现"三多三少"的状况，即粗加工产品多，深加工产品少；低附加值产品多，高附加值产品少；一般产品多，名优产品少。中小企业普遍存在着产品开发能力差，产品升级换代慢，缺乏拥有较强竞争力的拳头产品等问题。

大批中小企业经营困难。目前，我国各地都有一大批中小企业资不抵债，生产经营困难，处于停产、半停产状态。由于生产能力利用率低，造成大量固定资产处于闲置状态，职工工资不能按时发放，有的企业甚至停发工资，大批职工生活困难，直接影响到安定团结和社会稳定。

企业的外部环境欠佳。随着市场竞争机制的建立和国民经济结构的战略性调整，中小企业在激烈的市场竞争中日益处于不利的地位。与国有大型企业相比，中小企业缺乏规模优势和技术优势，在金融、财政政策等方面也难以得到国家政策的倾斜和照顾。同时，广大中小企业缺乏适应市场竞争的灵活性和必备素质，自我经营、自我发展能力相对较弱，因而生存空间不断萎缩。

管理活动范围狭窄，主要面向国内市场。大量中小企业属于劳动密集型企业，产品技术含量低、质量差、成本高，难以开拓国际市场。我国加入 WTO 后，外国公司的大量涌入必然使竞争空间密集化、饱和化，中小企业只有充分发挥自己的比较优势，才能在国际竞争舞台中占据一席之地。

中小企业的管理者素质普遍较差。企业管理的重点在经营，经营管理的重点在决策。只有正确的决策，才能充分调动广大员工的生产积极性和创造性，才能使企业长盛不衰。由于中小企业管理者大部分缺乏系统的管理知识，市场竞争观念淡薄，创新意识不强，管理手段落后，致使企业日渐衰落。

（3）企业创新能力弱，使产业转型的动力不足

我国转型企业尚未真正成为技术创新的主体。其原因如下。

①市场激励机制不完善。市场化是企业技术创新的根本动力。由于我国政企不分的状况没有得到根本解决，转型企业的经营风险往往由国家承担，经营者缺乏追求利润最大的经济人行为。由于企业未能完全摆脱对政府的依赖，从而削弱了市场的调节能力，这就使得转型企业难以成为真正意义上的技术创新的主体，使企业缺乏技术创新的内在动力和外在压力，最终使企业缺乏发展的活力。

②产权激励与监督机制不完善。一方面，产权关系界定不明确，政企不分等问题没有得到彻底解决，转型企业短期行为依然比较严重，这与技术创新长期性、持续性等特征相矛盾，加上技术创新往往具有投资大、风险大、回收周期长等特征，导致企业缺乏技术创新的动力和压力；另一方面，知识产权保护不力，也挫伤了转型企业技术创新的热情与动力。

转型企业技术创新运行机制也不健全。研究与开发是企业技术创新的基础与源泉。研发机构建设与能力建设则是企业技术创新运行机制的中心环节。目前，我国转型企业在研究与开发方面主要存在如下问题：一是研发机构比重偏低。我国大中型企业拥有技术开发机构不足 1/3。二是转型企业研发投入不足，削弱了企业技术创新能力。据统计分析，转型企业的科研开发经费占销售收入的比重仅为 0.5%，远低于发达国家和一些发展中国家，在国际上处于较低的水平，因此，极大地限制了转型企业技术创新能力。三是转型企业研发能力偏弱。转型企业研发机构建设具有行政干预色彩，许多机构成立后，由于资金匮乏而形同虚设，相当多的设置研发机构的企业并不具备独立的研发能力。

（4）传统行业和中小企业融资较困难

产业结构转换和产业优化升级需要资金投入和支持。对于传统产业而言，这些行业都是"成熟产业"，在市场上其生产的产品供过于求，有些已出现亏损，在产业调整中存在着比一般产业更多的投资风险和市场风险。金融机构或投资商基本望而却步，不会轻易投入过多资金，致使这些企业缺乏"换血"机会。

中小企业自有资产少、抗风险能力相对较弱。融资渠道单一、狭窄，融资数量不足。对于我国大部分中小企业来说，外源性资金来源主要是银行贷款，在这单一融资渠道中，中小企业一般被限定在抵押或担保贷款这一条件苛刻的狭窄通道中。企业的融资成本包括利息支出和特定筹资方式有关的费用。与国有大中型企业相比，中小企业在借款时，不仅与优惠利率无缘，而且还要支付比国有大中型企业借款多得多的浮动利息。银行对中小企

业的贷款多采取抵押或担保方式，不仅手续繁杂，而且为寻求担保或抵押等，中小企业还要付出诸如担保费、抵押资产评估等相关费用，所有这些加大了中小企业的经营负担。在外源性融资中，由于中小企业不能像国有大中型企业那样，通过招股或发行债券的形式融资，一般只能向银行申请贷款，所以外源性融资主要表现为银行借款。在以银行借款为主渠道的融资方面，借款的形式又是以抵押或担保贷款为主，信用贷款对于绝大多数中小企业来说是一件可望而不可即的事情。在借款期限上，中小企业一般只能借到短期贷款，若以固定资产投资或进行科技开发为目的申请中长期贷款，则常常会被银行拒之门外。

不同所有制的中小企业在融资方面"贫富"相差悬殊。根据中国人民银行近几年来的调查结果显示，在不同所有制的中小企业中，国有独资及控股企业申请贷款占比最大，外商投资企业和其他企业贷款满足率最高，私营企业满足率最低。私营企业因体制性障碍和自身的原因造成了融资困境。在经济转轨时期，我国特殊的所有制结构和经济体制造成了私营企业在信贷市场和资本市场上很难得到支持。私营金融部门发展受到了限制。意识形态或思想认识上遗留的对私营经济的"身份歧视"造成私营企业的融资困境。同时，自身信用状况不佳和担保体系不健全也使私营企业融资出现困境。目前，各级金融机构对私营企业，尤其是对私营中小企业的信贷支持十分有限，现有的信用担保服务机构也远不能满足私营企业大的担保需求，私营企业普遍存在贷款难、担保难的现象。另外，证券市场对私营企业的开放度极低，能通过证券市场直接募集资金的私营企业仍是凤毛麟角。此外，私营企业也不能享受各级政府提供的技术改造贴息贷款等财政优惠政策。由于中长期发展资金的匮乏，使私营企业难以做大做强。

## 二、在各种条件具备的情况下，投机活动开始助推泡沫的生成

投机性泡沫是非理性繁荣现象的外化表现。罗伯特·希勒将投机性泡沫定义为：价格上涨的信息刺激了投资者的热情，并且这种热情通过心理的相互影响在人与人之间逐步扩散，在此过程中，越来越多的投资者加入到推动价格上涨的投机行列，完全不考虑资产的实际价值，而一味地沉浸在对其他投资者发迹的羡慕与赌徒般的兴奋中。投机性泡沫的产生与破灭过程包含三个重要的促成因素，分别是：羊群效应，反馈环理论以及蓬齐骗局。

### （一）羊群效应

金融市场中的羊群效应是指由于受其他投资者采取的某种投资策略的影响而采取的相同的投资策略，即投资人投资策略的决定完全依赖于大众舆论，是对群体行为的个体模仿。其关键是个体不再是理性的个体，群体的非理性因素会影响个体做出理性判断。

羊群效应的社会心理学理论基础是社会助长理论，该理论认为同类的存在（无论是人类还是动物）会促进个体的行为表现，即身处群体中的个体比单个个体更乐于做出积极行为。扎伊翁茨提出了支配性反应的概念。支配性反应是指在任意随机情况下一个个体下一步所最有可能做出的反应，扎伊翁茨认为当个体位于群体中时，会受到群体的刺激，从而较独处时更快地做出支配性反应。当个体所处的情境是熟悉的，简单的或者易学的时，支配性反应是正确的概率就会比较大，从而使个体能够更快地完成工作或受到其他积极影响；

但当个体所处情境是陌生的，复杂的或困难的时，个体的支配性反应的正确概率就会偏低，从而抑制工作的顺利完成或施加其他消极影响。也就是说，社会助长的影响有可能是积极的，也有可能是消极的，这要视个体所处情境而定。这无疑印证了在复杂的证券博弈市场中为什么"羊群"总是亏钱的事实。

羊群效应的存在是投机性泡沫产生的基础，它是使利好刺激在群体中逐步扩散的动力来源。它就好比吹起投机性泡沫时呼出的那口气。而本文接下来将介绍将投机性泡沫送上天的那股气流—反馈环理论。

### （二）反馈环理论

反馈环理论认为，最初的价格上涨导致了更高水平的价格上涨，因为通过投资者需求的增加，最初价格上涨的结果又反馈到了更高的价格中。第二轮的价格上涨又反馈到第三轮，然后反馈到第四轮，依此类推。从而诱发因素的最初作用被放大了，产生了远比其所能形成的大得多的价格上涨。

反馈环理论解释了现实中证券市场以及房地产市场上经常出现的价格单方面的暴涨暴跌形成的原因。在羊群效应的基础上，金融市场中单方向反馈环的形成使得投机性泡沫进一步扩大，并有力地维持了泡沫的涨大过程。只要反馈环可以继续传递，那么价格进一步上涨或下跌的预期就会进一步得到确认，投资者便会继续买入或卖出，从而使单边价格走势得以维继。

但是我们必须认识到，投机性泡沫不可能永远持续下去，投资者对股票以及房产的需求也不可能永远扩大，当这种需求停止时，价格上涨也会停止。与促使投机性泡沫产生的随机性利好一样，使得金融市场价格骤然下降的利空消息（甚至根本没有利空消息）也是随机性的，是无法预料的。这时，金融市场价格呈现出跳水式的暴跌，先前促使价格飞涨的羊群效应以及反馈环依旧起着重要作用，只不过这次的方向恰恰相反，价格会以原先飞涨的速度（甚至更快）迅速下跌，然后回归到飞涨前的正常水平。

反馈环理论就像是推动投机性泡沫飞上高空的气流，使泡沫进一步扩大，而对于价格在顶点回落（底部抬升），即泡沫破裂的必然性，我们可以用著名的蓬齐骗局加以解释。

### （三）蓬齐骗局

蓬齐骗局的名字源于1920年查尔斯·蓬齐在美国操作的一个骗局实例。在一个蓬齐骗局中，骗局制造者向投资者许诺，投资便能赚得大量收益，但事实上投资者的投资款并没有被用来投资任何东西，而是被用来支付给上一轮投资者。即第一轮投资者得到的回报是第二轮投资者的投资款，依此类推。

金融市场中的投机性泡沫就好比一个自然发生的蓬齐骗局，在这场骗局中，并不存在一个明确的，一直存在的骗局控制者。骗局由市场本身所驱动，又由市场本身所终结。以股票市场为例，我们经常能遇到市场的暴涨暴跌，其实这正是金融市场中出现的蓬齐骗局。市场往往在经历了很长一段时间的沉寂之后，由一个突然性的利好所驱动，就如同蓬齐骗局中的投资收益许诺一样，促使第一轮大胆的投资者买进，接着数量更大的第二轮投资者被这种大胆买入行为（反映在股价走势与成交量上）吸引，也开始大胆介入，并投入了更多的资金。此时有很多第一轮投资者已经将筹码转移给了第二轮投资者并从中获利，这样就完成了蓬齐骗局中的第一轮反馈过程，之后第二轮投资者从第三轮投资者那里获利，进而吸引下一轮投资者。紧接着，羊群效应开始显现，越来越多的投资者看到大部分人都在买入，于是也加入了买入的队伍，进而将股价进一步推高。以上只是最简单的一种情况。但要知道，金融市场要比普通的蓬齐骗局所处的现实生活复杂得多，金融市场包含了太多的投资者。在金融市场中，每一轮投资者往往并不是一获利便出场了结，他们往往会拿住获利的头寸，并不断找机会加仓。也就是说，蓬齐骗局在金融市场中被复杂化了，即投资者并不限于只投资一次，每一轮投资者所获得的利益也并不限于只来自于下一轮投资者，于是财富的分配就变得不那么有序而平均了，有可能身处前几轮的投资者由于投资次数多，比身处后几轮的投资者获利还要多。

此时，骗局的控制者就慢慢浮现出来了，他们就是那些先知先觉的在底部吸足了筹码同时又拥有最大获利盘的群体，即我们常说的"主力""庄家"。他们现在拥有最大的盈利，最大的持仓额，他们成为了名副其实的骗局控制者，因为如果他们想抛售的话，巨大的卖盘将使股价迅速下挫，从而结束整个蓬齐骗局。他们一定会抛售，因为现在的盈利只是账面上的，只有卖出获利头寸后才能转为真正的盈利，他们必须把筹码转交给蓬齐骗局的最后一轮投资者。于是，当他们觉得盈利已经足够大时，他们会在短时间内，在市场还处于癫狂时，将筹码转出，紧接着的结果可想而知，最后一轮投资者再没有办法找到愿意出更高价格的下一轮投资者，于是被迫降价卖出，接着便是市场价格的跳水性下跌，投机性泡沫就此破灭。

## 三、泡沫脱离整体经济的基础不断膨胀

当投资者已经忽略了租金和利息等收益而更重视资本利得时，经济泡沫已经产生了。而由于以下原因，泡沫就会在市场投机的非理性助推下不断膨胀。

（1）信息不对称、基础价格难以确定。当买卖双方信息不对称，其基础价值难以确定时，市场越容易利用投机将其价格炒高，从而获得高额的资本利得。因此，这种情况很容易引发持续的投机，将泡沫不断吹大。

（2）公众的预期效应。当泡沫形成之后，价格持续不断上涨，公众整体形成了上涨的预期，使得社会的资金更加集中地流入，从而价格进一步上涨完成了预期的自我实现，这样就形成了泡沫的膨胀循环。

（3）反应过度和反应不足。行为金融学发现，人们的一些心理倾向支持了泡沫的形成。这就形成了反应过度和反应不足。反应过度是指由于投资者对信息理解和反应上出现非理性偏差，使得价格对一直指向同一方向的信息变化有强烈的反应。如投资者对于一些信息过于重视，造成股价在利好消息下过度上涨或利空消息下过度下跌，使得股价偏离其基本价值。反应不足是指由于投资者对信息理解和反应上出现非理性偏差，使得价格对信息变化反应迟钝。

（4）正反馈交易。正反馈交易是指在前一期资产价格上涨或下跌的基础上采取继续

买入或卖出的行为。他与传统经济学中的最重要思想"均衡理论"一种负反馈机制的思想是有很大出入的。正反馈交易理论认为，最初价格的上涨导致更大的价格上涨，或最初价格的下跌导致更大的价格下跌，即通常所说的追涨杀跌。因为通过投资者需求的增加，最初价格上涨的结果又反馈到了更高的价格中，第二轮的价格上涨再反馈到第三轮，然后又反馈到第四轮，如此反复，信息对资产价格的初始影响被放大。希勒认为，投机泡沫的正反馈理论认为，市场价格巨幅上升时，它在投资者之间创造大量的成功神话，这些神州吸引潜在的投资者，这些投资者天真的认为同样的成功会降临到自己头上，也就是说，反馈交易理论的一个普遍观点是建立在市场外推式预期的基础上。这种观点认为，发生反馈是由于过去的价格上涨产生了对价格进一步上涨的预期。反馈理论的另一种观点认为，发生反馈是由于过去的价格上涨使投资者信心增加，通常认为这种反馈主要是对价格持续上涨模式的反应，而不是对价格突然上涨的反应。正反馈交易具有如下的一些特点：在资产价格上涨时买入，下跌时卖出，对资产的需求取决于资产历史价格的变化。正反馈交易行为方式在金融市场中普遍存在，有些是因为投资者对资产价格的外推式预期造成的，有些是因为投资者的从众心理造成的。

## 四、事件刺破泡沫发生金融危机

然而泡沫毕竟是泡沫，是靠虚拟的投机需求支撑起来而没有真实需求作为根基的，因此经不起考验。当盈利不及预期的信息让人们都意识到这是个泡沫时，当政府采取紧缩性的货币政策收缩信用时抑制投机时，或者意外的战争或灾荒发生，都有可能将泡沫刺破。而一旦刺破泡沫，人们的资产大幅缩水、破产企业增多、银行呆坏账增加、失业率上升，使情况进一步恶化。如此恶性循环，金融危机爆发，使经济遭受重创，甚至引发经济危机。但是危机严重程度由泡沫大小决定。对于实体经济来说，泡沫会产生大量的过剩产能和资产的过高价格，这些过剩的产能和高价的资产在泡沫中是靠大量的流动性来支持的，当流动性失去，泡沫不在时产能的过剩和资产的高价就会凸显，随之而来的便是价格的暴跌。

## 五、产业转型与经济增长的实证分析

### （一）对国外主要国家和地区产业转型的考察

当今世界，某个国家之所以被称为"发达国家"，是因为它在发展史上，一次次克服了来自外界的竞争和自身内部的不协调，沿着艰难的台阶一步一步攀登的结果。这个台阶就是产业结构的不断转型升级。因为随着时间的推移，某个领先的技术或产业会被更为先进的技术或产业所替代，如果不能及时用更先进的技术和产业代替原有的旧技术、旧产业，那么这个国家很快就会沦落为二流国家；及时掌握了新技术和以新技术为核心的新产业的国家就取而代之成为新的领先国家。如曾经被誉为"世界工厂"的英国，在20世纪初由于没有及时调整产业结构而逐渐落伍。美国和德国等后起国家在产业结构的不断转型升级中得以赶超英国。

在经济发展初期，大部分发展中国家不得不主要依靠增大资源投入的粗放型经营方式来推动经济增长。但随着经济的发展、国民收入的增加,劳动力、原材料等生产要素的成本上升,比较优势就会丧失。如果还依赖于资源的大量投入来维持高产出,不能够实现产业结构的转型升级,生产出附加价值更高的产品来替代原来的低附加价值产品,则经济增长必然受挫,经济会一蹶不振甚至倒退。

自 20 世纪 80 年代以来,世界范围内的各产业不断转型升级,不同国家采取不同的方式都在进行产业结构的转型,也产生了不同的经济效果。实例将分析主要典型国家的产业转型的过程和相关特点。

1. 美国的产业转型促进了经济的持续增长

在经历了 20 世纪 60 年代和 70 年代的经济"滞胀",1979～1981 年的经济衰退,以及进入 20 世纪 80 年代后,美国的钢铁、汽车等传统优势产业受到优质廉价的日本产品的冲击后,美国能够保持领先优势的只剩下飞机制造和大型计算机等个别产业。美国的经济大国地位有被日本取而代之的可能。美国政府被迫在 20 世纪 80 年代初期开始实施以反通胀为目标、以刺激供给和创新为核心、以减少干预和管制为手段、以高新技术产业为龙头的产业结构的战略性调整。通过体制和产业转型,美国建立了比其他国家更有利于供给和生产率增长以及技术创新的经济体制和产业结构,走出了第二次世界大战后凯恩斯国家干预的政策体系和经济滞胀困境。

20 世纪 80 年代初里根总统上台后,采取了一系列产业结构转型措施,奠定了 20 世纪 90 年代美国经济增长的优势,这些政策措施包括:①美国率先实施了减税措施,使劳动者、投资者和消费者有更多的税后收入用于储蓄、资本积累和长期性消费,从而产生提高要素投入和生产率增长的供给激励效应;②大幅度削减社会福利开支,减少税收负担和人们对政府的依赖;③放松对自然垄断行业的价格和进入管制,让市场机制起主导作用;④政府增加研究与开发投资和公共投资,以提高经济效率;⑤政府学习日本扶持出口的政策,并制定相应的鼓励出口的措施和法规;⑥确定以领先产业为核心的竞争力提升战略。

20 世纪 90 年代初克林顿入主白宫后,也制定了调整美国产业结构的发展战略,使美国经济沿着健康的发展方向迈出坚实的步伐。克林顿政府采取了产业转型发展战略,其基本内容包括:①重视科学技术,建立相应的调节机制;②大力削减国防开支,进一步缩小军事工业生产规模;③调整联邦政府研究与开发预算,进一步平衡军事研究与民用技术研究在政府研究与开发中的地位;④为改变军事工业比重过大的局面,联邦政府运用财政投资手段,促使国防部门与民间进行技术开发合作,以进一步加快军转民的步伐;五是政府提供多方面支持,更加重视提高民间产业的竞争力。

在这一系列的产业政策支持下,美国在新技术革命取得领先地位,主要是通过增加对新生产能力的投资,对作为技术创新基础的研究和开发、技术技能和教育的投资,以及通过竞争机制来改善国家创新系统效率的做法,提高了美国技术结构的创造力和生产力,取得了全球的技术竞争优势。其最重要的因素实质上是"社会能力",即包括技术能力(如教育质量)、对技术和教育的投资以及政治、商业、工业、科研和金融机构相互联系组成的有利于技术创新的环境和条件。经过技术结构的调整,美国重新夺回了新技术革命的领先地位，把竞争者甩到后面。

在美国的产业转型过程中，其中重要的环节是压缩军工生产，推动军用技术向民用部门转移。长期以来，美国经济发展在很大程度上是靠不断扩展的军事工业刺激起来的，因此不免带有一定程度的臃肿性质，并对美国经济产生种种不良影响。特别是在冷战结束后，庞大的国防和军事工业阻碍了民间产业竞争力的提高。另外，重新焕发活力的制造业发挥着重要作用。美国在制造业上取得的业绩与该国的劳动生产率的提高密切相关。美国运用信息技术来改造传统产业及其管理模式，传统的产品制造业由于先进技术的应用正在向柔性制造方向发展，信息技术的倍增效应使非资源变成资源，形成规模经济，成本不断下降，刺激消费需求，生产处于良性循环之中。

美国经济发展的良好态势，正是美国产业成功转型的结果。在美国，从产业结构分析，知识技术密集型成为最具竞争力和倍增效应的产业。美国的新技术产业，如电脑、软件和半导体产业已摆脱日本、欧洲企业的竞争，取得世界技术的领先地位，产生了全球对美国新技术和新产品的需求。波音收购麦道公司等一系列大公司并购案例说明，美国高科技制造业的航空航天、国防工业和生化技术工业，通过产业结构整合和组织调整，以巩固其所取得的全球性市场、技术和质量的竞争优势。以微软公司为代表的美国信息产业的崛起并非是偶然的，其与美国的教育体制和社会环境密切相关。美国最具竞争力的服务业，如金融、证券、投资等公司，会计、法律、咨询等专业服务以及广告和营销服务等商业服务业不断进入新兴市场，实施其全球化服务竞争战略。毋庸置疑，美国的产业转型堪称发达国家的典范。

2.欧洲国家的产业转型及其经济增长情况

20世纪80年代欧洲国家的产业结构调整政策不同于美国。欧洲国家在20世纪80年代实施的产业转型政策如下。

（1）欧洲多数国家执行了更为严格的反通胀政策，使整个20世纪80年代欧洲国家平均的通胀率保持在3%以下，低于美国的4.9%左右。德、法等国的通胀率在1996年和1997年仍保持在2%以下。为此所付出的代价也更大，即欧洲国家的失业率高于美国。

（2）欧洲多数国家至今仍保持着庞大的社会福利计划、相对公平的收入分配体系以及与之相配套的高边际税率制度。虽然人们的基本生活权利得到了充分保障，但对供给和生产率增长则形成某种抑制作用，也使平均失业率长期居高不下，这是高税率和福利计划的体制抑制供给和生产率增长的结果。

（3）欧洲一些国家有相对高份额的国有资产，同时对农业部门、航空、电信等产业和公共事业保持着高保护或高管制政策。这些政策降低了这些产业的经济效率和国际竞争力，造成很大的资源浪费。虽然英国等国在20世纪80年代也开始了类似美国的产业调整，但有着国家主义传统的德、法等国的产业转型相对缓慢。四是为抵消高税制和高壁垒对经济和市场的负面效应，如今欧盟国家实施了货币一体化，并不断加快经济的一体化进程，通过建立要素、商品、服务自由流动的欧洲统一大市场来推动技术和产业结构转型升级。五是在欧盟内部贸易和生产的日益一体化，对美国和日本经济的技术与产业产生竞争日趋激烈的条件下，欧盟各国产业结构出现了明确地按各自优势进行全球分工和专业化生产的格局。

20 世纪 90 年代以来，欧盟国家经济前期经历低速增长但后期增长在加速。20 世纪 90 年代初期，欧盟国家的增长势头不如美国那么强劲，但好于日本。失业问题仍然是欧盟国家面临的最紧迫的问题，1997 年欧盟的失业率达 12.4%，远高于美国的失业率为加入欧洲货币同盟，各国努力削减预算赤字并实行同一利率水平，这种相对紧缩的指出政策将对欧盟各国的产业结构产生直接的影响。目前另一个制约欧盟各国供给增长和结构变化的关键因素是解除经济管制的进程仍相对缓慢，但可以预见，随着欧洲经济一体化程度的加深，统一大市场的规模和范围经济效应将带动欧盟经济的供给和技术创新活动的增长。

欧洲产业转型的结构变化如下：服务业增长的基础是开放和提高竞争力。从三次产业结构来看，发达国家经济普遍有由工业和制造业向信息和服务业转化的结构性变化。据统计，发达国家作为整体，1980 年农业、工业（括号中为制造业份额）、服务业分别占 GDP 份额的 3%、37%（24%）、66%。其中服务业份额最高的是美国，约占 72%。欧洲国家普遍在中值（66%）上下。这种结构与各国进入后工业化程度或罗斯托的全面追求生活质量阶段的程度有正相关性。首先，欧盟主要国家的服务业在全球范围内是有竞争力的，如英国的金融、保险业，德国的电信业，法国的商业和信息业等。如英国在美国《财富》杂志公布的世界最大的 500 家公司中有 33 家，其中属于银行、保险和商业等服务业领域的公司就有 17 家，占 50% 以上。其次，这些国家的金融、保险、电信和航空等服务受到政府或欧盟严格的价格和进入管制，使这些传统竞争优势行业逐步落伍。如欧洲在互联网和信息技术、电信和金融领域明显受到来自美国、日本等国的竞争压力。如英国首创的投资银行业务因面对激烈的竞争，无法与美国竞争对手抗衡而不得不退出该领域。

作为欧盟最重要的一员——德国政府自 20 世纪 90 年代中期开始明显加速调整产业结构。政府与市场的良好互动主导了德国以发展新经济产业为核心的最具革命性的世纪产业转型。

（1）注重和加强研究与开发

企业和科学界的技术创新能力决定了德国新经济可持续发展的能力和潜力，而创新研发正是生产新兴技术的特殊产业，因此，德国政府视促进创新研发为重中之重，研发部门的资金增长迅速。德国研究政策的重点是新信息技术和通信技术的开发、生物技术前沿领域、健康与医学研究、分子医学和基因研究。为加强德国对信息通信技术的创新研发实力，德国政府特别为加强对学生创新意识和创新精神的培养，鼓励高校毕业生创建高新技术创新企业，在高校的教学、研究和管理中吸收企业的先进管理经验，高校科研成果优先向技术区内技术创新企业辐射转化，高校积极为区内企业培训研发人员，为企业技术创新提供技术支持，提高区内技术创新企业的研发能力。

（2）强化投向人力资本

一方面德国政府加强基础人力资本的投资，另一方面也采取措施加强建立与市场伙伴的合作关系，促进市场的投资动力。教育是进行人力资本投资的基本形式，德国的目标是要通过教育体制改革在培养四个方面人才上取得重大进展，以满足经济发展的要求，即促进技术创新发展趋势的人才、掌握先进信息技术的人才、掌握金融知识和具有创新精神的人才、了解各国多元文化的人才。德国政府还特别关注对信息技术人才的培训，在德国政府、私人部门和工会的共同推动下，综合性的培训措施开始实施。

（3）促进创新融资

为向产业的转型提供高效率、低成本的资本供给，德国政府加大资本行业的发展。德国风险投资业特别是针对生物技术的风险投资业取得了突飞猛进的发展，为处于初创阶段的尖端技术企业提供了广阔的资金市场和坚实的资金保证。德国政府《年轻技术企业的风险资本计划》的实施导致了德国风险资本市场的极大扩张。

3. 东亚国家和地区的产业转型趋势及存在的问题

美国的学者克鲁格曼在东亚危机发生前就曾说过："东亚经济增长是靠投入增长驱动，而不是通过生产率增长驱动的"。因此，这种增长模式从长期看是不可持续太久的。在危机发生后，又出现用否定政府主导型增长模式来否定东亚增长模式的观点。实质上东亚国家和地区陷入金融危机的基本原因，主要是在信息技术革命和经济全球化的大环境中，东亚国家和地区的体制结构调整滞后，使旧的体制和产业结构不能适应新的竞争环境的需要，因此在外部冲击下陷入困境。

（1）不能用东亚国家和地区的产业转型中遇到的问题而否定东亚模式

据统计，东亚"四小龙"1979～1988年平均经济增长率约为8%，1989～1996年平均经济增长率约为6.9%，经济增长在减速。因此，人们认为东亚经济的生产率增长不足以保持以往的高增长。研究表明，发展中国家生产率对增长的贡献小于发达国家，资本投入是增长的主要来源。如韩国的技术变化主要是由受教育的劳动力比例增长很快和资本利用效用增长很快引致的。对于发达国家，技术变化是增长的主要来源。对于高增长过程中的东亚国家，即使现阶段是投入驱动型的经济增长，技术变化小于发达国家，但随着产业结构从轻工业向知识密集型工业和高附加价值服务业的转变以及人力资本投资和技术能力的提高，技术变化已出现加速趋势。

（2）东亚国家和地区的产业转型缺少协调的合作抗风险机制

东亚经济模式常被人们形象地描述为"雁阵效应"，即东亚像大雁一样，沿着动态比较优势梯次一批接一批地起飞，头雁是最先革新的国家和地区。头雁的产业结构调整快，后续国家和地区的产业结构也会随之调整。反之，当头雁受到冲击后，经过一段时滞这种负面影响很快会波及后续国家和地区，使整个东亚经济遭受损失。如果头雁带头顶住，整个雁群齐心协力，也许会减缓甚至渡过危机。

（3）东亚国家和地区的体制结构调整迫在眉睫

金融危机暴露出东亚经济在产业结构调整方面的严重滞后。从日本开始的工业化过程就是一个以政府产业政策为主导的、以政府投资或优惠政策支持为基础的、阶段性不平衡发展的过程。韩国等东亚经济都不同程度地受这种模式的影响。这种发展模式曾在相当长时间里取得了高增长的成绩。但由于用产业政策和长期战略替代了市场机制的作用，这种模式一方面需要阶段性结构调整，否则结构扭曲和不平衡的矛盾会越积越多。另一方面既得利益集团会阻碍产业结构调整，使结构调整滞后越来越经常发生。因此，通过开放引入外来竞争的压力，打破国内行业垄断，并通过放松行业进入管制，让更多的企业自由进入和退出来强化国内竞争，是解决产业结构变化障碍的重要方面。

但事实上，让市场机制更多起作用的体制结构调整有相当难度。韩国本可以借金融危机的机遇，通过大企业破产来淘汰弱者，使经济尽快恢复元气，但政府并不愿意看到大企业破产。比如，人们担心政府会强制效益好的浦项钢铁公司收购韩宝公司而抛售其股票。1998年三星集团在政府支持下获准进入生产能力已严重过剩的汽车工业，即投资100亿美元，取得1997年7月破产的起亚集团的控制权，使韩国保留了六大汽车公司。尽管韩国钢铁工业已有两家工厂倒闭，现代集团仍投资58亿美元建设钢铁厂。这些现象说明，仅依靠国内力量很难解决大企业垄断问题，因为这些企业规模都已太大。只有通过开放市场，即从外部引入竞争机制，才可能打破国内垄断，使市场机制起作用。

（4）产品和技术结构升级的机遇和风险

①传统产业通过产品和技术结构升级而保持竞争优势。②转向新产品领域寻求新的发展机会。在通货紧缩和供给能力普遍过剩的新时期，东亚经济结构调整的一个重要方面，是从传统的出口导向型和技术含量低的制造业领域转移到服务业和信息技术领域。这种调整是在经济全球化已不断削弱东亚经济在廉价的劳动力、土地和技术人员的传统优势，而信息技术革命创造进入新产业的机遇条件下发生的。中国台湾地区的产业调整比较成功，它主要是以极为周到的服务和高品质的产品进入跨国公司的生产链条，为跨国公司提供各种廉价的电脑、零部件和外部设备而介入高新技术产业，一般不单独承担某种新产品的研究和开发投资。这使他们躲过1995年日、韩制造商遭受的芯片价格暴跌和全球供给过剩的打击。当高技术产业学习到一定程度时，他们开始以投资或收购方进入更高附加价值的产品。③不合理的产品和技术升级的风险和问题。韩国在这方面有很深的教训。韩国曾通过巨额投资建立起从研究与开发到制造芯片研制体系，希望凭借其生产和出口高附加价值产品—芯片的出口竞争力来阻止经济下滑。但由于日元贬值提高了日本芯片产品的竞争力，更重要的是世界市场对半导体芯片需求下滑使价格暴跌，严重打击了韩国半导体产业，影响了韩国出口收益和贸易状况。此外，韩国人认识到他们在尖端技术层次上缺少竞争力。面对竞争，他们只能以扩大企业规模，并通过兼并市场占有率高、有名牌和先进技术的外国公司来提高技术档次。

金融危机过后，东亚国家和地区纷纷进行产业结构的调整，积极培育高新技术产业，加快发展信息技术产业，充分利用高新技术改造传统产业，增加服务业的科技含量和提高服务水平。概括起来就是，发展以提高高科技含量为核心的高新技术产业和高新技术产业带动传统产业升级并重，为东亚国家和地区未来产业发展的目标和方向。

**（二）世界产业转型的未来演变趋势**

通过对世界各主要国家和地区产业转型的考察，我们可以看到，21世纪将是经济全球化、信息化、知识化迅猛发展的时代，因而经济增长不是靠资本和就业的增加，而是靠技术和知识的投入与技术创新能力的提高。在竞争激烈的国际经济环境中，各国纷纷制定、调整或完善各自的产业政策。世界正处于 21 世纪的发展时期，产业转型的总趋势将是高新技术产业化步伐进一步加快，转型后的传统产业赢得新的发展空间，知识型服务业成为拉动经济增长的主导产业。

1. 高新技术产业化与产业结构高级化将是全球产业转型的主要发展方向

21 世纪将是发展知识产业的世纪，技术密集型和知识密集型产业将继续得到蓬勃发展，劳动密集型产业所占比重会趋于下降，信息、生物和纳米技术将成为影响未来科技进步与产业转型的核心技术。产业结构高级化意味着高新技术对工农业产出的增长、效益优化和劳动生产率提高的贡献率加大，用更少的自然资源和更多的信息资源生产出更为丰富的物质产品。原有主导产业，如钢铁、石化、汽车等将被信息与通信、生命科学与生物工程、新材料与新能源等新兴产业所替代。展望未来，信息技术仍是影响各国产业结构走势的关键因素。发达国家和部分新兴工业国家将主要从事知识密集型和技术密集型产业，欲借信息技术等高新产业实施跨越式发展，以实现经济的第二次起飞。但在大多数发展中国家，劳动密集型产业仍将是国民经济的支柱产业，工业化与信息化将是这些国家产业转型的长期目标。

2. 第三产业比重趋增且产业结构软化将是世界产业转型的最终目标

知识型服务业，包括金融、信息、咨询服务等在国民经济中的比重将增加，在经济社会发展中的作用将越来越重要。第一产业与第二产业在国内生产总值中比重的下降，第三产业比重的上升，是多数国家产业转型的基本脉络。目前，美国知识产业中 83% 以上集中于金融与保险、信息与通信和企业服务等行业；20 世纪 90 年代美国实际国内生产总值增长的 70% 左右来自第三产业。西欧预测，其产业转型的结果将使知识服务业在国内生产总值中的比重由目前的 25.4% 增加到 2020 年的 37.5%。服务业迅猛发展在很大程度上得益于信息服务业的长足发展。继硬件、软件、网络业之后，作为信息产业的第三产业，信息服务正成为信息业的基本行业。目前，全球信息服务业产值已占整个信息业的 40% 左右，成为信息业中的第一产业。各国都在加快向第三产业的转移，使第三产业中的服务业在整个经济活动中占据主导地位，应对经济全球化的迫切需要。

3. 以高新技术改造后的传统产业将赢得新的发展空间

高新技术，尤其是信息技术在第三产业中的广泛应用，使趋于衰退的传统产业—农业与制造业发生逆向回归。新科技革命推动了传统产业的现代化，促进产业结构的转型升级。20 世纪 90 年代以来，美国用高新技术改造传统制造业，使其全面升级，劳动生产率明显提高。20 世纪 80 年代，美国制造业劳动生产率年增 3.4%，20 世纪 90 年代，美国制造业劳动生产率年增长提高到 4.7%。制造业成为推动美国经济扩张的第一大产业。日本、欧洲与发展中国家亦把以高新技术改造传统产业列为产业转型的重要目标。事实证明，用高新技术改造传统工业，不但使已经失去竞争优势的劳动密集型产业，如纺织业、服装业、建筑业正在转变为资本和技术密集型产业，而且使钢铁、汽车、化工等资本密集型产业转变成为技术密集型产业。用信息技术改造传统服务业，可使其日趋信息化与知识化。

从发展角度分析，实体经济通过与网络技术的结合，很可能成为新经济中的最大赢家。新科技成果的广泛应用，不仅使传统制造业得到改造，延伸出许多新型制造业，而且将以更少的原材料和能源消耗或替代材料，生产出更多的产品。人类基因知识的利用，将完全改变传统的医药和医学行业；克隆技术与转基因技术的开发也正引起传统的农业革命，转基因食品的应运而生有望解决发展中国家的吃饭问题。

# 第二节　考虑国际贸易和资本流动时的情况

以上我们是仅仅考虑国内的情况，如果一国的经济开放性高、与国际市场联系很密切，那么金融危机的产生还应该考虑到国际贸易和资本流动。

## 一、国际资本流动引发金融风险的理论分析

随着经济全球化的不断发展及国际资本流动规模的日趋扩大，国际资本流动理论也在不断发展完善。国际资本流动理论从重商主义时期到经济全球化时代的发展，大致上可以划分为三个时期：18世纪下半期的国际资本流动理论主要运用逻辑方法对国际资本流动的原因和影响进行解释；20世纪50年代的国际资本流动理论则运用数量模型着重揭示国际资本流动的规律和层次；20世纪80年代后期的国际资本流动理论重点研究了经济全球化下国际资本流动引发金融风险的内在动因。

### （一）国际资本流动的动因及效应理论

18世纪下半期，随着工业革命机车的轰鸣，世界经济和贸易的车轮进入快车道。国际资本流动开始渐渐摆脱国际贸易逐渐成为一个独立的经济现象。关于国际资本流动的动因、效应和国际收支等问题吸引了经济学家的视线。在对上述问题的研究过程中，逐步形成了以下国际资本流动理论：

俄林着重研究了国际短期资本流动及其影响因素，认为影响短期国际资本流动的因素主要有两个：汇率和银行利率。查里斯•P•金德尔伯格拓宽了国际短期资本流动的研究视野，进行了全面的研究。

（1）依据投资目的区分国际长、短期资本流动。他认为，国际短期资本流动应定义为：投资者的意图是在短期内改变或扭转资本移动方向的资本。他还引入了货币供给、膨胀和收缩、产业流通和金融流通等基本概念，为国际短期资本流动效应研究奠定了基础。

（2）系统研究了国际短期资本流动对货币供给的影响：短期资本使得流入国经济膨胀，短期资本流出国经济将收缩，进而产生继发性膨胀和继发性收缩。但短期资本流出国的继发性收缩幅度比资本流入国继发性膨胀小得多。

（3）国际短期资本流动与经济周期的关系：在金本位制度下，国际短期资本流动与经济周期之间具有明显的同步性。

### （二）国际资本流动的规律及层次理论

20世纪50年代，各国金融市场的联系日益紧密，利率之间的相关性逐步提高，在资本项目管制方面难以进行动态协调，内外均衡目标的冲突日益严重，在此背景下，产生了国际资本流动的规律及层次理论。

1.发展中国家资本流动理论

一战以后，世界政治经济形势发生了重大变革，新建国家与发达工业国家之间的经济发展不平衡性更加明显。加纳·卡尔·缪尔达尔指出，国际短期资本市场和国际收支调节机制处于无组织状态，国际资本流动中的私人资本主要流向工业发达国家，投资形式从间接变为直接。缪尔达尔认为，私人资本背离发展中国家的原因，是国家被无效率的、腐败的、易犯错误的政府所掌控，经济贫困、社会动荡、利润转移具有不确定性，发展中国家的通货存在可兑换性差以及私人资本有被国有化的风险等。雷吉纳·纳克斯对不发达国家的资本形成及其外债清偿能力问题进行了研究，指出经济贫穷的恶性循环是阻碍不发达国家资本积累的最主要环节，不发达国家应当充分利用外国资本，加速国内资本的形成。同时，强调外国资本在国内的投向和使用，如果将外资用于消费，国内资本仍然无法形成。随后，纳克斯对外债清偿能力进行了探讨，他强调为了配合外资的输入，不发达国家必须用财政或货币政策实行强迫储蓄。也就是说，有效利用外资必须辅以对内的政策措施，否则对经济发展没有多大帮助。缪尔达尔和纳克斯的分析，拓展了理论边界，研究结论对当今新兴市场国家用好外资和制定金融监管政策仍具有重要意义。

2.国际资本流量理论

国际资本流量理论继承了19世纪金本位时期的经济思想，认为国外利率的提高会增加本国对外国的资本输出，只要国外利率相对国内利率维持较高的水平，这种资本流出就会继续下去。相反，如果国内利率高于国外利率，国外资本就会流入国内。可见，国际资本流量理论强调资本流动与利率水平之间的关系。这种利率驱动型机制的内涵与第一代国际资本流动理论中的单动因理论一致，但模型分析方法是对理论的完善。

3.国际资本存量理论

与此同时，经济学家也注意到，利率差异不是决定国际资本流动的唯一因素，还应考虑国内外风险水平以及投资者或潜在投资者的能力。他们在流量理论的基础上导入风险因素，采用马克维茨和托宾的资产组合模型，形成了国际资本流动的存量理论。该理论认为，选择投资多种证券的组合可以提高收益的稳定性，降低投资风险。因为组合中不同资产的收益不完全相关，可以分散风险，投资者会选择不同国家的资产作为投资对象，从而引起资本在国际间的流动。

4.国际资本流动的货币分析理论

货币分析理论认为国际资本流动本质上是一种货币现象，由储备变化和国内货币政策所决定，资本的内外流动构成了国际收支的总况。货币分析理论下的国际资本流动机制，更多的是侧重国际长期资本流动，强调了一国经济政策对长期资本流动的重要影响，开创了对国际资本流动机制研究的新视角。

### （三）现代国际资本流动理论

现代国际资本流动理论十分丰富，几乎所有的国际经济学家对此都有研究，其中比较著名的国际经济学家有马柯洛普、纳克斯和米德等。这里我们仅就马柯洛普和纳克斯的理论进行简要地述评。

马柯洛普在国际资本运动和国际投资乘数方面有很深入的研究。马柯洛普把国际资本运动分为自发资本运动、引致资本运动和净资本输出三种形式，并分别分析了它们的特点和影响。关于国际资本运动的因果关系一直是经济学界争论的问题，古典经济理论把资本运动看成是因，把贸易差额看成是果，比如休谟、李嘉图和穆勒等。持相反观点的主要代表人物是凯恩斯，他认为贸易差额是因，资本运动是果。怀纳则持中间立场，认为资本运动和贸易差额之间没有明确的因果关系。马柯洛普认为，究竟哪一个是因哪一个是果，要看具体情况。如果资本运动是净资本运动，那么是贸易差额导致资本运动；如果资本运动是自发资本运动，那么是资本运动引起贸易差额运动。马柯洛普通过国际投资乘数模型，说明了资本对资本输入国国民收入的积极效应。但从模型看，在大多数情况下，资本输出使输出国自身的国民收入趋于下降。为此，马柯洛普考察了资本输出补偿的可能性和途径。马柯洛普认为，如果输出的资本是由自主资本组成的，那么唯一补偿的形式是贸易顺差，这时通过收入效应、价格效应和汇率效应可能对贸易顺差产生影响。

纳克斯主要研究了国际资本流动与不发达国家的资本形成问题。他的著作《不发达国家的资本形成问题》被认为是研究国际资本流动问题的名著。纳克斯认为，资本形成问题是不发达国家发展问题的核心。贫穷的恶性循环是阻碍不发达国家资本积累的最主要的循环关系。不发达国家国内储蓄数量较小，由于国内市场容量狭小，引进国际资本也存在困难。但是只要采取措施，引进外国的私人投资和企业性投资也是可能的。因此，不发达国家应当积极利用国外资本，加速资本形成。不发达国家引进外资可以通过企业直接投资、国际借款和赠与等形式，它们都有利于不发达国家资本形成。纳克斯批评了古典学派的比较成本原则和俄林式的新古典学派的要素转移理论，他认为凯恩斯的收入分析符合现实情况，强调资本流动可能是贸易差额发生变化的结果。不论资本流动属于自发的、适应性的还是互变性的，都同有效需求和就业程度有关。从长期看，收入和就业水平的提高应归于资本输出。在讨论国际资本移动的性质和作用时，纳克斯认为对外投资可以刺激先进国家的经济发展。更进一步地，对外投资从根本上说是改善全世界生产资源分配和使用的一种手段。

## 二、国际资本流动引发金融风险的机制分析

### （一）直接投资引发金融风险的机制

通常，外国直接投资（FDI）是指一国引资主体集中引进外国股权资本，且允许外资在投资项目中达到控股程度的引资方式。其主要形式有合资企业、合营企业和独资企业。

FDI是一种拥有一定控制权的长期投资行为，具有相对稳定性，因此，它本身不会触发金融危机。外国直接投资引发一国金融风险的途径主要是通过大量的投资利润汇回对东道国的经常项目产生赤字压力，从而可能诱发一国的国际收支危机。

从理论上看，一国外商直接接投资的流入额与包括利润红利工资汇回、专利费以及支付母公司对子公司净贷款的利息在内的相关国外付款的比重会影响该国的国际支付。如果再考虑 FDI 的创汇量同东道国相关国内生产所需的进口材料的付汇额的大小之比，即把进出口纳入考察范围，则 FDI 对一国的国际支付的影响将更全面、更复杂，而无论从哪一个角度来看，FDI 的潜在风险都是必然的。

首先只要 FDI 是盈利，而且存续期足够长，则其最终回汇的利润的贴现值会超过 FDI 的流入值。而且如果 FDI 的项目利润越高，投资回收期越短，上述的"付款额一超过投资额一"的状况就越明显。由此 FDI 对东道国的国际收支平衡表现为负效应。

其次，FDI 项目建设初期由于还不具备生产与出口能力而同时又需大量进口生产的设备和技术，此时 FDI 对东道国国际收支的影响显然是不利的。即使在项目盈利后，由于会产生一些要素收入的汇回，仍然会对国际收支造成某些不利影响。如果 FDI 投资于第三产业，从长期来看，由于所表现的产出是不可贸易品即服务，较难直接增加东道国的出口额，而要素收入则仍将逐渐汇回，从而使东道国的国际收支差额显示为负数。

### （二）对外负债引发金融风险的机制

外债是指在任何给定的时刻，一国居民欠非居民的已使用而尚未清偿的、具有契约性偿还义务的全部债务。从期限上来划分，通常分为短期和长期外债。

在发展中国家，由于短期外债与中长期外债的管理方式不同，短期外债和中长期外债都采取数量控制的管理方式，但具体操作存在明显差异，中长期外债的额度只能使用一次，而短期外债可循环使用，造成了外资企业和外资银行更倾向于借用短期外债，结果大量的国际短期资本流入到这些国家。与此同时，随着发展中国家过早的进行了资本帐户的自由化，相应的监督和谨慎的监管体系尚未建立起来，银行和其他金融结构自身也缺乏足够的监测客户的方法，而发展中国家对银行债务明确地或隐含地担保也导致了银行的道德风险问题。这些因素都加剧了发展中国家金融体系的脆弱性，这表现为银行和其他非银行金融机构迅速扩张的信贷，不断增加的以外币计量的短期外债，以及越来越多的不良贷款。而外债的增加，特别是短期外债的增加将大大增加发展中国家的金融风险。这是因为即使发展中国家外债总额不高，但当许多债务是短期的，且绝大多数是用外币计价的时候，短期债务增长远远超过外汇储备的增长，这将使得这些国家外汇市场变得极为脆弱，许多企业和金融部门都面临着外汇风险。更为危险的是由于负债和流动性的快速上升领先于经济规模的增长，特定的经济发展阶段和有限的经济增长速度无法为新增巨额贷款提供足够的投资机会，可供投资并提供高额回报的行业就显得相当有限，这时银行的新增贷款往往集中于少数行业，如房地产和股市等高风险融资项目。

国际市场上资本的大量流入和危机国金融机构大量的借贷推动了这些国家房地产价格和股票价格的迅速攀升，但是泡沫终归是要破灭的。当泡沫破灭的时候，资产价格迅速下跌，这导致金融机构积累了大量不良资产。微观经济层面的薄弱使得一些获得信息的国际贷款机构和投资者将资金从这些国家撤走，从而引发了外国投资者对这些国家国内银行的挤兑，反过来就产生了对外汇需求的突然增加。为了援助这些银行，中央银行耗尽了它的外汇储备。过度的金融风险最终导致了金融危机的爆发。

### （三）外国证券投资引发金融风险的机制

20 世纪 90 年代以来，证券投资在资本流动中扮演了越来越重要的角色，特别是对股票的投资。证券资本的流入使得资本引入国的筹资成本相对降低，改善了流动性和市场的深度，在一定程度上提高了市场效率。然而，随着发展中国家证券市场向外国投资者开放，流入该国股票市场和该国债券市场的国外资本会造成该国证券市场的短期虚假繁荣。当一国的经济出现一点风吹草动的时候，这些资本就会立即撤出。这是因为：一方面，由于国际股票和国际债券投资对实际投资收益的因素特别敏感，例如利率差、汇率波动、政治风险以及预期的变化都有可能导致它迅速改变流动方向。对于发展中国家而言，这意味着本国引进的国际股票资本和国际债券资本的流量和存量都有可能发生逆转的变化；另一方面，由于一国引进国际证券资本的同时往往会引进国际投机资本，这些投机资本以短期套利为主要目标，在国际资本流动中的对冲基金可谓此类借助一国引进国际证券投资资本之机进行投机套利的典型。对冲基金利用市场波动盈利，直接增加了东道国证券市场波动幅度，扰乱了东道国金融市场秩序。此外，许多的基金采取了按照地理区域的投资分散风险的方式进行管理，当某一地区内的一国发生了金融危机，投资基金则可能将属于该板块货币的证券全部抛出去，从而可能引发该板块内其他国家的货币冲击。

国际证券投资对一国的金融风险的影响主要表现为以下几个方面。

1. 溢出或关联效应导致股价波动性增大

国际证券投资的溢出效应的表现之一：当引资国国际证券投资的逐步开放使该国证券市场和外国证券市场在资金流动、市场运作等方面联系加强，这种市场关联度的增强使得国际股票和国际债券投资对实际投资收益的因素特别敏感，加大了其他国家市场动荡对引资国证券市场的影响。其他国家证券市场出现大幅波动时，外国投资者将会通过改变其在该国市场上的投资行为来影响他们对国内股票的需求，从而影响国内股价。例如，随着一国国证券市场的开放，当国际市场利率上升时，外国投资者可能会降低在该国的股票或债券在其资产组合中的比率，从而在该国市场上卖出股票或者债券，导致国内股价下跌和债券市场的波动，引发国内金融风险。

溢出效应的另一个表现：当外国投资者对一国市场参与非常活跃时，便会引起外国市场的波动性向该国市场的溢出效应，使该国市场对外部影响的免疫力下降，增大市场风险。这一表现在亚洲金融危机中非常明显。

2. 加大宏观经济波动的可能性

证券投资往往是没有实体经济依托的流动性很强的资本，投资的流向受预期等心理因素影响很大，容易产生投资的盲目性和羊群效应，在资本大规模流动的情况下，不仅加大引资国国际收支的调节难度，而且将增加国内经济失衡的可能性。

（1）证券投资收益汇出对国际收支的冲击

以国际证券投资方式进入资本引入国的外资对国际收支平衡的影响可从外资进入的初期和长期两个阶段看。国际证券投资资本进入引资国初期，大量流入的外汇无疑将扩大该国资本项目的外汇收入，增加当期资本项目顺差的可能性；但证券市场是一个高风险收益的投资领域，作为投资主体的外国投资机构在获取丰厚的投资利润后，将该国货币收入兑换成外汇汇出，则可能带来经常帐户收益项目下的逆差。从长远看，外汇投资者汇出的利润会超过其最初投入的资本，故而从这个角度来说，外国证券投资对国际收支的影响呈放大趋势。

（2）大规模撤资对国际收支的冲击

在外国机构投资者进入一国的国内证券市场后，突发性的外国资本撤资几乎没有任何障碍，若外国证券投资资本在引资国市场的交易总额中已达到相当比重，则它们的突发性大规模撤资往往会造成证券市场的流动性困难，进而引发市场风险，对银行的资产负债表形成不利冲击，严重时会导致少数银行倒闭甚至诱发金融危机。

综上所述，外国直接投资、对外负债特别是短期负债和证券投资均在不同程度、不同方面可能引发投资国的金融风险。当这种金融风险积累到一定程度并且加以激化时，金融危机的爆发就不可避免了。因此，为进一步探讨国际资本流动的三种形式对一国金融风险的激化并且可能引发金融危机的机制，下一章将通过对亚洲金融危机的一般性分析和实证分析，来研究在亚洲金融危机之前，国际资本流动如何激化危机国的金融风险并最终导致亚洲金融危机的爆发。

## 三、国际资本流动与金融危机关系的实证分析

金融危机生成机理可以用图 2-1 来表示。

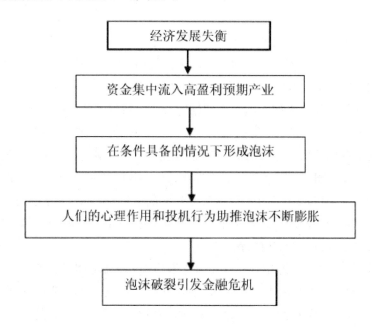

**图 2-1　金融危机生成机理**

利用此生成机理来分别分析历史上的重要金融危机。

### （一）过程综述

二战后，日本战败，整个国家成为一片废墟，广岛和长崎还被原子弹给炸了，等于推倒重来，所以，全国人民，自天皇以下，包括所有平民，得以撤除任何干扰，一心一意进行经济建设，四十年来，发展迅速，到 20 世纪 80 年代，日本的经济强大到可怕程度，日本疯狂地购买欧美企业资产。SONY 耗巨资 34 亿美元购买"美国的灵魂"的好莱坞哥伦比亚公司；松下斥资 61 亿美元购买环球电影公司；三菱重工出资 8.5 亿美元"美利坚标志"之称的纽约洛克菲勒中心 51% 的股份。1985 年的广场协议，为平衡国际贸易，维持美元为主导的体系，要求具巨大顺差的德国和日本本币升值，促进国内需求。由于出口从国外赚取了大量的顺差，日本人民拥有大量的财富，而且本币还升值了，手中的闲钱多了，要保值，要找地方用，于是，日本国内兴起了投机热潮，尤其在股票交易市场和房地产交易市场更为明显。其中，受到所谓"房地产不会贬值"的神话影响，以转卖为目的的交易量增加，地价开始上升。当时东京 23 个区的地价总和甚至达到了可以购买美国全部国土的水平，而银行则以不断升值的房地惨作为担保，向债务人大量贷款。此外，地价上升也使得所有者的帐面财产增加，刺激了消费欲望，从而导致了国内消费需求增长，进一步刺激了经济发展。

房地产价格上升，导致租用房屋和土地的企业盈利率下降，因此合理的做法是出售房屋和土地购入债券，从而会带来需求下降，根据市场供求理论，价格终将趋于均衡。但是日本企业普遍实行以帐面价值计算资产，从表面上看企业的收益率也并无变化，而帐面价值与现实价值的差额就导致了帐面财产增加，从而刺激日本企业追求总资产规模而非收益率。

当时为了取得大都市周边的土地，许多大不动产公司会利用黑社会力量用不正当手段夺取土地，从而导致了严重的社会问题。而毫无收益可能的偏远乡村土地也作为休闲旅游资源被炒作到高价。从土地交易中获得的利润被用来购买股票、债券、高尔夫球场会员权，另外也包括海外的不动产（如美国洛克菲勒中心）、名贵的艺术品和古董、豪华跑车、海外旅游景点等等，购买法拉利、劳斯莱斯、日产 CIMA 等高档轿车的消费热潮也不断高涨。

当时，这个看似繁荣飞速发展的日本帝国已经成为名副其实的空中楼阁，失业率不断飞涨，大量工厂破产倒闭，很多贷款成为坏账，日本政府开始意识到了经济泡沫已经形成，急忙收缩货币政策，1990 年 3 月，日本大藏省发布《关于控制土地相关融资的规定》，对土地金融进行总量控制，此后，日本银行也采取金融紧缩的政策。可是，这种大手术为时已晚，只能眼睁睁看着经济危机的快速发生。

1990 年 1 月 12 日，日经指数顿挫，日本股市暴跌，日经指数从最高 38915.87 点，此后开始下跌，到了 1992 年 3 月，日经平均股价跌破 2 万点，仅达到 1989 年最高点的一半，8 月，进一步下跌到 14000 点左右。所有银行、企业和证券公司出现巨额亏损，这场以房地产拉动 GDP 形成的大泡沫终于爆裂，灾难如同瘟疫一般在日本迅速传开，才三个月时间，虚假的繁荣就被打回了原形，日本经济一退 30 年。

日本股票价格的大幅下跌，使几乎所有银行、企业和证券公司出现巨额亏损。公司破产导致其拥有的大量不动产涌入市场，而且，由于土地市场与资本市场关系密切，资本市场崩盘随即传导到楼市。金融机构为避免损失，要求企业偿还贷款，企业不得不变卖股票和不动产，大量地产抛到楼市。1991 年，为控制房价，日本政府出台"地价税"政策，规定凡持有土地者每年必须交纳一定比例的税收。在房地产繁荣时期囤积了大量土地的所有者纷纷出售土地，日本房地产市场顿时出现供过于求，房地产价应声而跌。

与此同时，随着日元套利空间日益缩小，国际资本开始撤逃，热钱快速离境。接着，楼市崩盘，日本不动产市场开始垮塌，巨大的地产泡沫自东京开始破裂，迅速蔓延至日本全境。土地和房屋根本卖不出去，陆续竣工的楼房没有住户，空置的房屋到处都是，房地产价格一泻千里，房地产企业的倒闭，导致银行因为不良贷款率暴增而倒闭，普通国民住房转眼之间成了负资产。

大量银行和地产企业倒闭，当年倾尽所有买房的家庭一夜返贫，跌到现在还未回血，每年还要交着沉重的赋税。1991 年前后，负债额在 1000 万亿日元以上的倒闭企业每年都在 1 万家左右。1990~1996 年，日本破产企业年均高达 14000 家左右。

在超过 10 年的时间里，日本的资产价格以骇人听闻的颓势暴跌，极大地破坏了数以百万计的日本企业的资产负债表。以 2008 年 2 月 22 日为基期，从 1990 年起计，股票价格下跌了 54%，商业不动产价格暴跌了 95%，高尔夫俱乐部会员权暴跌了 87%，全国累计损失了相当于三年国内生产总值的资产。

### （二）产生机理分析

1. 战后经济体制和金融体制存在根本性缺陷

日本现代经济体制通常被称为"政府主导型的市场经济体制"，其基本特征是：政府主导、产业保护、企业相互持股和"护送舰队"。这种在战后形成的体制在日本经济起飞时期曾起到重要作用，但随着国际环境的变化、国内经济持续高速增长后，体制上的缺陷日益显现，原有优势逐步蜕化成日本经济发展的障碍。其经济体制和金融体制上存在的根本性缺陷给日本经济埋下了长期隐患。

（1）政府主导

在日本经济体制中，政府的指导占有十分重要的地位。而这种政府指导往往是通过官员与企业界私下协商来实现的。在战后日本经济起飞时期，政府采取了强有力的调控措施，除实行严格的利率管制和外汇管制、直接控制大企业的兼并重组活动、限制各类企业的经营活动范围、抑制金融市场的发展外，还通过低息贷款、纳税特权、特别立法、政府订货、补助和特别偿还制度等控制企业。凡是与政府合作的企业就能得到更多的好处，反之则受到严厉惩罚，迫使企业顺从行政指导。长期实行这种调控的结果是形成了政府官员至高无上的地位。日本的大企业、大银行一般均设有专门与政府有关机构打交道的部门。而日本特有的"退官制"（即从政府部门退休的官员，通常都进入大银行或大企业担任重要职务）更在人事制度上保证了政府主导型制度的实施。

在政府主导型体制中，又以大藏省的作用尤为突出。大藏省的职能包括财政、税收、金融政策的制定与执行，对金融机构的监管等，权利过于集中又缺乏有效的监督约束机制，难免发生官员接受企业贿赂、官商勾结的丑闻。另一方面，这种体制日益成为抑制企业活力的根源。由于政府可以左右企业的人事任免和经营活动，企业实际上缺乏自主权。企业长期依赖政府的指导和保护，造成企业自我发展和自我约束的能力不足，市场竞争也难以做到"公平、公正、公开"。

（2）产业保护

在战后各个时期，日本均根据不同时期特点和经济发展目标制定了相应的产业政策。通过主导资金配置、减免税、价格控制等政策扶持特定部门和企业，有效地推动了经济增长和产业升级换代。到 80 年代初，日本的产业结构水平已经达至 U 甚至超出了欧美发达国家的水平。但在产业政策的实施过程中，也暴露出日本对生产水平较低的弱势产业保护和管制过度的问题，造成了这些产业缺乏竞争力，社会整体效益降低。"竞争力弱、相对封闭盼产业包括农业、建筑、交通、通信、医疗、金融和流通业等，其生产率平均比美国同业低 63%，但就业比重和产值占 GDP 比重都是 90%。

（3）企业相互持股

从日本的产权结构来看，70% 以上的企业产权为法人股东持有，个人股东的比例很低，受个人或家族以股东身份控制的企业更是很少。在法人股东中，又有很多是企业之间的相互持股。

相互持股本来是防止上市公司被人在股票市场恶意收购的企业策略。20 世纪 50 年代初，财阀解体后原属于三菱财阀的阳和房地产公司面临被个人投资者在股市上恶意收购的危险，原三菱旗下的企业认为这是一大威胁，他们决定共同出资将阳和房地产公司买下来。随着反垄断法在 1953 年放宽，其他企业纷纷效仿这种做法，形成战后日本企业相互持股的第一波。60 年代末，在外商投资自由化的浪潮中，丰田汽车公司率先将自身股票的 50% 卖给与其有生意的大银行，另外的 10% 卖给与其有生意往来的大钢铁公司以及丰田自己的子公司。丰田认为，如果美国的三大汽车公可只是来日本设厂，丰田有足够的竞争能力生存．如果他们利用其资金方面的优势通过股票市场把丰田恶意收购，丰田根本无能为力。其他汽车公司也纷纷效法丰田的做法。这形成日本企业相互持股的第二波。

企业相互持股固然完成了其避免恶意收购的使命，但实质上也形成了一种人质效应。相互持股使各企业的利益被紧紧绑在了一起，因此降低了监控的必要性。如果你要监督别的企业，别人也要监督你。因此，企业管理者的自主权大大增加，也为投资方面的过度竞争大开方便之门。而投资方面的过度竞争如在企业设备投资过度增加、企业金融投机行为等是促使泡沫产生的重要原因。

另一个特点是日本企业自有资本的比率通常很低，通常在 20% 以下（欧美国家一般都高于 50%）。因此，在资金来源方面，企业对股东的依赖度很低。这种产权结构的结果是，虽然日本大多是股份制企业，但一个或少数几个股东很难对企业起到实质性操纵作用，使企业管理的优先目标由为股东获得更多的利润转向公司全体员工的利益。在这种产权结构下形成的具有日本特色的终身雇佣制和年功序列制，曾在本经济起飞时就起到了加强企业凝聚力、稳定员工队伍和提高员工素质等作用，但其实质上形成的封闭的劳动力市场阻碍了劳动力在企业间的合理流动，因而并不适应急剧变化的国际经济环境和产业结构调整的需要。在日本企业产权结构中，金融机构持股比例过高是日本的又一特点。由于法律并没有对银行持股上限做出限制，银行可以购买许多公司的股票，由此造成股票在银行自有资本中所占比重过大，带来的风险过于集中。与此同时，受到内部人交易规则的限制，作为企业大股东的银行又很难在企业经营恶化时出售所持有的股票，这就使银行很容易受到企业经营状况和股市波动的影响，不良债权极易产生，银行经营风险大大增加。

（4）"护送舰队"

日本在经济高速增长的过程中，企业所需的大部分资金都是通过借款方式从银行获得的。这种以银行借贷为中心的间接金融主导制度保证了企业低成本的资金供给，在全世界也是绝无仅有的。以1970年为例，日本的间接金融比重高达870，同时期美国只有47%。日本政府认为，由科学技术进步推动的经济增长需要大量的投资，为保证资本的有效提供，政府必须减少银行的风险。如果银行业常出现破产，就可能使存款人对银行失去信任，整个银行系统也有可能崩溃。为了保证金融体系的稳定从而为经济增长提供有保障的商业环境，日本政府不允许银行倒闭。为此，大藏省对银行的日常运作严加干涉，在银行经营恶化时，通过各种措施加以扶持，当银行面临破产风险时，又积极为其寻找实力较强的银行与之合并加以挽救。同时，大藏省还利用金融业务的审批权。限制金融市场的准入和金融机构的经营范围，限制外资进入，保护现有金融机构的既得利益。这就是大藏省在银行业实行的护送舰队式的管理体制，在这一体制下，日本的金融机构素有"永不倒闭"的声誉，民众也一直将金融机构作为"准国家机构"看待，相信金融机构不会破产。这种制度对支持日本的高储蓄率和高投资率起到了重要作用，从而保证了经济增长所需的资本供给来源。

在这种过度保护的结构下，日本银行业内风险意识极为淡薄，严重缺乏有效的监管，丧失了优胜劣汰的竞争机制，金融业内普遍存在"道德风险"。在"永不倒防'的信心支持下，银行对企业盲目扩大信贷。特别是在80年代中期金融自由化以后，随着资本市场的发展，日本大企业对银行资金的依赖程度逐渐降低，纷纷靠发行股票和债券直接融资，贷款市场开始出现供过于求的现象，中小企业就变成了银行争取的借贷对象。1985~1990年间，中小企业总资本中银行贷款的比例由30.7%上升到39.8%，这为日后的泡沫经济的破灭留下了一大伏笔。银行资金纷纷进入股票和房地产市场进行投机，80年代中期以后，随着地价股价的不断上升，许多银行和非银行金融机构也被资产价格的暴涨冲昏了头脑，认为贷款人只要以土地、股票等虚拟资产作为抵押就一定有能力还本付息，因而在提供贷款时盲目扩张现象十分严重. 有些银行甚至贷款给信托投资公司等机构使银行资金直接流向股市、房地产市场，成为泡沫经济的主力军。正是日本"护送舰队式"的管理体制造成了金融机构的非理性行为，一方面助长了泡沫的产生，另一方面在泡沫破灭后形成了巨额的呆帐、坏帐，为日本经济埋下长期隐患。

2.大量的过剩资本和金融自由化

20世纪80年代后半期开始，日本国内市场有了大量资本过剩。此时日本的金融领域积累了大量货币，而市场上又缺乏有利的生产性投资对象，加上金融自由化带来的宽松的金融政策，使货币容易流向房地产、股市等投机对象，形成了泡沫经济的温床。

（1）大量过剩资本的形成

从 20 世纪 80 年代后半期开始，日本国内市场出现了大量的过剩资本，其原因有以下两个方面。

1）国内市场对设备投资需求的减少

需求的减少由两方面的因素造成的：①石油危机以后，日本国内产业结构开始由重化学工业化向知识密集型产业转型。这一转型所要求的企业规模缩小了，因此对设备投资的需求减少了；②20 世纪 70 年代以来，以微电子技术革命为代表的新技术革命要求企业更新固定资本，其设备投资需求与以前相比也减少了。由于企业设备投资的需求量大大减少，日本国内市场上出现了大量的过剩资本，其中有一部分在国内从生产领域转向流通领域，形成了对证券市场的冲击；还有一部分资本流向海外。

2）贸易黑字的积累

从 1964 年开始，日本一直是贸易黑字，仅 1979 年就有贸易黑字 24 亿美元。从 1981 年开始，日本的贸易黑字有了巨额增长。

（2）金融自由化带来大规模金融缓和

日本有不少学者认为："泡沫经济发生最重要的原因，是 20 世纪 80 年代后半期所出现的大规模金融缓和"。由于 80 年代日本金融自由化的发展，导致 80 年代后半期出现大规模的金融缓和，其结果是市场上货币流通过剩，并流入金融投机活动，给日本经济泡沫埋下祸根。

1）金融自由化的进程与内容

20 世纪 70 年代中期以前，日本在银行存放款业务以外的金融市场并不发达，同时对金融界的业务活动采取了种种限制。限制的主要内容包括对利息率最高额的限制、对金融机构经营范围的限制和对国内与海外金融交流的限制等。日本开始实施金融自由化是在经济发展的要求下开展的：在 1973~1975 年的日本经济危机以后，日本民间出现了大量的过剩资本，同时由于政府出现大额财政赤字而发行了大量的国债，因此在客观上要求一个发达的国债流通市场出现，也要求打破对金融机构业务范围的限制。因此，从 1977 年开始，日本金融业开发出了许多新的"金融商品"。如国债的自由买卖、国债定期户头、银行从事股票及其信用的买卖、居住者外币存款自由化、全国银行通用型的定期存款、不记名转让的定期存款单、新的享有股票权的企业债券、证券公司经营的中期国债基金等等。应市场发展的要求，日本大藏省先后出台了一系列政策开始推进金融自由化，其内容主要包括以下几点：

①利率自由化

1984 年 5 月，大藏省发表了《金融自由化与日元国际化的现状与展望》，提出并开始了以利率自由化为核心的金融体制改革。在相当长的时期内，对不同金融商品按从长到短、从大到小的时序，逐步解除利率管辖，且与利率不受管制的新金融商品相结合的方式推进。

回

②取消银行经营业务范围的限制

根据 1981 年 5 月通过的新银行法的规定：如经大藏省批准，银行可经营发行国债的买卖。1984 年 6 月进一步规定，银行可以开始买卖已发行的国债。另一方面，大藏省也批准了从 1983 年 6 月起，证券公司可办理国债担保金融，从而证券公司的业务活动之手也伸向了金融领域。这就出现了非银行的银行，这些非银行的银行从事银行业务的结果，加深了泡沫经济、招致了房地产交易的投资活动。最突出的是这一时期，日本先后设立了 8 家"住宅金融专门公司"，日本经济泡沫崩溃时这些"住专公司"的倒闭曾引起日本国内巨大震动，认为这些住专公司在房地产泡沫的形成与崩溃的过程中起到了重要作用。

③国内外资金交流自由化

1980 年 12 月，日本政府正式实行新外汇法—《外国汇兑及外国贸易管理法》，主要是"原则自由，例外限制"。当国际收支出现了不平衡的情况时，当外汇行情急剧变化形成恶劣影响时，日本政府仍然要进行干预。

2）日本金融自由化给社会经济带来风险

由于日本的金融体制在此时期的改革中并未改变大藏省"金融行政"的实质，在此时期实行的金融自由化是不成功的，给日本经济带来了诸多的问题，主要包括。

①企业金融投机

20 世纪 80 年代，日本大企业都设有专门负责"金融技巧"（财技术）的部门，专门从事货币投机的买卖，这在 20 世纪 70 年代中期以前即实施金融自由化以前的企业经营中是罕见的。金融自由化后日本企业纷纷加入了金融投机，从 1983 年 3 月至 1985 年 6 月，日本企业用于金融投机的特殊金融信托资产由 9000 亿日元猛增到 40000 亿日元。甚至有些企业从金融投机中获取的幂 4 益超过了原有的生产和商业业务部门，如 1987 年，日本有名的蓝筹股公司的税前利润来自于金融投机的部分与来自该公司本来业务部分的比值，在本田汽车公司为 26.1%，索尼为 62.8%，三洋电器为 134.2%，五十铃为 1962.4%。这一投机现象必然会导致泡沫经济的出现。

②大量资本外流导致产业空洞化

日本的利息率远低于欧美各国，必然会促使日本资本向海外大量转移，但自由化前由于金融上的种种限制，使转移有一定困难。随着金融自由化的推进，国内过剩资本向海外投资的渠道畅通了，因而导致对外投资猛烈增长。如 1981 年日本长期资本输出额为 96.72 亿美元，1987 年猛增为 1365.22 美元，6 年间增加了约 12 倍，从而加速了日本产业空洞化的趋势。

③银行经营风险增加

a. 日本本国银行同外国银行、国内各类银行之间的竞争加剧，且利息率自由化的实施使各银行不惜为争夺存款而争相提高利率，甚至出现存款利率高于贷款利率的现象，不仅增加了银行的经营风险，而且极易产生不良债权。

b. 在金融自由化过程中，银行在国内外市场上发行各类债券盼条件较为灵活，促进了证券业的发展。但金融资产的证券化会导致社会经济投机性增长，证券价格的大起大落会给银行带来风险。

　　c.金融自由化也使银行资本大量流入房地产业，助长地价暴涨，当泡沫崩溃、房价暴跌时，银行会形成大量不良资产。

# 第三章　当前我国主要的金融风险分析

## 第一节　中小金融机构的支付风险

金融业是具有高风险特性的特殊行业，中小金融机构作为整个金融体系的一个重要环节，具有较为灵活的经营机制，对集体经济和个体私营经济等非国有经济发展起到一定的扶持作用。中小金融机构是指股份制商业银行和地方性金融机构，其存在和发展不仅有利于保持金融市场上的竞争与效率，还有利于推动国有大型商业银行按照经济、合理、精简、高效的原则改革管理体制，加快国有大型商业银行的改革步伐。但由于其固有的体制特征，释放风险的几率较之大型金融机构更大。目前，中小金融机构的风险已成为当前影响金融安全、制约经济发展、危及社会稳定的普遍性问题。

### 一、中小金融机构概述

在我国目前的金融体系中，对于中小金融机构的概念定义不是特别明确。但合理界定其围是对其进行差异化风险分析、防、乃至规、指导其有效发展的前提。

#### （一）中小金融机构涵义

中小金融机构是指那些为地方政府、中小企业、农村农民以及其他小规模群体提供金融服务的金融机构。也就是说，主要根据金融机构对国民经济作用力的接触点来对金融机构的类型进行划分。具体来说，中小金融机构按照业务围可分为中小商业银行、信用社、中小信托公司、中小保险公司、中小证券公司等；按照组织形式可以细分为政策性中小金融机构、商业性中小金融机构以及其他小额信贷机构等。在现实当中，中小金融机构主要包括一些规模较小的存贷性金融机构，这些金融机构负有商业银行的基本职能，业务主要包括存款、贷款等。

#### （二）中小金融机构主要特征

中小金融机构具有以下明显特征。

1. 规模较小

中小金融机构无论是在资产总额、注册资本、融资能力、负债能力，还是职工数量等方面规模都较小。虽然根据不同国家和地区的情况，对于规模的界定并不十分清晰，但从相对概念上来讲，中小金融机构该特征十分明显。

2. 分支机构少

中小金融机构由于在资金和管理能力方面有所欠缺，多数情况下只在某个特定区域进行经营活动，很少在经营区域之外设立分支机构。不少的中小金融机构往往只有一个总部而没有其他的分支营业机构。

3. 服务对象固定

中小金融机构通常具有特定的服务对象，或是在经营管理方面各自具有特色。其明显的地域特征决定了它的服务对象大多是当地的中小型企业及其他客户。例如，我国大多数城市商业银行的服务对象仅局限于该城市中的各种中小型企业，地域性的农村信用社主要业务围是为农村和农民提供特色的金融服务。

### （三）中小金融机构在我国的发展

中小金融机构在我国发展历史短暂，但具有较快的发展速度。自二十世纪八十年代至九十年代初不到十年的时间里，其在金融市场的份额就自 0 增长至 1/3。同为金融机构，中小金融机构自产生之日起就注定要和国有商业银行进行市场竞争，可以说它是在国有商业银行的夹缝中生存下来，发展起来的。但是它的出现，从此打破了我国国有银行体系对金融业的高度垄断，将充满活力的市场竞争机制引入了金融行业，在整体上提高了我国银行业的服务效率。另外，其在深化金融体制改革、健全银行体系、改善金融服务和支持国民经济发展、建设等诸多方面的作用也是不容忽视的。九十年代后期，由于主客观因素综合作用，一大部分中小金融机构陷入了发展的空前困境，相继出现资产增长速度阶梯性降低、市场份额逐步退化、经营管理混乱、财务状况恶化、资金链风险持续积累等不良现象。特别是一批城乡信用社的倒闭、破产更是使社会公众对中小金融机构的信心备受打击。但是在市场经济大环境下，挑战总是和机遇并存，外资银行不久进驻我国金融业，促进了开放、竞争、有序的成熟金融市场尽快形成，给我国的金融业注入了新的活力。但是由于金融风险与金融发展的并行性，中小金融机构要获得长期可持续发展，就必须重视发展中存在的风险，建立完备的风险应对策略。

### （四）中小金融机构的主要风险类型

自二十世纪九十年代后期进行的市场化改革后，我国中小金融机构取得了空前快速的发展，然而由于济体制改革过快而使某些历史遗留问题没有得到及时处理，以及由于中小金融机构自身经营管理不当等主客观原因，致使我国中小金融机构在这二十余年的发展过程中积累了较多风险。我国中小金融机构目前面临的风险主要包括以下方面。

1. 信用风险

狭义上讲，信用风险是指借款人到期不能履行本息协议而导致金融机构蒙受损失的风险性，信用风险属于违约风险。广义上的信用风险指的是由于外界不确定因素对金融机构的信用产生影响，使该机构实际经营收益和预期目标背离，导致金融机构在经营过程中蒙受损失的可能性程度。目前，信用风险是中小金融机构所面临的主要风险，具体表现为贷款质量风险与贷款集中风险。据投资相关理论分析，贷款质量风险分为逾期贷款比重、呆滞贷款比重和呆账贷款比重三个指标，比率越高，信用风险就越大。就目前对贷款形态指标考核的要求来讲，逾期贷款余额与各项贷款余额之比不允许超过 8%，呆滞贷款比率不允许超过 5％，呆账贷款比率不允许超过 2％，但是在实际营业过程中，中小金融机构很难符合上述指标要求。

2. 资产流动风险

流动性风险指的是中小金融机构所掌握的现有流动资产无法满足客户提款和贷款需要，致使该机构丧失清偿贷款能力和蒙受损失或面临倒闭的风险，该风险属于潜在风险，也是国外各中小金融机构所面临的主要风险之一。从触发原因上讲，流动性风险既属于本源性风险，又是一种派生性风险，即其流动性不足状况很有可能是通过机构利率风险、信用风险、经营风险、管理风险、汇率风险等风险源二次造成的。

3. 操作性风险

操作性风险是金融机构因部控制管理机制失去效能而导致的损失风险，是问题长期积累的后果。主要是由于中小金融机构的体制问题没有得到及时解决，长期以来，中小金融机构缺乏明确的市场定位，其管理主体不断改变、服务对象游离不定，因而其管理运营模式和经营思路都不曾固定下来。

4. 经营性风险

经营风险是指因为机构经营管理不善而造成的各种风险。中小金融机构经营风险的形成既有经济转型期政策误导造成的，也有因为社会信用环境和银行自身经营发展及控制机制不健全所致。因此，要彻底规避中小金融机构的经营风险，前提是必须拥有良好的社会信用环境，在法治化的市场经济条件下，不断促进中小金融机构完善其经营发展机制。目前，中小金融机构经营风险的防与化解工作已经被中央银行行使监管职能部门提上日程。

5. 支付性风险

由于中小金融机构规模小、资本额度少，导致其支付风险时有发生。在我国国有商业银行均属于一级法人管理体制，而中小金融机构在法律上都为基本独立法人实体，因此，中小金融机构每一实体的风险承受能力都较弱，而且目前我国的存款保障体系尚未完全建立，这就直接导致了中小金融机构所面临的支付风险现象较为突出。近些年来境外金融机构破产、兼并的案例不断发生，亚洲金融危机所导致的"多米诺"骨牌效应对我国国民经济的负面影响在不断徘徊中日益加深，严重的金融恶性事件不断上演，并已逐渐成为媒体争相报道的焦点。

## 二、中小金融机构支付风险及形成原因分析

我国的中小金融机构大多是在当地政府主导下"摸着石头过河"诞生的，建立之初既没有严格的市场准入法则，也没有对自身弱势分析，经营管理过程缺乏操作性强的行业管理规。这些外因素导致了中小金融机构先天不足，从进入市场时就埋下了法人治理结构不规、大量不良资产、经营管理混乱、急功近利等诸多隐患。

### （一）金融机构支付风险的主要危害

金融机构支付风险也称流动性风险，它是金融风险中最常见最基本的类型，具体表现为金融机构不能满足客户随时提取存款或索取到期债权的需要的可能性，这种风险成为现实，即变成支付危机。其主要危害有四方面。

1. 支付危机会引起社会动荡

在我国，金融机构的公有制属性决定了金融企业以储蓄存款为主要形式的负债，实际上是国家对居民的负债。当存款人"存款自愿，取款自由"的权益受到损害时，必然产生心理上的恐慌和情绪上的不满，会破坏安定的社会秩序和正常的金融秩序。

2. 支付危机会导致市场失衡，引发和加剧通货膨胀

金融机构支付危机与挤兑风潮相伴而行。挤兑风潮对市场的平衡会产生两种不利影响：一种是当市场基本平衡，运行态势良好时，居民大量挤兑存款抢购商品，则是向流通中注入多余的货币，从而引起市场货币流通量与有效商品价格总额失去平衡，导致通货膨胀；另一种是当市场已经失衡发生了通货膨胀时，挤兑风潮是对失衡的市场火上浇油，进一步加剧对通货膨胀的压力，使国民经济遭受到更为严重的破坏。

3. 支付危机会引起社会资源的错误配置和社会财富的巨大浪费

市场机制配置资源的基本形式是需求拉动生产，消费决定供给。正常的市场商品流通会给生产部门提供正确的决策信息。在金融支付危机导致的存款挤兑风潮下，人们抢购商品并非为了即期消费，而是改贮藏货币为贮藏商品，以规避"存款风险"，把潜在的货币购买力转化为现实的购买力。生产部门在"以销定产"原则的指导和社会平均利润关系的作用下，会争先恐后加大对市场已售同类商品的生产并再次倾注市场。然而，这些商品因其购买力已被挤兑抢购风潮提前挖掘而并非市场所需要，以致形成新一轮生产的大量积压、损失，造成社会资源和财富的巨大浪费。

4. 支付危机会削弱金融机构融资功能。

信用中介是金融机构最基本的职能。金融机构通过发挥信用中介职能，可以实现对货币资本在多余（存款）者与短缺（借款）者之间的融通，以调节多层次的经济关系。离开了信用，金融机构就失去了维续和强化其融资功能的基础和前提。金融机构只有恪守信用，强化管理，保障客户的合法权益，才能取信于民，谋求发展。反之，若发生支付危机又因措施不力，处理不当，就会使客户丧失信心，使自身业务发展受到影响，甚至可能导致金融机构的最终破产或关闭。

## （二）金融机构支付风险的主要成因

金融机构支付风险产生于一个复杂的经济过程，是主、客观，内、外部各种矛盾的积累和交织。因而，剖析其成因需要从金融体系内部和外部同时入手。

1. 支付风险来自内部失误。

一是违法违规经营，资产呆滞损失。市场经济条件下的金融机构，本质上是一个赚钱的企业，在高额利润的诱惑和趋动下，违规违法经营很难避免。1993 年 7 月 7 日以前，全国各地不少金融机构违规经营房地产，至今还有数百亿元资金套牢于沿海沿边的一些地皮和"烂尾房"项目之中；之后，信贷资金进股市、跨地区高息存款、违章拆借、"人情贷款"、帐外经营等，仍屡禁不止。违规违法经营所签订的合同一般属无效经济合同，不能受到法律的完整保护。大量违规经营造成了巨额资产的呆滞损失，使得有关金融机构正常支付难以为继。

2.存款过度使用，资金难以周转

存款是金融机构经营资金的主要来源，在这种意义上说，银行没有存款就投有贷款。因此"以存定贷"是金融机构必须遵循的基本原则。在经营安全与效益并重原则下，存款使用率过低或过高都是不可取的。因利益机制趋动，有的金融机构总是千方百计超比例发放贷款以增加生息资产和高息资产。如果金融机构过度使用存款后，新增存款和收回的贷款不能保证支付，必然发生支付危机。

3.资产品种单一，贷款过份集中金融企业防范信贷经营风险的基本途径是保持资产结构的多样化。也就是要尽可能选择多种多样的、彼此相关系数极小的资产进行合理搭配，使商风险资产的风险向低风险资产扩散，以降低整个资产组合的风险程度。但是，相当部分金融机构的资产形态极为单一：银行和城乡信用社的资金主要用于高风险的贷款资产；信托投资公司的资金主要投资于房地产或自办经济实体。同时，贷款投放也相对集中，违反了"筹码分散"的风险防范原则。这种"筹码集中"的贷款投放，既给受贷企业注入了风险，又便信贷资金的正常循环周转受到威协；相反，众多中小企业和亏损企业有市场有效益产品的生产却很难得到信贷支持，以至存量贷款难以盘活。

4.重盈利性轻流动性，资产配置不合理

金融资产的盈利性、流动性相互联系又互为矛盾。金融机构正确处理资产盈利性与流动性的关系，是防范财务风险和支付风险的一个至关重要的问题，只有二者同时兼顾，才是科学合理的选择。但在实践中，不步金融机构总是更多地偏重于追求超额利润而削弱资产的流动性，短期资金长期使用，结果弄巧成拙：不仅直接导致了支付风险的加剧，而且在支付危机发生时，为保全信誉，往往又采取高息借款保支付的办法，最终得不偿失，既影响了自身形象，又加大了财务成本。

### （三）支付风险来自外部冲击

1.企业高负债低效益，导致银行贷款单向流动

发达市场经济国家，企业内源融资一般超过 50％，欧美国家的企业高达 70~80％。相比之下，我国国有企业仅 20% 左右的内源融资的确太低。高负债与低效益如同一对连体婴儿，密不可分。因为银行贷款要还本付息，企业归还贷款按时付息成了无源之水，只好以新贷还旧贷，借贷款付利息，金融机构所潜在的支付风险也就显而易见。

2.银企关系扭曲，贷款本息难收

银行与企业本来是互为客户，信用往来、相得益彰的利益共同体，但在市场化程度不高，法治环境尚差，改革有待深化，体制尚待理顺，产权不够明晰的当今，银企关系扭曲，贷款本息难收的问题相当突出，法律对金融债权的保障效果显得微弱，银行诉诸法院后，"案子一拖好几年，赢了官司输了钱"是常有之事。基于上述原因，金融债权本息回流渠道也就淤塞不畅。

3.企业改制逃废债务，银行贷款大量悬空，使银行债权受到严重威胁

1997 年，仅遂宁市因不规范的企业改制，就悬空银行债权 19000 万元。不规范的企业改制行为，助长了企业废债，阻碍了现代企业制度的建立；破坏了正常银企关系，制约了

地方经济的发展；加剧了银行经营的困难与风险，极易诱发金融支付危机和社会动荡。

4. "两金一债"冲击市场，金融机构难保平安

近年来，在各级政府的提倡和鼓励下，农村合作基金会、供销社股金会和企业直接融资如雨后春笋、方兴未艾。在遂宁市，目前"两金"融资已逾13亿元，相当于全部金融机构存款总额的1/5，制约了金融机构支付能力的自我增强。各种基金会因管理不力，运行混乱，超负荷使用资金等，支付风险潜伏已久，有的地方支付危机已经发生。实践已经证明，基金会的支付危机对金融机构必然造成巨大冲击，同时，不规范的企业集资，也会加重金融机构资产流动性压力。因为，不规范的企业集资主要是高利率，这对金融机构的存款稳定和正常增长以及集资企业存量贷款的安全回流影响很大，直接危及到金融运行的安全。

## 三、国内外金融机构发展实证分析

### （一）国外金融机构发展实证分析

近年来，国外金融业掀起了兼并与重组的浪潮，来势猛烈。然而，无论金融机构如何发展，中小金融机构在现代市场经济运行中总能稳固自己的位置，并发挥其不可替代的特有作用。

1. 美国中小金融机构的发展现状

按照美国金融监管当局的标准，资产规模在5亿美元以下的属中小银行，通常被称作社区银行，专门经营零售业务或有关消费者信贷业务。资产规模在5~10亿美元和10亿美元以上的，多数是区域性或跨区域性的银行，它们从事更为完整的商业银行业务。

由于美国银行业实行的是单一银行制度，业务完全由各自独立的商业银行本部经营，一般不设或不允许设立分支机构，所以在这种体制下，美国中小银行数量众多，银行业内部竞争激烈，但中小银行较少受到大银行跨州经营的竞争威胁。美国中小银行的数目和总资产占商业银行总数的比重参见表3-1。

表3-1 美国商业银行概况

| 项目 | 2500万美元以下 | 2500万美元至5000万美元 | 5000万美元至1亿美元 | 1亿美元至5亿美元 | 5亿美元至10亿美元 | 10亿美元以上 |
|---|---|---|---|---|---|---|
| 银行数目 | 1.340 | 2.207 | 2.416 | 2.650 | 277 | 398 |
| 占商业银行总资产的百分比 | 14.1 | 23.2 | 25.4 | 27.8 | 2.9 | 4.2 |
| 总资产（10亿美元） | 24.2 | 81.0 | 173.0 | 523.4 | 190.1 | 3586.8 |
| 占商业银行总资产的百分比 | 0.5 | 1.8 | 3.8 | 11.4 | 4.2 | 78.3 |

2. 日本中小金融机构的发展现状

日本银行业实行的是分业经营体制，全国大型银行由9家都市银行组成。并以大城市为营业基地，营业网点遍布全国。然而，日本也有数量众多的中小银行，如地方银行达64家，

并都以地方的名称命名，它们一般在某个地方中心城市设立总行，网点在服务的区域内广泛分布。同时，日本的中小银行业务量也占相当的比重。近年来它们的存款总额约占全国存款总额的 31%，贷款总额约占全国贷款总额的 25%，这两个数字具有一定代表性，并在相当长时间内不会表现明显下降的趋势。与此同时，日本还有大量为中小企业服务的中小私营金融机构，如信贷协会、信用合作社和劳动银行。据统计，日本的信用组合达 373 家，参加信用组合的主要是中小企业的互助性金融机构，在政府金融机构中，还有中小企业金融公司和中小企业贷款保险公司，这两类机构的资金来源主要是邮政储蓄。

3.英国中小金融机构的发展现状

英国银行业实行的是许多国家比较广泛采用的总分行制，法律上允许在总行之下，在国内外各地普遍设立分支机构。这种组织形式的经营规模大，有利于获得规模经济效益。总分行制比较容易形成金融寡头垄断的局面。但是即使在这种体制下，英国的中小银行不仅广泛存在，而且还能依靠特色经营而保持活力。到 1995 年底，英国就有商人银行 23 家，还有为数不少的一批贴现行。

### （二）国内中小金融机构发展现状分析

改革开放以来，我国中小金融机构的兴起，在一定程度上打破了国有商业银行"一统天下"的垄断格局，使金融业的两极分化开始明显。从总体上看，中小金融机构在机构数量上和业务总量上不断壮大，已经成为我国金融体系的重要组成部分。由此可见，中小金融机构虽然与国有银行相比还差距较远，但作为金融市场上的新生力量，其作用不容小觑。根据发展状况的不同，实例将主要从新兴股份制商业银行和城市商业银行、城乡信用社两个方面来对我国中小金融机构的发展现状进行考察。

1.新兴股份制商业银行最具有活力和潜力，但仍有困难

（1）新兴股份制商业银行成为金融机构中最具有生命力的一部分。由于新兴股份制商业银行一开始就是按市场规则设立的，现代企业制度的框架基本具备，因此具有很强的生命力。自成立以来，他们支持了大量资信低、规模小、风险大、难以获得国有银行贷款的中小企业、个体私营企业、股份制企业和"三资"企业的发展，并开发出了很多新的金融产品。新兴商业银行不仅资产总额占比在不断增长，而且其财务状况也远比国有商业银行要好。

总的说来，新兴商业银行填补了国有商业银行受体制约束的空白部分，加剧了市场竞争。国有商业银行自 80 年代中期成立以后，并不能完全以企业的方式运作，必然带着体制本身不能克服的毛病，而新兴商业银行以股份制建立，运作方式和管理方式更加灵活，激励机制也比较好。国有商业银行网点多，相应的支持成本较大，而新兴商业银行物理网点少，向网络转型和进行网络创新都具有优势。国有企业的不良资产包袱较大，而新兴商业银行包袱小。国有商业银行在 IT 系统的建设和运用上，缺乏统一规划，新兴商业银行的 IT 系统比较统一，如招商银行和中信实业银行就是统一平台、统一机器型号、统一核心应用软件。因此，新兴股份制商业银行无疑成为我因金融机构巾最有活力、最具潜力的一部分。

（2）新兴股份制商业银行也存在不少困难

主要体现在四个方面。

①实力尚为薄弱。与四大国有商业银行相比，所有新兴商业银行的资产总额、分支机构合计数尚不及其中一家。

②经营风险亦较高。新兴股份制商业银行属于"低国民待遇"，业务范围狭窄，缺乏有力的竞争工具，融资成本高，且高风险资产业务多，导致资产结构恶化，支付能力较弱。

③新兴股份制商业银行的产权制度也并非无懈可击。除深圳发展银行、浦东发展银行、民生银行是股份有限公司外，其余的均为有限责任公司，交通银行、广东发展银行法人体制改造尚未完全到位，光大、华夏、中信实业银行并未完全采用股份制企业制度形式。法人产权制度不健全，使新兴商业银行存在"内部人控制"问题。

④新兴股份制商业银行的资本补充机制亦需要完善。目前除三家上市银行可以通过资本市场筹集资金外，其他银行只能通过私募扩股、留存收益、股东以部分红利转注资金等渠道补充资本，这种资本补充机制已不能适应银行风险控制和规模扩张的需要，银行除了需要完善核心资本补充机制外，还要逐步完善附属资本补充机制。

2. 城市商业银行和城乡信用社运行状况普遍不佳

作为地方性中小金融机构的城市商业银行是根据国务院《关于组建城市商业银行的通知》精神开始组建的。城市商业银行是在原城市信用社的基础上建立的，它既是金融改革的产物，也是化解风险的工具。经过几年的发展，这支从风险中脱胎出来的银行团队逐渐走出了经营困境，但从城市商业银行所处的历史发展阶段和现实状况来看，其运行机制仍存在明显的缺陷：

有"三会"制度，缺"三权"制约。我国城市商业银行在成立之初、审批之时都有比较完备的"三会"制度和资本金要求，有公司章程、股东大会、董事会、监事会和经营班子。但在银行运行中，这些相互制衡的"三会"制度并未产生"三权"制约的实际效果。据调查，有的行成立以来没有开过真正意义的董事会、监事会，没有议事规则；有的行高管人员缺位，要么没有董事长，要么没有监事长，有的甚至连行长至今都没有到位；有的行频繁变更"三长"，有的行董事会、监事会成员中多数是银行的经营班子成员，真正代表出资者的不多，形成一"长"独大，行长一人说了算。如果说在城市商业银行成立初期，由于其主要任务是查案追责、清收化险、治乱整合，适当加大一"长"权力有一定必要的话，那么在可持续发展阶段必须按"三会"制度实施"三权"制约。否则，势必给城市商业银行带来新的经营风险。

有市场定位，缺市场地位。城市商业银行的市场定位是市民银行，这是市场需求和市场分工决定的，也已在城市商业银行界形成共识。但在业务经营中这种市场定位却很少得到体现，一些城市商业银行已呈现出与国有商业银行高度"雷同"的现象，特别是在发展客户，拓展业务等方面定位不明确，盲目与国有商业银行争地盘、抢客户，正逐步失去自身经营灵活的特色，最终失去自己的竞争力，失去市场份额，变得没有市场地位。

有内控规则，缺内控机制。从总体看，大部分城市商业银行的内部规章制度都比较健全，但管理监控性的多，强制性的多，没有形成一个促进良性运转的机理，缺乏有效的内部管理机制。①沿用权控型的层级管理模式，内部中间层次多、级别严，造成多层管理，缺乏互动机制。②缺乏市场化的用人机制，致使人浮于事，人满为患。③只有风险控制制度，没有收入激励机制。每个员工的工资级别高低、奖金多少早就由行里设定好了。不需要员工们自己去争取、去创造。出现了差错、事故、风险，可以按规定扣工资奖金和无限赔付，但做出业绩、做大规模却不能随之增加收入，没有引进股份制商业银行的业绩工资制，因而没有充分地调动员工的积极性和创造性。

有数量增加，缺质量增长。城市商业银行从开业到现在，数量规模是增加了，但质量没有明显提高。有的行不良贷款比例的上升幅度远远大于贷款总额的增长幅度；有的行总资产逐年增长，而净资产却同步减少；有的行经营利润虽有增长，而呆帐损失或待处理资产损失也同步增加。虽然这里面有原来未暴露的部分，以及暴露有个滞后期，但主要是内部管理方面的问题。大部分城市商业银行的领导讲旧险处置主意办法很多，讲新险控制则措施软弱，从而使城市商业银行的风险呈现出一种逐步积累和递增的趋势。

有发展潜力，缺发展压力。城市商业银行是新兴的金融机构，有很大的市场空间和发展空间，潜力很大，但现状却是缺乏发展的压力，主要表现在：董事长是大家选举的，行长是通过了人民银行的资格审查、得到了地方政府的认可、由董事会聘任的，只要不犯大的错误，他就可以稳坐铁交椅。城市商业银行的经营班子没有免职之忧，没有后顾之忧，没有压力；董事会没有压力，股东也没有多少压力，因为除了部分股权外，大多数股权的终极所有权是国家，他不存在自己的资本损失问题。另外，城市商业银行的干部职工由于缺乏激励淘汰机制，也没有下岗压力。从现状来看，城市商业银行虽然有好的体制，但没有市场机制，各方面的压力都不大，所以发展不快。

有支付监督，缺资产监管。过去由于城市商业银行的主要矛盾是支付问题，人民银行也主要侧重负债然管，忽视了资产监管，股东关心的又是当期红利，所以出现了城市商业银行资产质量没有随着规模增长而逐步改善。不注重资产监管，不监管资金运用实质上是没有抓住监管重点，如果不防微杜渐，不从每一笔贷款质量抓起，待到贷款质量整体恶化后再去抓，就会措手不及。

除了在运行机制上存在的这些缺陷和问题，大部分的城市商业银行由于建行晚、基础差、范围小等原因，在日常经营中面临严峻的考研。城市商业银行现有员工大多数是原城市信用社留用人员，整体上文化屡次较低，专业水平较差。近年来，城市商业银行虽然采取多种措施提高员工素质，但整体索质偏低，商层次人才缺乏的问题仍然存在，制约了管理创新、业务创新和技术创新的能力；大部分城市商业银行目前的技术手段滞后，电子化水平较低，难以形成功能齐全、高速快捷的电子商务网络服务优势，严重制约了新业务的步伐；城市商业银行目前的业务经营范围局限于市内，业务拓展面较窄，经营空间较小，同时随我国经济市场化程度的提高，许多客户的业务具有跨行政区域性，城市商业银行在为跨区域的客户提供金融服务时，受到很大制约，如异地汇路不畅、客户结算环节多、速度慢等；城市商业银行是在城市信用社的基础上建立的，其前身出于经验不足，管理不规范，遗留下大量不良贷款。这些资产损失完全由组建后的城市商业银行逐步消化，而国有独资商业银行的历史包袱由国家组建资产管理公司剥离消化，这种政策性的差异加重了城市商业银行的经济负担，短期内难以弥补历史损失。

# 第二节　金融机构潜在的经营风险

经营风险指的是由于公司的外部经营环境和条件以及内部经营管理方面的问题造成公司收入的变动而引起的股票投资者收益的不确定。金融机构的经营风险是指金融机构在经营过程中，因为决策失误、方法错误、客观情况变化或其他原因使金融机构资金、财产、信誉遭受损失的可能性。金融风险有些是内在的，如信用、操作风险等；有些是外在的，是不可预测的，如战争、天灾人祸等。在经济上升时期，金融机构的风险往往会被繁荣所掩盖，一直到经济萧条或不景气时才逐渐暴露出来，最终导致经营损失，直至倒闭。

## 一、金融业经营与监管模式的演进

1929~1933 年大危机之前，国际金融格局属于原始的自然混业经营模式。20 世纪 30 年代起，随着美国 1933 年银行法的颁布，国际金融格局进入分业经营体制。80 年代开始，金融业有了很大的发展。发达国家纷纷放弃分业经营模式，使得混业经营重新成为全球金融业发展的模式，金融全球化突出了全能银行的竞争优势，更加剧了这一趋势。在这种情况下，与金融业经营制度的调整相适应，金融监管制度也经历了从统一—分散—集中的历程。

### （一）金融业从分业经营到混业经营的演进

1.分业经营的模式

分业经营是 20 世纪 30 年代大危机的产物，开始于美国 1933 年银行法的颁布。在大危机以前，美国证券市场随着铁路、钢铁、汽车、石油等大工业的兴起与繁荣而得到不断的发展。银行在高额利润的诱使下，直接或间接地参与证券市场的买卖，商业银行在债券承销和分销中的市场份额稳步上升。商业银行在债券原始发行中的比重由 1927 年的 22%上升到 1929 年的 45.5%；参与发行的比例更高，1927 年为 36.8%，1930 年上升到 61.2%。大危机对银行的证券业务是一个毁灭性的打击，这期间有 40%的银行破产，银行总数由25000 家下降到 14000 家。当时社会舆论普遍认为银行的证券业务导致了银行系统的崩溃。银行把存款资金投放到证券市场，进行过度投机交易，引发了市场崩溃，同时也导致了银行业的崩溃。罗斯福总统颁布了《格拉斯—斯蒂格尔法》（1933 年银行法），该法将证券业同商业银行严格分离开来，开创了金融体制内分业经营的先河。

目前世界各国普遍使用的分业经营模式源于当年美国国会通过的《格拉斯—斯蒂尔格法》和《1933 年银行法》。《格拉斯—斯蒂格尔法》不仅构造了 20 世纪 30 年代以来美国的分业经营格局，而且也成为战后许多国家重建金融体制的主要参照系，这些国家包括日本、英国、加拿大、澳大利亚、新西兰以及拉美等国家。

在分业经营体制下，商业银行不得经营股票、不得包销公司债券，商业银行和投资银行经理不得兼职，金融资本与产业资本相分离，投资银行与商业银行严格分业经营，金融机构被划分为三大块：银行、证券、保险，同时各块自身又有多种不同的经营形式。这种模式在世界上很多国家得到认同，成为主导型模式。

2.混业经营模式

发展迅速经历了近半个世纪的发展，金融服务和技术不断创新，金融业务和资本流动日益国际化，原来的分业经营体制和法律架构已经妨碍了金融机构分散风险，限制了竞争和金融产品的创薪以及金融服务效率的提高。证券公司、保险公司等非银行金融机构不断向商业银行业务领域渗透，同时商业银行业又在努力寻求方式为客户提供综合性的金融服务，金融集团化及金融的混业经营重新成为一种发展趋势。分业经营体制开始瓦解，过去追随美国实行分业经营的国家，纷纷放弃分业经营，转向混业经营。在这些国家，银行已经能够比较自由地从事过去所不能从事的证券、保险等方面的业务。英联邦国家中的发达国家80年代中期到1992年间完成了这一过渡，日本1998年12月彻底放弃分业经营，目前发展中国家如拉美一些国家也取消了分业经营制度，韩国也基本上完成了向混业经营的过渡。美国虽然刚刚废止《格拉斯—斯蒂格尔法》，但实际上分业经营在美国早已名存实亡。

从70年代末开始，随着新的竞争者的崛起，美国商业银行开始面临着前所未有的生存危机，银行的资产业务和负债业务都面临强有力的竞争。从资产业务方面看，国内外资本市场直接融资、投资银行、租赁公司以及外国银行抢走了美国商业银行的大批客户和业务，资本市场融资成本的下降导致金融脱媒化，传统上银行贷款的公司客户，现在纷纷越过银行转向资本市场直接融资，商业银行的市场份额大幅度下降。在负债业务方面，银行的客户也大量流失。居民把积蓄投向公债、股票和投资基金以图更有利的回报，银行因此而减少了资金来源，银行利差急剧下降，极大地恶化了美国银行的盈利形势。而在国际金融领域实行混业经营的法、德等国家的全能银行凭借其成本低、业务广、规模大等优势在竞争中逐渐占有优势，使得业务相对单一的美国银行一度失去国际金融霸主的地位。为了生存和发展，美国银行开始设法绕过分业经营的法律障碍，用兼并投资银行和创新金融工具的手段向证券业渗透。政府为了提高本国银行在国际金融市场上的竞争力，也开始放松管制，默许甚至鼓励金融机构的相互渗透。直到1999年11月《金融服务现代化法》的颁布，正式标志着美国金融业进入混业经营时代，同时也标志着国际金融业的发展进入了混业经营的时代。

目前混业经营已经成为国际金融业的一大发展趋势。究其原因，主要包括以下几个方面。

（1）金融业竞争日趋激烈

商业银行面对其他金融机构的挑战，利润率不断下降，迫使他们不得不开拓新的业务领域，寻求新的利润增长点。商业银行负债业务的构成由单一存款延伸到包括金融债券在内的多种经营，使其获得了更多的较稳定资金，从而可以进行更多的其他业务，以实现利润最大化的目标。同时，这样也可在增强经营过程中的安全性、流动性方面与证券市场互补协同、扬长避短。

（2）企业并购浪潮的推动

因为产业资本与金融资本相互依存、相互推动的特性要求两者之间协调统一。企业生产的大规模发展必然要求以巨额发展资金为基础，而社会生产分工的细化造成只有依靠资金实力雄厚的大银行、银团提供贷款，或通过券商发行债券、股票来集资才能为其解决资金问题。众多金融机构为了满足企业的这种大规模资金需求，就需要通过相互组合、并购来扩充自身资金规模。

（3）欧元启动带来新一轮的金融业并购

欧洲各国在欧元启动后为防止金融资产流失，保持本国金融地位，陆续采取鼓励本国商业银行合并的市场保护措施。由于欧元在欧共体内的统一使用，使得欧洲各国的经济发展有了明显的联动性，相互之间联系更加紧密，一国对其他国家经济变动反应更加灵敏。为了保持本国金融的稳定性，巩固本国金融机构在市场上的地位，合并组建规模大、抗风险能力强的新金融机构成了一种有效途径。

（4）金融自由化程度的加深和金融产品层出不穷

随着金融自由化程度的加深，大多国家金融管理部门逐步放宽了金融机构业务分工的限制，甚至为混业、并购创造了良好的法律、政策环境。金融自由化的完成引起经常项目和资本项目的放开，使资本项目与货币政策、汇率及财政政策之间发生矛盾，由此引发金融危机，从而出现银行重组现象，这不能不说是金融自由化产生的金融危机推动和促进了金融业的并购和混业经营。

所谓金融混业，是相对分业而言的，实质上是指金融业内部的分工与协作关系。金融业的功能是以金融工具为载体实现的。依据金融工具的不同特点，在金融业内部可划分不同的子行业，如银行业、证券业、保险业、基金业、信托业等。不同的金融工具可实现同一金融功能，因此，金融业内的各子行业在功能上有重合之处，正由于金融本身的这种行业分类的特点，所以在金融业就形成了分业经营与混业经营的概念。金融分业、混业既涉及经营层面又涉及到监管层面。就经营层面而言，即人们所说的金融分业经营与金融混业经营问题，这是金融业经营模式的内核；就监管层面而言，即分业监管与统一监管的问题，它涉及金融监管体制的选择。

对金融混业经营的概念，有狭义和广义之分。

1）狭义的概念主要指银行业和证券业之间的经营关系，金融混业经营即银行机构与证券机构可以进入对方领域进行业务交叉经营。

2）广义的概念是指所有金融行业之间的经营关系，金融混业经营即银行、保险、证券、信托机构等金融机构都可以进入上述任一业务领域甚至非金融领域，进行业务多元化经营。本文是从广义的角度理解金融混业经营这一概念的。

在混业经营体制下，金融机构主要采取金融控股公司或银行控股公司的方式进行经营。综观全球的混业经营，不外乎以下三种情况。

①商业银行在其法人实体内部设立非银行金融经营部门，一个法人多种金融业务。

②商业银行(或非银行金融机构)通过投资,设立控股的非银行金融机构(或商业银行),商业银行（或非银行金融机构）与其投资的非银行金融机构（或商业银行）是母子关系,一个法人一种金融业务,母公司是金融机构,来实现商业银行与其它金融业务的混业经营。

③一家非金融的母公司控股银行、证券等金融机构,银行与其它金融机构的关系是兄弟关系,同属于同一个母公司。这种兄弟关系式的混业经营,可以通过业务的协同实现银行与其它金融机构的利益共享,但并非直接从其它金融机构中取得利润,而是通过业务关系或关联交易来实现。我国光大集团,及美国金融控股公司属于这一模式。

### （二）金融监管模式从分业监管向联合监管的演进

与经营制度的调整相适应,金融监管制度也经历了从统—分散—集中的历程。20世纪初,适应于传统的分业经营模式,很多国家都实行分业、封闭的监管体制,不同的金融监管当局,分别对银行、证券、保险业实施监管,或者同一监管当局对商业银行、证券公司和保险公司分别实施监管。金融监管的主体是各国中央银行,随着战后中央银行制定和实施货币政策的宏观调控职能的加强,以及新兴金融市场的不断涌现,中央银行开始专司对银行类金融机构的监管,而对证券、期货市场、保险业等则由政府专门机构实施监管。

在金融集团化和集团内混业经营的体制下,不管是由一个金融监管当局负责监管,还是由几个金融监管当局同时负责监管,都不能仅限于按照机构类别,对综合性的金融集团公司及集团公司下的银行、证券、保险子公司分别进行独立监管,而应同时对金融集团整体进行综合监管,这需要信息的共享和监管政策的相互协调。近年来,随着综合化经营的超级金融机构出现,专门建立了针对这类机构的监管部门,金融监管主体趋于集中,但已不再是集中于中央银行。如1997年英国成立了"金融服务监管局",对金融领域实行全面监管。美国联邦储备系统最近也进行了机构调整,成立了几个小组,集中负责对特大型银行的监管工作。可见,混业监管已成为金融监管发展的趋势所在。

## 二、支持金融监管机构联合的优势

主张这种模式的人认为,单一的监管机构负责对系统风险、审慎监管和金融机构行为进行监管具有一系列的优势。其中,很多有说服力的观点都是基于监管的有效性的,尤其是金融监管机构一体化所带来的规模经济性。近期有关此问题的争论主要着眼于大型金融集团的兴起而导致金融监管制度改革的必要性,或在不同层次金融机构之间的界限日趋模糊的情况下保持竞争的中立性的要求。但这些由先进工业国家发起的争论及论点,并非总是适用并能提高监管的有效性。支持金融监管机构联合一般基于以下几方面的原因。

### （一）金融集团的监管

目前经营国内或国际不同金融业务机构的大型金融集团日益兴起,金融集团化已经成为一种客观的经济现实。在这种趋势下,传统模式的分业、封闭监管体制,以及以机构类型确定监管对象和领域的监管模式已经难以适应,新的经营模式要求监管者寻求更为合适的途径进行有效监督和管理,能够在保证监管完备性的基础上对金融集团的风险做出综合评估。同时金融集团中有某些整体风险不存在于任何一个特定的部门,例如集团整体是否具有充足的资金或是否具备合理的控制系统控制其风险，这些都对监管提出了更高的要求，金融监管者必须保证一旦金融集团的某一部分出现了严重问题，他们可以从整体方面做出合理应对。经验告诉大家，如果某一机构宣称其各个不同业务之间有着很有效的风险防火墙，那么当严重困难发生时，它是最不牢靠的。

对多元化经营的金融集团进行有效监管对不同的监管主体提出了一系列的要求。

（1）监管主体必须保证各特定机构之间信息可以快速有效地达到共享，同时还必须保证信息的保密性。

（2）监管主体之间必须具备紧密持续的工作联系，从而保证监管过程中的怀疑或发现可以完全共享，而且监管活动中的漏洞可以很快被鉴别并弥补。

（3）更重要的是，必须保证在对某一机构的监管过程中，某一监管机构占有主导地位，在问题出现时，拥有权力和责任进行整体风险的评估并做出适宜的监管对策，通常称这类机构为带头机构。同时金融机构也希望能将监管负担降低至最小，这就要求监管主体的监管要尽量高效并尽量避免重合，对金融集团来讲，他们就要求采取措施解决分业监管所造成的过度负担问题。联合监管模式可以通过减少监管中的重合或重复操作、简化监管者的决策过程等来解决这些问题，而且由单一的联系点负责所有监管事项也可以使监管者反应更为迅速和灵活，同时也减少了监管漏洞发生的风险。

虽然由一系列专业监管机构通过合作来完成对多元化经营金融集团业务的监管也不是不可能，例如可以采用带头监管机构的结构安排，但是一个单一联合的监管方式无疑可以提供比分业监管体制安排更好的协调前景和更快捷的信息互换。联合监管体制可以把金融集团内不同业务的监管都置于同一监管机构的管理之下，同时建立单一的管理制度指导（必要时候甚至强制）不同业务范围进行紧密合作和信息共享，从而更为有效地解决上述问题。

此外，而且在堵塞监管漏洞和消除监管重合过程方面，联合监管机构体制要比在某一带头机构监管体制下的集体决策有效得多。同时，这种监管安排还有利于监管的国际合作，在这种体制下其它国家的监管者碰到任何问题都可以找单一固定的联系机构解决。

## （二）竞争的中立性

随着金融体制的发展和成熟，金融产品和金融机构之间的界限日渐模糊。这种情况导致提供类似服务或产品的金融机构由不同的监管者进行监管，极有可能在监管力度及其相关成本方面存在差异，从而使得提供某一种特定服务或产品的金融机构在监管方面存在竞争优势；而且不同监管当局的存在也有可能促使金融机构寻求某种形式的监管套利，利用金融集团内监管成本最低或监管力度最小的部门或机构经营某些特殊的金融服务或提供特定的金融产品；同时还会促使金融机构设计安排新的金融部门或改造已有的部门从而使监管负担达到最小化甚至逃避监管。如果这种监管套利行为普及开来，那么就可能产生反作用，即不同监管当局开始竞相降低监管成本以避免客户流失到其他监管机构之下。这种竞争在某种程度下是健康合理的，但是同时也隐藏着风险即监管机构有可能会为保住客户而减弱监管的谨慎程度。单一联合的监管体制就可以更好地消除差异和不同之处，而无论其来源如何，从而能有效地解决上述问题。同时由统一的管理制度安排对所有的监管实体进行管理，也可以保证不同的监管机构不会为争夺顾客而展开竞争。

另一方面，完全的监管中立性不应成为监管的首要目标，金融机构监管的主要目标是使系统风险最小化。金融行业的不同部分，其经营问题或风险给社会带来的潜在成本是有很大不同的，例如作为社会支付系统的重要组成部分的金融机构，如银行，所带来的风险和成本与共同基金或其他金融公司就有着很大差异的，当监管人员对一银行在某一潜在风险市场上的业务进行监督时，如股票市场或衍生市场，他所采取的态度是不同于监管由共同基金经营的相同业务的。因此，对某一种类似金融业务的监管也是因机构不同而有着很大不同的。正因为有这些不同，监管者可以坚持根据经营业务的金融机构不同而对同一金融业务进行不同的监管是合理的。即在某种程度上，监管者应该鼓励一定程度的监管套利，这样就会引导金融集团把某些高风险的业务放在那些不会对集团造成致命危险或带来系统风险的非重要部门或分支。当然如果金融集团业务之间的防火墙不够完善，这种方法无疑也是自我毁灭。

### （三）监管的灵活性

监管体制的联合安排还可以给金融监管的发展提供更强的灵活性。联合监管可以有效限制和控制推卸责任或粉饰太平等问题的发生；当遇到某些在原有职责范围不包含的特定情况，尤其是一些新兴的金融产品或机构的出现时，联合监管的结构安排能更有效地解决职责范围不清的问题，并对市场的发展或创新做出更为快速灵活应对。

在发达的金融市场以及一些新兴或转型的国家内，金融监管的灵活性尤为重要，因为金融创新的快速发展会使得现有的监管结构和规章制度很快过时；在某些刚刚放开其金融系统的国家，同样也正经历着行业结构的快速变革，这其中包括某些非银行金融中介机构的兴起和成长，这给金融行业的稳定发展带来了显著的威胁，因此监管机构有能力扩展其监管权限对这些变革快速有效反应是联合监管体制的又一重要优点。但是，这要求法律监管机构的权力范围的规定有充分的灵活性，如果法律对监管机构的目标机构或目标产品规定得过于狭窄，或者法律不能很快进行修正，联合监管安排相对于分业监管体制的优势就会减弱。

### （四）监管效率的提高

虽然监管组织的规模经济性很难衡量，但是大规模的组织内人员更为专业化，资源的使用也更有效，这是一个一般原则。在监管问题上，不同的专业化监管实体的存在，会造成某些基础设施和支持系统如信息的收集处理、人员的管理等方面的重复建设，联合监管机构体系可以共享其基础设施、管理投入和支持系统，从而可以节约成本，体现规模经济的特点。同时监管的联合还适应了信息技术的发展要求，即只有规模达到一定程度才能实现成本使用的有效性，同时避免了研究和信息获取方面不必要的重复投入。此外，联合监管体制下信息的共享也给建立更为高效的报告系统打下了基础，这将给被监管机构，尤其是金融集团节约很大一部分的监管成本。

但是由于缺乏有力数据，很难对监管的规模经济性进行评估和量化。但值得一提的是，在所有采用单一监管体制的北欧国家内，监管的规模经济效应都十分显著；英国金融服务监管局（FSA）的报告也提到监管支持系统的共享节约了大量的成本；而且在大多数情况下，监管者均认为监管机构的联合消除了金融监管过程中很多不必要的监管重合和浪费。另外，单一监管机构能够达到监管信息资源共享，妥善协调各种监督反馈意见，从而使监管功能在一个统一的、协调一致的基础上得到更为有效的发挥，而所有这些优势在一个各自为政的监督体系中是很难达到的。以英国为例，金融服务监管局建立之后，由其承担起协调各类监管反馈意见的责任后，整个金融监管得以正常运作，例如它在一个联合统一的基础上采取措施，促使各金融企业协调一致地对付"千年虫"问题。

在某些监管当局规模相对较小的国家，特别是在一些小国家或金融系统规模很小的国家，有关规模经济效应的争论更有说服力。在这些国家，不同监管部门的管理功能和信息处理功能的合并所带来的好处是不容忽视的，这是因为一般管理费用占其监管成本的很大一部分，而不同监管部门如果能共享其服务系统，那么所产生的规模经济效应将会是十分巨大的。

### （五）监管成本的节约

单一监管结构的模式优势还反映在监管成本的规模效应上。这种模式有助于降低金融机构承担的直接和间接监管成本。以英国金融服务监管局的预算看，1999 年的监管预算约在 1.5 亿英镑左右，是英国金融业年营业额的 0.003%。合并监管规则和条例，统一监管报告要求，剔除重复和交叉监管，这些都有利于减少被监管机构的负担，尤其是当监管的实行成本若干倍于支付监管人员工资等"直接成本"时，单一监管机构模式的优势尤为突出。尽管英国金融服务监管局监管范围比被兼并的 9 个监管机构的监管范围略广，但按真实价值计算，其 1999~2000 年度的预算明显低于合并前各监管机构成本之和。监管成本不仅体现在货币支出上，还会对金融机构的行为和投资决策产生影响，在这种意义上说，金融监管具有类似税收的经济效果。例如世界各金融中心在吸引国际金融业务方面一直都存在激励的竞争，而降低监管成本，吸引更多的金融机构和金融业务是竞争的一个重要方面。建立单一的监管机构体系有助于降低监管成本，最终提高社会公众包括投资者的利益。

### （六）冲突的调和监管

当局在实现各监管目标时可能会出现冲突，这与政府在实现稳定物价和提高就业这两个宏观经济政策目标时可能出现的冲突很相似。在多个监管机构的模式中，各监管机构之间的冲突可能是由于各自的监管目标和责任不明确，也可能是这些目标和责任相互不一致，在这种情况下，单一监管机构的模式就有明显的优势。单一监管机构可以被赋予明确的监管目标和责任，可以在明确的责任制范围内运作，从而在监管目标和责任方面产生冲突的可能性就比较小。在多个监管机构的模式下，即使各监管机构能够有效的承担其监管责任，但汇总起来未必就能得到和谐一致的监管效果。

### （七）专业人员系统的建立

有效监管的一个重要要求就是监管机构应该能够吸引、留住并培养一系列有经验的专业人员。而联合监管有利于这个目标的实现，尤其是在一些监管能力尚且较为薄弱的国家这个效果更为明显。作为众多金融监管人员的雇用者，单一的监管机构具有一致的人力资源政策和职员职业规划战略。同时联合监管制度还可以给职员提供更为多样化和更富挑战性的职业，同时还可以建立更为完善的培训体系。监管机构的联合还有利于各监管者之间共享其专业知识。

（1）这种制度允许某一监管部门从其他部门借调专业人员，或雇用专门的专家人员给多个监管部门提供支持。

（2）允许监管者在相互关联的事项上（如特殊金融集团的监管或监管一般报告系统的合作等）共同合作，从而达到更高的效率。

（3）这种体制安排还有助于管理资源的有效分配，在很多国家都发现管理者如果太多，就会使金融监管陷入困境。监管资源的短缺在很多国家都是一个严重的问题，尤其是在波罗的海国家、俄罗斯和其他苏联国家。在某些拥有强大金融市场的国家，此问题同样存在。这是因为，监管技术的快速发展对监管者的能力提出更高要求，而且在与私人企业争夺高能力人员的过程中，政府部门向来处于劣势。而金融监管机构的联合就可以使其雇用的有限的人力资源发挥最大的效用，从而达到节约资源的目标。

### （八）监管责任和监管的可靠性

监管机构的联合还可以改善监管的可靠性。在多元监管机构的体制下，很难对监管者进行控制，使其对其监管行为、监管成本、政策规范及其监管中出现的失误负责。多元监管机构还会产生监管的重合及监管范围之间的漏洞，从而导致监管者之间互相扯皮甚至不负责任。联合监管的另一优势是具有单一的管理体制，从而不同监管范围职责明确，任何监管行为不当或监管过程中出现失误都会有特定的监管机构为其负责。

但是，监管的联合与监管可靠性的改善之间的关系是第二位的。如果此联合监管机构不能明确其监管目标，它同样不能解决监管过程中的责任问题。同样，如果多元监管体制下的各监管机构具有明确的监管目标，也会具有很高的可靠性。因此，首先要考虑的是监管目标是否明确，而不是监管体系内机构数目的多少。

单一监管机构模式尽管在各项市场发展新趋势和新环境下具有许多优势，但也存在问题，其中之一是一旦单一监管机构被赋予过多过强的监管权力，就可能产生官僚主义，形成所谓的监管垄断势力。关于如何避免这些问题，不同的国家有各自不同的解决方法。以英国的监管体制为例。首先英国财政部和金融服务监管局的责任都有很明确的分工，财政部制定监管的立法框架，金融服务监管局则有责任在这个框架之内行使有效的监管。在金融危机出现时，财政部、英格兰银行及金融服务监管局之间的明确分工和不同责任在1997年的谅解备忘录中有清晰的解释。金融服务监管局承担监管所有金融活动的责任，并要确保金融机构遵守监管规则。在金融机构出现问题时，金融服务监管局要审核该金融机构是否面临破产、对其他机构可能产生的影响，以及由私人部门提供援助的可能性。如果金融系统的稳定性受到威胁，金融服务监管局则要邀请英格兰银行参与解决。英格兰银行要审核系统稳定性受威胁的程度以及向市场注入资本，发挥最后贷款人功能的必要性。如果英格兰银行不得不向市场注入资本，那么，财政部就必须介入决策，因为中央银行投入的资本说到底是政府即公众的资金。其次，英国政府在"金融服务及市场法（草案）"中提出，通过加强金融服务监管局的立法责任制机制，对这些问题加以强调和重视。金融服务监管局也就如何履行立法赋予的责任向公众发表了大量的文件和报告，还就监管方法和监管标准要求大规模地公开地向社会各方广泛咨询。对如何确保监管条例公平实施的内部程序、如何将监管局不同部门进行分工和隔离，尤其是案件调查人员和厉行实施及惩治人员进行内部的分工隔离等具体做法向社会公众广为公布，征询意见和建议。

同时在这种单一监管机构模式下，英国金融服务监管局负责对金融业的全面监管，但大部分的具体监管事务由一系列经金融服务监管局认可的自律组织和机构承担，其中包括3个自律组织、9个专业机构、6个交易所及2个清算行。"金融服务及市场法（草案）"明确定义了金融服务监管局的监管目标：维护社会公众对英国金融体系的信心；促进公众对金融体系的了解，包括对不同的投资机会和金融服务的风险和收益的了解；确保对投资者提供恰当保护；减少金融犯罪。

另外，金融服务监管局必须承担一系列的责任，确保监管效率和有效性；加强被监管机构管理层的责任，确保监管条例得到实施；推动和促进金融创新和市场竞争；维护和促进伦敦的国际金融服务和市场的地位。英国新监管体制的另一个重要特点是强调被监管机构高层管理人员在监管过程中的责任和作用，因为高层管理人员对该机构的监管执行文化和商业行为的影响比任何监管当局都大，如果被监管机构能有效地承担监管责任，那么监管当局就可以不必经常采取干预性的监管行动。

### （九）监管差异

在多个监管机构模式下，各监管机构采取的监管方法可能各不相同，由于监管条例和规则的不一致，可能造成被监管机构之间的不平等竞争，单一监管机构模式则可以比较好地避免这个问题的出现。但这不是说单一监管机构必须采用"一刀切"的做法，因为一刀切的监管方法会增加被监管机构的实施成本，抵消单一监管机构模式具有的优势。

实际上单一监管机构可以将不同的监管目标和监管方法之间存在的冲突通过内部机制消化处理，应当能够对不同的市场、不同金融产品和投资者类型进行合理区分。在制定监管条例和原则时，既要保持充分的一致性，平等地对待所有被监管机构，确保类似的风险接受类似的监管要求。同时单一监管机构又要充分反映金融市场、产品、投资者群体的差异，保持合理的区分，而监管责任制和复审机制可以避免这种区分不足的缺陷。

除了上述显著优点，集中统一监管还有另外一些好处。例如，这个单一结构体制有利于监督经验的集中，提高监管水平；同时，也在无形之中抬高了监管机构的地位，促进了该组织在国内、国外的有效性和影响力。这种单一监管体系还强化了监管责任，促使监管当局直接对国家负责，预防多头监管体制下各监管机构相互推诿的情况，弥补了多个监管机构管辖范围不同所形成的监管真空。支持监管机构联合的最后一个观点是它能很好地适应那些因金融自由化而急速变革和创新的金融部门，联合监管可以防止某些利用监管漏洞而逃避问题的做法。许多转型及发展中国家的金融部门正经历着一个转型时期，尤其是在金融自由化的浪潮袭来之后更是如此，新型金融中介及金融工具的出现使得传统的监管体制难于跟上时代的步伐。

## 三、金融机构经营风险的类型及原因分析

### （一）金融机构经营风险表现

金融机构的经营风险主要可以归纳为以下三类：市场风险、操作风险、道德风险。

1.市场风险

市场风险指因股市价格、利率、汇率等的变动而导致价值未预料到的潜在损失的风险。因此，市场风险包括权益风险、汇率风险、利率风险以及商品风险。

利率风险是整个金融市场中最重要的风险。由于利率是资金的机会成本，汇率、股票和商品的价格皆离不开利率，同时由于信贷关系是银行与其客户之间最重要的关系，因此利率风险是银行经营活动中面临的最主要风险。在我国，由于经济转型还未完成，市场化程度仍有待提高，利率市场化进程也刚刚起步，利率风险问题方才显露。虽然以存贷利率为标志的利率市场化进程已经推进。但是目前我国基准利率市场化还没有开始，影响利率的市场因素仍不明朗，而且市场仍然没有有效的收益率曲线，利率风险将逐步成为我国金融业最主要的市场风险。

汇率风险是市场风险的重要组成部分。随着我国经济持续增长，越来越多的国内企业将走出国门投资海外，汇率风险也随之增加。同时，自2005年7月人民币汇率形成机制改革实施以来，人民币兑外汇的风险明显上升。从2005年7月到2006年5月中旬人民币兑美元升值已突破8元心理价位，随着人民币汇率形成机制的进一步完善，市场因素在汇率形成机制中的作用会进一步加大，我国银行业的汇率风险也将进一步提升，加强汇率风险管理和监管变得越来越重要。

1988年的《巴塞尔资本协议》只考虑了信用风险，而忽视了市场风险，尤其是对许多新的和复杂的场外衍生产品市场风险未能给予足够的重视。但20世纪90年代一系列的重大风险事件使巴塞尔委员会意识到了市场风险的重要性，随后加快了将市场风险纳入资本监管要求范围的步伐。1996年1月，巴塞尔委员会及时推出了"《资本协议》关于市场风险的修订案"。该修订案改变了1988年《巴塞尔资本协议》中将表外业务比照表内资产确定风险权重并相应计提资本盒的简单做法，提出了两种计量风险的方法：标准法和内部模型法。巴塞尔委员会在1997年推出《有效银行监管的核心原则》。至此，市场风险信用风险与操作风险一并成为银行监管部门关注的重点。2004年1月26日巴塞尔委员会发布了《巴塞尔新资本协议》框架。新协议吸纳了1996年"修订案"和1997年"核心原则"中包括市场风险在内的全面风险管理的原则，将风险的定义扩大为信用风险、市场风险和操作风险的各种因素，基本涵盖了现阶段银行业经营所面临的风险，以保证银行资本充足性能对银行业务发展和资产负债结构变化引起的风险程度变化具有足够的敏感性。此时，市场风险因素充分反映在《巴塞尔新资本协议》的各项监管规定中。2005年11月巴塞尔委员会再次对1996年版"《资本协议》关于市场风险的修订案"进行了重新修订，更加明确和细化了市场风险的资本监管要求。

2.道德风险

道德风险，从伦理学的角度而言，是指某些道德原则和规范在现实生活中的推行、履

行有可能导致不理想效果或负面影响的危险性，也就是说，可能的道德行为在实际过程中的不确定性。具体到金融领域的道德风险，是指某些道德原则和规范在金融领域的推行超越或严重滞后某些具体的社会组织或团体的实际情况，有可能导致道德价值观的扭曲和失灵。在金融领域主要表现为失约风险、失真风险和失公等风险。失约风险指在金融活动中，道德主体违背合同契约，不能守信、承诺、尽责的风险。如不能按时归还债务、利息、基金等。失真风险指在金融活动中，道德主体思想不诚实，披露的信息不真实，弄虚作假，欺骗他人的风险。如在银行业中的虚增存款，在证券市场中的虚假报告等信息。失公风险是指在金融活动中，违背公正、公平、公开原则，不一视同仁，没有透明度而形成的风险。如暗箱操作、内部人控制、关系与关联贷款等情况。

其实任何一种商业活动，都有它潜在的风险。市场上的风险时常是大家首先考虑的，并尽可能规避它。道德上的风险则因其隐蔽性而不被重视，或者视而不见。于是，在一次又一次利益与道德的博弈中，道德屡屡甘拜下风。在这样一种环境里，公平、诚信、高效，都是奢望。风险的隐蔽性越大，其可能造成的损失就越严重，近年来金融案件屡屡发生，不断有大案和要案曝光，涉案金额、人员以及影响面令人震惊，形成的原因无不与当事人的道德品质有关。从国际上来看，20世纪80年代至90年代年代，国际货币基金组织的181个成员国中的134个为金融道德风险所困扰。1991年仅美国就有127家银行宣布破产。道德风险的频繁发生，使各国都加强了对道德风险的研究。

任何制度体系部存在局限性，制度不是"万能"的，也不存在十全十美的制度制度规定的越多越细，建设和维护这一制度体系的成本就越高，相应的管理费用也随之增高，甚至会阻碍银行的经营发展更为重要的是，制度执行的实际效用离不开"人"这一主观因素，它与员工的法纪意识、职业素质等密切相关。如果人的道德观念出了问题，再好再多的制度也没有用。例如在集体作案的情况下，制度就是虚设的"稻草人"。因此，欧盟成员国的商业银行非常强调和关注员工的伦理道德和职业操守，并把培养良好的伦理道德水准和风险控制文化作为道德风险防范体系的第一"支柱"。而我国目前对员工强调物质报酬甚于精神教育，疏于金融伦理道德教育即使培训也多半侧重在业务知识方面，而真正的金融企业文化建设尚未形成。在我国，培育良好的金融企业文化是防范金融道德风险的当务之急。

3. 操作风险

银行办理业务或内部管理出了差错，必须做出补偿或赔偿；法律文书有漏洞，被人钻了空子；内部人员监守自盗，外部人员欺诈得手；电子系统硬件软件发生故障，网络遭到黑客侵袭；通信、电力中断；地震、水灾、火灾、恐怖袭击等，所有这些，都会给商业银行带来损失。这一类的银行风险，被统称为操作风险。巴塞尔银行监管委员会对操作风险的正式定义是：操作风险是指由于不完善或有问题的内部操作过程、人员、系统或外部事件而导致的直接或间接损失的风险，这一定义包含了法律风险，但是不包含策略性风险和声誉风险。操作风险可以分为由人员、系统、流程和外部事件所引发的四类风险，并由此分为七种表现形式：内部欺诈，外部欺诈，聘用员工做法和工作场所安全性，客户、产品及业务做法，实物资产损坏，业务中断和系统失灵，交割及流程管理。

对操作风险的关注和研究是近几年才开始的，90年代后，由于银行机构越来越庞大，金融创新层出不穷，金融产品越来越多样化和复杂化，银行业务对以计算机为代表的IT技术的高度依赖，还有金融业和金融市场的全球化的趋势，使得一些"操作"上的失误，可能带来很大的甚至是极其严重的后果。商业银行的盈利空间在迅速扩大的同时伴随的操作风险也日益严重，过去10~20年里，这方面已经有许多惨痛的教训。巴林银行的倒闭就是一个令人触目惊心的例子。近年来，监管部门各种"拉网式"检查连年不断，金融机构内部检查、内部审计日复一日，频度与密度空前提高。但屡查屡犯，大案屡禁不绝，小案时有发生。操作风险成为了金融业最难对抗的风险，所以加强对金融机构的操作风险是防范风险的当务之急和重中之重。

从引发风险的根源看，市场风险具有"外生性"，操作风险和道德风险具有"内生性"。如果操作控制不当，许多操作风险可以转化为市场风险。而在市场压力下，市场风险可诱发违章操作，形成操作风险；市场利益的驱动可以促成和强化以个人利益或小团体利益为目标的道德风险。可见，市场风险、操作风险和道德风险作为金融机构经营中最常见的三种风险，不仅相互关联，彼此影响巨大，甚至会出现相互转化的情况。要对金融机构的经营风险进行有效的监管，必须从这三方面入手，并且把三种风险都置于监管的范围之内。

### （二）经营风险形成原因

从形成原因看，金融机构在经营活动过程中的风险主要来自于以下几方面。

（1）风险一方面来自金融机构重要人员的违规经营。这类违规经营包括越权贷款或交易、做假账等。英国巴林银行就是由于其新加坡期货公司交易员里森的越权违规交易而形成巨额亏损。里森不仅是期货公司在交易所的前台首席交易员，而且是后台结算主管，其权力很大却无人制约和监督。里森利用私设的账户一方面向总部虚报了大量交易利润，同时又向总部申请大量交易保证金来进行交易和弥补实际的损失，拆东墙补西墙，最终因日本神户地震这一偶发事件造成其持有的日经期货价格大幅下跌，形成22亿新加坡元的巨额亏损，导致了巴林银行集团的倒闭。

（2）风险另一方面来自金融衍生产品的过度使用。金融衍生产品是传统金融工具的派生物，如利率、货币和股指等期货市场分别是由货币、外汇市场、股票市场衍生而来的，其价格也由这些现货市场决定。金融衍生产品这种市场交易工具，是在金融创新过程中为满足避险需要而产生的，由于金融衍生产品市场的最显著特征是高风险与高收入并存，且为完成某笔交易只需交纳很小比例的保证金或期权费便可，也就是常说的高倍杠杆率，从而为某些交易商创造了丰厚的利润，如摩根银行总收益的1/5生业务。同时金融衍生产品市场的投机性因素越来越多，过度的投机或经营失误，也常使市场参与者陷入困境。比如美国加州奥兰治郡地方财政基金，因参与高达300%杠杆率的衍生债券投资，结果因造成15亿美元的亏损而被迫于1994年申请破产。

# 第四章　现代金融经济的具体风险问题

## 第一节　金融风险向银行集中

当前，我国形成了以银行为主导的金融体系，伴随着银行储蓄利率的高速增长，民间融资成为金融占比的重要部分，银行自然成为金融风险的频发区。根据央行的储值数据显示，银行的社会融资不断突破最高储值记录，为平衡储蓄增长额，银行会定期释放一些中长期的贷款，而在这些贷款流向中，企业融资贷款占80%的比重，相对股票和债券所占比重不足20%。正是因为企业融资贷款在银行贷款中的高比重，使得整个社会的金融风险都转移到银行金融体系中。

### 一、民间借贷对银行信贷风险防控的影响

随着民间融资的迅速发展，地下钱庄、典当行、担保公司、投资公司、小额贷款公司等"影子银行"发展迅速，纷纷开展借贷活动？从微观角度入手，对民间借贷影响银行信贷体系的四种渠道进行了分析。对民间借贷可能造成的风险进行探讨。

#### （一）民间借贷渗透银行信贷业务渠道分析

1.借助银行从业人员逐利行为贷出银行资金

银行作为当前社会融通资金的主渠道，银行从业人员非常容易掌握一定的信贷资源，其以较低的资金成本从银行融入资金，然后再以加点的形式将资金投放给需要资金的个人或者小企业主，在这个过程中，一些银行从业人员赚取了远超其工资收入的快钱，在资金紧张的时期．其资金年收益率甚至可以达到20％以上。

2.通过融资性中介机构借入银行资金

从我们目前调研情况看，民间借贷资金涉及小额贷款公司、典当行、资金互助社、担保公司情况非常常见，这些中介结构与银行都有着非常密切的合作关系．其资金来源除自身资本金外，从银行拆入的资金量非常大，为绕开"不能从事民间借贷"这一法律禁区，他们往往以公司内部人员或直接关系人名义出借，对银行来说风险隐患重重。

3.利用网络平台吸引银行资金

近年来，我国网络资金平台迅速发展，支付宝、财付通等第三方支付平台快速发展，应运而生的宜信贷、拍拍贷、红岭创投等借贷平台，都可以通过网络完成资金的借贷活动，

有数据显示，2018 年是我国创业投资市场内外部环境发生重大变化的一年，从宏观经济增速放缓、中美贸易摩擦不断，到金融监管收紧、税收政策预期不稳，再到资本市场深幅调整，都对创业投资市场带来较大影响。2019 年上半年全行业实现融资量额双跌，2019 上半年行业共发生融资事件 1825 起，融资总额约 2950.92 亿元，相较 2018 年同期，2019 年融资数量和金额同比下降 47.7%、59.8%。这其中，除了社会闲散资寻求资金升值外，还有很多掌握有一定信贷资源的个人和私营企业主从银行借入相对价格较低的资金，通过网络贷款平台分散放贷给有信贷需求的自然人或者小企业主，并从中获得 15%~20% 的年收益率。

4. 假借实体经济之名获取银行资金

由于民间借贷的高利润效应，使实体经济资金趋之若鹜，纷纷涌入民间金融领域，其借贷规模更大，专业化、公司化特征也更加明显。经媒体披露过的全国民企 500 强企业，湖北某集团有限公司曾独自向外放贷 17 亿元，其中有相当一部分资金属于银行资金，月利息以 2.4% 至 6% 收取，先后赚得了 8200 多万元。因此，在这场愈演愈烈的资金"造富运动"中，大量的有信贷资源的"优质企业"获得了远超实业利润的快钱。

### （二）民间借贷给银行信贷业务管理带来的挑战

1. 实体经济被侵蚀，违约风险如影随形

在资金供求紧张的背景下，民间借贷利率节节攀升，远远高出很多借款人的实际还款能力，一方面侵蚀了相当一部分企业和个人的经营利润，甚至可能拖垮一个企业。另一方面，在强大的套利诱惑下，一些企业和个人经营意识被扭曲，可能会放弃实体经营，将资金转向回报率更高的民间借贷市场。一些资信较好的企业和个人甚至可能通过银行获得相对低利率的贷款，并将其划给下游资金使用者，从中获取利差，这时信贷资金便间接流入了民间借贷市场。然而，由于当前民间借贷运作不规范，内控措施不到位，一旦出现借款人违约，民间借贷的资金便打了水漂。因此，银行机构的信贷客户从事民间借贷，都会有较高的违约风险。

2. 信用风险被掩盖，借款人债务难摸清

征信系统是信贷工作人员的作战情报，在贷款调查阶段，银行会先通过征信系统对借款人的资信情况进行调查。然而，当前民间借贷分散、量大，且游离于正规监管之外，银行仅通过征信系统可能无法全面了解借款人的负债情况，使资信调查出现了真空。另一方面，民间贷借往往发生在银行贷款本息归还日，形成了"民间借款—归还银行旧贷—取得银行新贷—归还民间借款"的灰色链条，这相当于将质量不好的贷款又向银行转包了一次。从近期一些媒体报道反映，更有一些银行职员主动指引或帮助客户借用民间贷款"倒贷"。这类的操作使银行无法及时掌握逾期信号并采取保全措施，隐性风险在推迟的同时被不断积累和扩大。一旦滚雪球式的债务链条断裂，借款人却基本上都会情愿选择先归还民间借贷，这时将很可能影响金融机构的信贷资金安全。

3. 银行信誉被套取，案件风险不容小觑

作为银行营销人员，手里有大量的客户信息，他们非常清楚哪些客户缺钱，哪些客户能给资金出高价。在巨大的利益诱惑下，违规操作的风险也随之增加：一些营销人员可能会利用职务之便，牵线搭桥、提供担保，充当资金掮客从中谋利；一些营销人员可能会采用假名、借名、冒名贷款套取银行信贷资金用于民间借贷；甚至还可能会有一些营销人员干脆自己当家，一边高息揽存，一边放高利贷，或直接以客户存款私自放贷等。类似的案件近期正在民间借贷活跃的地区不断涌现。银行职员充当资金掮客，并不仅是职员自己的私人问题，而且涉及到银行信誉。民间放贷人和借款人往往会基于对银行职员的信任而发生民间借贷行为，其特殊身份也必然有损银行声誉，更有可能引发挪用资金、非法集资等案件和违规放贷行为。此外，营销人员参与民间借贷，出于个人利益，将原本的优质客户转而介绍给其关系组织或个人。也使银行损失了宝贵的客户资源。

4.游离于监管之外，信贷管理制度被架空

由于民间借贷利率高于同档次银行信贷利率几倍，高利促使其发展呈上升蔓延趋势，也就吸引了更多的银行资金通过不同的渠道向风险集中。调查显示，目前民间借贷资金来源十分广泛，既有居民自由资金的投入，也有银行信贷资金通过各种渠道流人民间借贷市场，银行信贷资金一旦进入民间借贷领域，其监管就脱离了银行的视线，贷后管理机制也就无从发挥，这些进入民间借贷领域的银行信贷资金其流动性目前处于监管的盲区，银行信贷部门无法有效评估其信用程度．一旦发生信用风险，将会对银行业的信用造成冲击，导致金融风险发生的可能性大增。更为重要的是，信贷资金流人民间借贷市场，会弱化国家宏观调控的能力，民间借贷的扩张造成了大量资金长期在正式金融体外循环．出现了"金融脱媒"现象，必然会导致金融信号失真，干扰中央银行对社会信用和资金总量的监测。结构调控上，因为民间借贷资金的无序性，盲目性，相当一部分资金背离了国家的政策导向和产业方向，在很大程度上影响和消弱了商业银行贯彻执行信贷政策的能力。

## 二、企业融资对商业银行风险的影响

中小企业已经成为我国国民经济增长和发展的主要动力，但中小企业融资难的问题始终未得到根本性解决。客观分析我国中小企业融资难的现状，探讨解决问题的可行途径，不仅关系到中小企业的发展前途，而且对于我国经济的全面、协调和可持续发展具有重要意义。

### （一）我国中小企业信贷融资现状

近几年，我国中小企业的经济贡献度持续上升，工业总产值占比已增至82%左右，而银行信贷的比例基本维持在5%左右，中小企业融资难，融资渠道单一、融资成本高昂的现状未得到实质性解决。发改委中小企业司发布的关于五大城市中小企业融资现状的调查显示，70.5%的被调查企业认为资金缺乏是困扰企业发展的最大难题之一，超过70%的中小企业取得的贷款高于基准利率，而企业间融资占据融资渠道的第二位。对于小企业贷款，政府虽推动力度不小，但商业银行的响应有限。目前，商业银行在发放中小企业贷款时，仍然显得过于保守。中小企业贷款基本上以抵押为主，部分商业银行在抵押物中甚至只认土地、房产，其他一概不受理。同时，抵押贷还存在周期长、费用高的问题。

### （二）我国中小企业融资面临的问题

中小企业融资还面临着以下几个问题。

1. 国家政策系统与金融体系对于经济转型下的中小企业需求变化反应相对滞后，正规金融体系对中小企业的支持不足。

2. 中小型企业均承担着较高的融资成本。正规银行中小企业授信政策一般要求利率上浮，此外，包括抵押物评估费、保险费、担保费等中介费用。中小企业贷款平均利率高于大型企业。

3. 商业银行缺乏适合中小企业融资的金融产品、信贷审批管理体制，金融创新不足，授信审批的低效率与中小型企业高效、灵活的经营特点不适应，这也是地下金融得以长期生存的主要原因之一。

4. 中小企业信用担保制度不完善，我国的担保体系是以政策性融资担保为主体，以政府出资为主，民间资本介入很少。政府担保机构与商业银行缺乏互信机制，重复调查加重了企业的经济负担，影响了担保效率。现实中，我国中小企业银行信贷融资难的原因是多方面的，包括政府宏观政策导向、商业银行授信管理体制、中小企业的公司治理等方面，主要原因有以下几点。

（1）单笔授信交易成本高，银行收益风险不匹配。中小企业贷款的"小、急、频"的特点，不但加剧融资交易成本，而且，对银行工作效率、人员素质也有较高的要求。在激励机制不到位的情况下，商业银行更倾向于投入少、见效快的大客户授信业务。

（2）中小企业信息不对称，商业银行决策效率低。信息不对称问题是中小企业面临融资困难的主要原因之一。中小企业的财务会计信息的不规范，使银行对其经营业绩、经济效益、投资风险、还款信誉的了解比较困难，提高了银行的决策成本，抑制了商业银行贷款的积极性。

（3）中小企业规模小、抗风险能力弱。绝大多数中小企业尚未建立起现代企业制度，产权单一、规模小；经营行为短期化以及负债多、积累少、抗风险能力低，容易遭到市场淘汰。

（4）商业银行市场定位模糊、客户开发趋同。客户趋同的现象日趋严重，大客户、大项目成为各家商业银行竞争对象，以利率下浮为手段的贷款价格战愈演愈烈。中小型商业银行的激励机制普遍趋向于做大、做强，急功近利，追求规模。

（5）金融机构的整合与信用风险管理的加强。商业银行普遍强化了信贷管理，集中信贷决策权，特别强化了对信贷人员的风险约束，对中小企业的贷款存在"寻租"嫌疑，一定程度上影响了信贷人员的贷款积极性。对中小企业贷款的"寻租"嫌疑也是诱发商业银行所有制歧视的根源之一。

（6）金融产品、金融制度创新滞后。各商业银行尤其是中小型商业银行，均在尝试开发中小企业授信业务，但真正形成特色产生规模效益的并不多。制度创新、产品创新、审批效率方面均难以满足中小企业的经营特点。

（7）制度缺陷对商业银行开展中小企业授信融资的影响商业银行对中小企业授信的审慎态度除去银行自身和企业的原因外，政府宏观经济政策的缺失也严重影响了商业银的积极性，主要表现在税收政策、金融监管政策、资信调查、法律环境等方面。

## 三、我国商业银行开展碳金融业务风险的实例分析

为顺应世界发展趋势，我国商业银行纷纷支持发展循环经济，逐步走低碳经济发展的道路。我国商业银行参与碳金融业务时期较晚，虽然正处于起步阶段，但是对于支持低碳发展的努力却从未忽视，提供了多种信贷机制：通过对高污染、高能耗企业制定相应的进入准则、限额管理与退出机制等条款，确保信贷资源向与发展低碳经济相关的行业或企业倾斜。在此过程中，商业银行作为碳金融活动的资金提供者，碳金融活动的风险是必会影响到商业银行，商业银行自身也就形成了不同于一般信贷的风险—碳金融风险。

### （一）风险成因分析

由于我国商业银行碳金融活动的开展起步较晚，我国一直处于国际碳市场交易链条中的最底端，但是我国作为温室气体排放大国，取代国外碳金融业务最先兴起的国家成为碳金融活动最活跃的市场是必然。在碳金融活动初期，我国由于体系不健全、经验不丰富，会面临开展碳金融活动带来的大量风险，而所有风险的成因主要包括以下几方面。

1. 专业认知程度不够

碳金融业务在我国起步较晚，属新生事物，使得各个社会主体和广大公众对碳金融的认知程度也各不相同，而诸如商业银行类的金融机构对碳金融的认识也不是很全面，大多数都只停留的碳金融的表面内容上。比如说商业银行自身对碳金融的利润空间、风险管理、运作模式以及社会效益等方面认识不足，对碳期货等碳金融衍生品的不熟悉等都构成了碳金融风险的成因。也正是由于此，我国商业银行开展碳金融的积极性和活跃程度也不如国外商业银行高。同时，商业银行对开展碳金融业务的作用缺乏统一的、正确的认识和理解，也直接影响了碳金融业务的开展。大多数银行选择开展此业务主要是基于提升社会形象、履行社会责任的一种象征性的方式，并非真正实践了碳金融。目前我国大多数的商业银行都处于被动的观望状态，只有少数的诸如兴业银行、中国工商银行等开展了与碳金融相关的具体业务。

2. 缺乏专业的服务机构和综合性人才

碳金融业务相对于银行传统业务来说，具有知识密集型高、综合程度高以及流程复杂化等特点，因此商业银行要开展碳金融业务就必须吸纳更多地除却掌握核心的碳交易技能之外，同时还要具备金融、法律、外语以及项目管理等多方面知识的综合型人才，形成企业内部综合习性的人才储备和多元化的知识结构，以灵活自如的应对碳金融业务的多样性所带来的风险。同时商业银行若想有效地开展碳金融业务，获得预期的收益，还应该建立健全与碳金融业务有关的机构和部门进行与碳金融业务有关的产品研究与设计、碳金融业务流程的合理制定等，并且应尽量将该部门作为独立的分支机构进行专业化运作，目的是实现银行内部碳金融业务的体系化、专业化运营。然而值得一提的是，目前绝大多数的银行都没有成立专业化的运作部门以及做相关人才的引进与培养，甚至没有此方面的意识。我国碳金融专业人才与专业服务组织机构的缺乏是我国碳金融业务迟迟不能得以快速发展

的瓶颈，基于此，我国许多金融机构在国际碳金融市场只能借助于国外专业机构的支持遇帮助，导致了我国金融机构在国际谈交易市场上议价权的缺失。

### 3. 缺乏成熟的中介市场环境

我国是世界上 CDM 项目发展空间和发展前景最大的国家之一，而中介市场是实施 CDM 交易机制的关键，只有通过中介市场的相关服务才能将实施 CDM 项目产生的 CERs 销售到其他国家去，从而获得相应的资金。但是 CERs 的产生及销售过程是一个无比繁琐、交易规则极其严格的过程，加之 CDM 项目的销售合同涉及国内外所有客户，合同期限比一般普通合同要长，因此为了节约交易成本，国际上所有的 CERs 的销售与购买都是通过专业的中介服务机构来完成，买卖双方不一定亲自接触整个过程。但是我国现有的许多中介服务机构碳金融知识储备不完备、经验不丰富，使得碳排放权的买方很难直观、清晰的了解我国的 CDM 项目，这种双方信息的不对称性严重制约了我国碳排放业务的开展，使得我国这个最大的碳排放权出售方不能有效地进行碳交易。国外专业的中介机构不仅可以帮助买卖双方实现碳交易，还可以提供专业的咨询分析体系、项目评估过程，用以规避碳金融风险。因此，我国的金融金钩以及中介服务组织可以选择与国外先进服务机构进行密切的合作沟通，不断提升与加强我国碳交易有关的中介组织建设，不断提升我国在碳市场上的议价权，为我国在碳市场上进行碳权交易提供保障。

### （二）商业银行碳金融风险的类型与特征分析

我国商业银行参与碳金融活动，除却需要面对银行业的普通风险之外，也面临着开展碳金融业务所带来的特有的风险。通过文献分析与研究得出商业银行参与碳金融市场，开展碳金融业务主要面临的风险包括以下几个层面。

### 1. 政策与法律的风险

政策与法律风险主要是指商业银行在开展碳金融业务活动时所要面临的由于政策因素所导致的资产损失的风险。国际碳排放政策对碳交易市场存在较大影响：一方面由于协议书中规定的三个开展碳金融活动的节能减排机制只持续到今年年底，此后人们若是不再认可全球气候变化的影响，或者不再坚持绿色发展的循环经济策略，则协议书中所规定的节能减排的三种机制将不复存在，相应的碳金融活动、碳金融市场也会以随之消失。

我国是否承担减排义务将直接影响全球碳金融市场的布局，也在一定意义上决定了今年之后协议书的有效性。政策性风险作为商业银行开展碳金融活动的一种外生风险来源，碳市场政策的变动将会对碳金融业务产生本质的影响，也会直接决定碳金融这一金融产品的存在与否，因此也决定了商业银行开展碳金融业务的资金安全与否。由于我国没有建立自己的碳排放贸易机制，也没有成熟的碳金融市场和碳中介市场，因此 CDM 项目所产生的 CERs 只能被迫以发达国家制定的交易价格出售，因此，我国的碳金融业务相比较国外碳金融市场来说更容易受到碳政策的影响。同时国际政治力量之间的对比影响着国际碳政策的变化，因此政策的变化却是不宣把控，进一步增加了我国商业银行开展碳金融业务的风险。

2.宏观经济变动风险

宏观经济的波动性对企业的生产、扩展、收缩等活动存在直接影响，而企业所处发展阶段的不同所产生的耗能量、碳排放量不同，企业处于高速发展的繁荣期时，能耗和碳排放量必然比衰退时期高，因此相应的推高了碳价格，反之亦然，2008年爆发的全球习性的金融危机就严重影响了国际谈交易市场。此次经济危机对碳交易市场的直接影响主要表现如下。

（1）宏观经济的变动导致企业经济衰退，碳排放量减少，只能出售之前大量囤积的碳排放，从而出现供大于求的现象，使得碳价格不断降低。

（2）金融危机使得国外许多发达国家资金匮乏，不得不缩小企业规模甚至停产，同时各项减排政策也放宽了对企业类型的限制，因此市场上对碳减排的需求不断减少。

（3）金融危机直接导致了碳市场上的碳基金、金融机构等出现业务收缩的现象，使得碳交易市场愈发冷淡。

3.社会风险

碳金融在我国是一个完全新型的业务类型，虽然国内许多社会民众都认为应该坚持可持续发展、走循环经济之路，但是大家对低碳发展的认识还不全面，并没有形成真正的低碳理念，这也是我国发展碳金融业务所面临的一大障碍。只有建立良好的、全民支持、全民建设的社会环境，才能有效地发展碳金融业务。

4.市场风险

传统的商业银行市场风险包括利率风险、汇率风险、股权资产波动等风险，但是商业银行开展碳金融业务后的市场风险又增加了许多新的因素。

（1）我国主要通过开展CDM项目出售CERs的形式参与碳金融业务，在向需要购买碳排放权的买家出售CERs时必然会涉及外汇的结算业务，因此汇率风险是商业银行开展碳金融业务所要面临的主要风险。

（2）由于CDM项目自身开发周期较长，商业银行就必然需要面临长期的利率波动问题，因此利率风险也是碳金融风险的主要构成部分。

（3）碳排放权的价格的波动对碳金融活动产生的风险，一方面若市场上出现碳排放权供过于求的情况，碳交易价格必然下降，使得卖方亏损；另一方面当市场上出现供不应求的情况，碳交易价格肯定高于原定价格，使得买方出现亏损。这种现象在第一承诺期向第二承诺期过渡是变化最为明显。因此新的汇率风险、利率风险、碳排放权价格风险构成了碳金融的市场风险。

5.信用风险

CDM项目作为我国商业银行开展碳金融业务的主要形式，因此商业银行的碳金融信用风险因此主要体现为CDM项目信用风险。比如CDM项目借款人发生违约、保理业务风险、碳排放权及其衍生品交易的对家不履行义务风险等。

由于CDM项目本身的周期长、自身也存在着更为复杂的风险来源，因此CDM项目的收益与风险的不对称性更为突出，尤其是商业银行在选择CDM项目进行投资开展碳金融业务时，容易产生"逆向选择"问题，而CDM项目一旦获得资金支持，由于CDM项目的成功与否、CERs 是否获批等情况都是未知的，因此容易产生"道德风险"问题。因此，商业银行开展碳金融业务的信用风险主要包括：CDM 项目不良贷款率风险、买方履约能力风险、CDM 项目能否按期建成投产风险以及 CDM 项目是否能产生合同规定的 CERs 风险五个层面。

### 6. 操作风险

碳金融作为一个新兴事物，我国商业银行对碳金融的认识还不全面，而且碳金融业务本身的操作难度较大、操作流程较复杂，因此我国商业银行开展碳金融业务面临的操作风险较一般的操作风险更为严格。操作风险一般包括人员风险、流程风险、系统风险和外部事件风险四部分，商业银行开展碳金融业务时员工的职业技能、业务操作流程、内部系统建设等问题都会直接影响当碳金融活动的开展，为商业银行开展碳金融活动带来一定的风险和损失。在我国主要表现为商业银行参与 CDM 项目的过程中出现的专业人才缺乏、项目流程不熟悉、内部系统构建不合理以及极易受外部欺诈等风险。同时 CDM 项目作为一个对新技术需求十分强烈、技术高敏感度的领域，商业银行内部由于技术层面的缺乏可能构成碳金融风险来源之一。因此操作风险主要包括：人员素质风险，内部流程建设风险，系统缺陷风险，技术风险以及外部因素影响风险五种类型。

### 7. 项目风险

一个典型的 CDM 项目从开始准备到最终获得 CERs，需要经过项目识别、项目设计、国家发改委的批准、项目审定、项目注册、项目实施监测与报告、减排量的核查与核证、CERs 的签发等八个阶段，时间最少在一年以上。在此漫长的过程中，每一个环节都可能成为影响 CDM 项目成功实施的风险因素。由于 CDM 项目的周期长，众多的风险因素必将带来额外的交易成本，因此投资元 CDM 项目的商业银行也比较容易发生流动性风险。CDM 项目的主要风险存在于整个项目的投资前期、投资者建设期、生产运行期，同时也受到相关政策的影响。

# 第二节　金融资产结构分布不协调

我国的金融资源分布出现严重的不平衡，其中银行占有九成的资源比重。相对而言，证券和保险所占的比重都不具规模，这就使得在应对金融风险时，证券市场和保险市场很难起到应有的调控作用。这种金融资产结构的不合理分布，很难满足市场主导下的金融经济发展，使得经济发展效率低下，同时导致金融体系的波动性。

## 一、金融发展中的结构问题分析

### （一）金融结构反映了金融发展的层次和经济金融化的深度

金融结构是指构成金融总体（或总量）的各个组成部分的规模、运作、组成与配合的状态。一般来说，一个国家或地区的金融结构是金融发展过程中由内在机制决定的、自然的、客观的结果或金融发展状况的现实体现，在金融总量或总体发展的同时，金融结构也随之变动。当考察某一时点的金融总量或总体时，金融结构便有一个既定的状态确定下来，但这并不意味着金融结构一定是合理的，恰恰相反，透过金融结构，我们可以观察金融发展是否存在问题，是否具有理想的效率以及是符合金融发展的内在规律。

在现代经济中，经济运行与金融活动是相伴进行的。经济的发展必然伴随着金融总量的增长，金融总量的增长对经济增长起着十分重要的推动作用，提供着强有力的支持。在经济与金融相互促进的增长关系中，二者的增长速度不一定完全一致，特别是在经济货币化与金融化加速进行的过程中，金融总量的增长往往比经济的增长更快。正是由于经济与金融之间存在的这种内在关系，金融分析便具有两方面的意义，一是观察、判断金融发展本身是否健康、合理；二是通过金融分析观测经济增长的状况。金融分析中的总量分析是重要的，金融总量的增长在一定意义上反映着经济增长的总体水平和经济金融化推进的广度。

金融分析中的结构分析也具有十分重要的意义，金融结构在一定程度上反映着金融与经济发展的层次和经济金融化的深度。在经济与金融发展过程中形成的金融结构，既是经济与金融发展的客观结果，又是经济与金融发展的重要体现，它还反映着经济金融化过程中的虚拟程度或泡沫程度，亦即反映着经济与金融发展中的风险程度。下面拟就改革以来中国金融结构的变化作一分析，并在此基础上探讨未来金融改革的着力点。

### （二）金融结构分析的基础与指标选取

结构，作为总体或总量中各个部分的构成状况与总量同时存在，经济学中的结构分析便是研究总量与组成总量的各个部分之间的数量比例关系。分析金融结构，首先遇到的是以何种金融总量作为考察的基础以及如何选取观测指标。

从不同的角度分析，便有不同的金融总量。但从宏观考察，最广义的金融总量是全社会的金融总资产，即全部社会成员持有的所有金融资产的总值。全社会的金融总资产大致可以划分为三大类。

第一类，货币性金融资产，主要包括现实中的货币和各类存款。

第二类，证券类金融资产，主要包括各类有价证券（政府债券、金融债券、企业债券、股票、企业及银行票据以及各类投资基金凭证）。

第三类，具有专门指定用途、以保障为中心的各类专项基金，包括商业保险基金、失业保险基金、养老保险基金、医疗基金、住房基金以及各类公积金等。按照现代经济学的分析方法，社会成员可以分为个人（家庭）部门、企业部门、政府部门、对外部门和金融部门等五大部门，这些部门持有的现实货币作为发行者对公众的负债反映在中央银行资产负债表的负债一方，这些部门拥有的全部存款则反映在存款中介机构资产负债表的负债一方，因此，货币性金融资产的统计可以通过金融机构的资产负债总表反映出来。证券类金融资产的统计要复杂一些。

一般来说，个人（家庭）部门是各类证券的主要持有部门，他们持有的各类有价证券和投资基金反映在证券市场的有关统计中；企业部门基本上是有价证券（企业债券和股票）的发行部门，但同时也会持有一些其他部门发行的证券；政府部门是国家债券的发行部门，一般不持有国内其他证券，政府部门持有的国外证券和外汇储备反映在中央银行资产负债表的对外资产中；金融部门既是证券发行部门（发行金融债券及股票），也是证券持有部门（主要持有政府债券，也有一部分是对企业投资），它们发行和持有的证券均能够在金融机构的资产负债表中得到反映。因此，全社会的证券类金融资产有一部分体现在金融机构的资产负债总表中，另一部分则必须通过证券市场才能反映出来。全社会金融资产的另一大类，即具有专门用途，以保障和风险防范为中心的各类专项基金，其中，商业保险的部分可以在保险市场的统计中反映出来，其他社会保障类基金则需要从不同的主管部门来反映。

按照上述分析，全社会的金融总资产需要从三条渠道来分析，①是金融机构的综合资产负债表；②是证券市场及保险市场的发展规模统计；③是有关社会保障基金的管理部门。

分析金融机构的资产负债表，既可以分析其资产一方，也可以分析其负债一方。从金融中介机构看，资产方与负债方具有同等重要的意义，但从全社会金融资产的分布角度看，金融机构的负债方具有更为重要的意义，它反映了金融机构对社会金融资产的集中程度和管理运用程度，并可以透析社会金融资产的组成状况。分析证券市场，需要对各类证券分别进行。债券，作为还本付息的债权债务凭证，对持有者来说无疑是金融资产，股票作为所有权凭证，对持有者来说也是金融资产，但中国目前的股票有流通的和未流通的两个部分，法人持有的未流通的股票虽然从性质上说亦是持有单位的金融资产，但在目前，这部分股票实际上只是对发行公司的实物资产所拥有的相应部分的证明，还未构成实际意义的金融资产。这部分象征意义的金融资产只有在其真正流通时才从实物资产转化为实际的金融资产—即金融化。因此，这部分未流通的股票暂不应计入社会金融资产总值。商业保险计入社会金融总资产的问题，也要具体分析，从投保户来说，只有那些可以返还的保费才能视为金融资产，而从保险机构来说，保费收入减去补偿等成本后形成的保险基金则全部构成社会的金融总资产。

各类社会保障基金无疑应视为社会金融总资产。在社会金融资产的统计中，有两个问题非常重要。

1. 避免重复统计问题

由于金融资产的分布比较复杂，简单汇总往往带来重复而夸大金融资产总量，这就需要在统计时进行必要的扣除。如果把金融机构资产负债表中的总资产（或总负债）的数据全部统计在社会金融总资产中，那么在证券市场统计中就应减去金融机构所发行和持有的证券数量；相应地，如把证券市场的发展规模全部统计在社会金融总资产中，金融机构总资产（或总负债）中也只能计算货币性金融资产的部分。

2. 证券类金融资产的计算方法

在证券市场上，证券的面值与市值差别很大，那么，究竟以何值计算金融总资产呢？这需要仔细加以分析。就债券来说，由于是有期限的债权债务凭证，面值和市值虽有差异，但一般不会很大，统计时可直接按面值计算。但股票的情况不同，因股票是无期限的所有权凭证，其面值（股本）与市场交易价格往往差别极大。如采用市值计算，优点是能够反映金融的总体实力，但因易受市场因素影响，稳定性很差，如采用面值（股本）计算，可能对总体金融实力有所低估，但稳定性较强，也更接近真实性。因此，可以根据不同的分析目的选用其中的统计方法。

有价证券类金融资产的增加，对居民、企业等持有者来说与货币性金融资产一样，同样是富有的标志，但这不能从绝对意义上去理解，否则，发行证券便成为人民走向富裕，国家走向富强的道路，这是一个悖论。金融资产毕竟不是财富本身，它更多地意味着国家经济的金融化程度。同样，货币性金融资产也不能从绝对意义上去理解，否则，国家发行货币、实行通货膨胀政策便成了致富之路，这也是一个悖论。事实上，货币性金融资产的价值要受通货膨胀率和汇率的影响，有价证券类金融资产的价值除受通货膨胀率和汇率影响外，还受价格虚拟程度的影响。

以社会金融总资产作为分析的基础，金融结构便是指各类金融资产在总量构成中占的比重。具体来说，金融结构的分析指标可以分层次选取。

第一层次：分析上述三大类金融资产各自所占比重，即货币性金融资产占金融资产总值的比率、证券类金融资产占金融资产总值的比率和保障类金融资产占金融资产总值的比率。

第二层次：在三大类金融资产基础上，分析其各自内部的比率。货币性金融资产即为广义的货币总量，分析其内部的结构便是分析货币结构，货币结构的分析数据反映在中央银行的专门统计中。由于货币总量直接体现为全社会的购买支付能力，并且在社会金融资产中占有主体地位（尤其在发展中国家），因此，货币总量的结构分析对于考察经济运行和宏观调控具有特殊意义。货币总量的结构是指构成货币总量各层次货币的比重大小，货币结构反映不同层次货币的支付能力和流动性的强弱，货币总量与经济总量的比值又反映了经济货币化的程度。证券类金融资产的内部结构，是指政府债券、金融债券、企业债券、股票、企业及银行票据、投资基金等各自所占的比重，其数据来源要从证券市场的发展统计中来获得。证券金融资产在金融资产中的比重可以反映多重意义，一方面，它反映了社会成员持有证券的分布以及增殖能力，另一方面，它还反映了社会的融资状况和资金配置方式，即反映了直接融资和间接融资的比例。以证券融资为代表的直接融资与以贷款为代表的间接融资之间比例可称为融资结构，它与经济体制和融资效率密切相关。保险（保障）类金融资产的结构是指商业保险基金、失业保险基金、养老保险基金、医疗保险基金、住房基金等各自所占的比重，其数据来源于保险机构及有关基金主管部门。

第三层次：在第二层次基础上再细分。如货币结构中存款货币又可按居民储蓄存款、企业单位存款、政府存款去分析；证券类金融资产又可根据证券期限划分为货币市场和资本市场去分析，保障类金融资产亦可以按保障性质去分析。

当然，我们还可以列出第四层次、第五层次以至更多层次的分析指标。

上述指标是按各类金融资产的性质划分的，与此相近的是按金融工具来划分。美国经济学家雷蒙德·W·戈德史密斯对金融结构的研究就是采用了金融工具分析法，用金融工具总值代表金融资产总量，用各类金融工具在金融工具总值中的比率代表金融结构。从统计的意义看，这是完全没有问题的，金融工具与金融资产和金融负债是对同一客体从不同观察角度得出的不同概念，金融工具对持有者来说便是金融资产，对发行者来说即为金融负债。

分析金融结构，除按金融资产或金融工具的组成选取指标外，还可以按金融资产在不同部门间的分布来划分，以观察金融资产在各类金融机构和非金融单位之间的分布比重，金融机构持有的金融资产比重反映了金融中介对社会金融资产支配的集中程度。按照中国目前的金融机构分类，金融资产分布在中央银行、国有商业银行、其他商业银行、农村信用社、城市信用社和城市合作银行、财务公司、特定存款机构、证券公司及共同基金管理公司、保险公司和外资金融机构这十类金融机构中。这十类金融机构和专项基金管理机构、非金融单位及公众持有的金融资产比重构成了金融资产分布的结构指标系列。

另一具有重要意义的金融结构指标是各类金融资产的所有者持有的比重，如居民持有的金融资产的比重以及企业部门、政府部门等持有的比重。总之，由于金融问题的复杂性、结构分析可以在多层面和多角度得以展开，金融结构便表现为一系列开放式的指标体系，其中每一种分析都会反映不同的内容。在实际应用中，可根据不同的分析目的去选取相关的分析指标。

## 二、区域金融发展差异形成原因分析

改革开放以来，我国区域金融发展呈现出较大的差异性，东、中、西三大经济带及各省之间都存在较大的差异，在一个像中国这地域广阔、人口众多的大国经济体系中，地理位置、经济发展水平、制度环境、政府行为、历史人文等诸多因素造就了这种非均衡发展的局面。

### （一）区位因素

金融地理学在对金融问题的研究中，都强调了地区环境的重要性，不仅考虑狭隘的地理自然环境，而且也注重社会、教育等人文环境，综合考虑各种因素，强调事物发展的大环境。

1.地理位置是引发经济发展差距的最原始的因素

东部地区东临大海，港口众多，交通运输方便，具有对外贸易和合作交流的地缘优势。而西部地区地处内陆，海拔高气候差，且交通运输成本高，同时与其相邻的大都是经济落后的内陆国家，贸易交流少，处于封闭或半封闭状态，这给我们中西部地区的落后埋下了先天的劣势，当然，随着互联网及现代交通运输的发展，地理位置在经济发展中的作用有下降趋势。

2.资源的不同也造成了经济金融发展的差异

就自然资源的丰富度而言，东中西呈梯度递增的状况，但遗憾的是由于诸多原因的限制，西部地区的资源禀赋的比较优势未能转换为现实的经济上的比较优势，形成了"富饶的缺口"，经济金融落后于东中地区。最后，人力资源和技术资源也是促进经济增长的关键因素，世界经济的发展给我们一个启示：物资资源的贫乏并不能从根本上阻碍一个国家或地区的发展，但是人力资源及创新技术落后，即使物质资源再丰富也不能保证它的持续快递发展。教育水平的低下使得西部地区的科技创新更是落后，高端人才极度匮乏，而且随着东部地区经济金融的快速发展，以及东部地区出台的许多吸引人才的优惠政策，使得原本人才匮乏的西部地区出现人才"东流"，进一步加重了中西部地区人才与经济发展供需的矛盾。

### （二）区域经济发展因素

资金是区域经济发展的物质基础，资金的配置失衡会导致区域经济发展的不平衡，而经济的不平衡又会进一步加剧资金配置的失衡，从而形成恶性循环，这对欠发达地区极为不利。而目前我国各部门在资金配置不平衡的现象普遍存在。

1. 银行业的货币信贷资金流向产出效率高的东部地区

随着金融市场的发展，出现了多样的金融工具，这为金融资金的流动提供了便利。从上述内容中我国区域金融发展差异现状存贷差及存贷比等的统计描述可以看出，中西部地区银行部分贷款并没有留在当地，而是流向了东部地区，这主要是因为东部地区的资本回报率较高，投资者处于盈利性的目的而调配资金；同时我国银行的总行基本上都在东部地区，西部地区主要是分支行，这样处于资金的安全性和盈利性考虑，中西部地区的部分资金通过总行的上存下拨的行政方式向东部地区集中，产生"总部效应"。

2. 转移资金东部地区依然占到优势

随着国家以先富带动后富，允许部分地区先富政策的导向，政府的预算资金大量流向沿海的开发地区，且实行以税收返还为主，体制补助为辅的方式，没有考虑到西部地区本身底子薄弱的现实，出现"贫者更贫"的局面。近年来，随着国家对发展西部地区的重视，财政资金向西部倾斜的力度不断加大，但是财政分配不平衡的现象依然存在，中西部地区所获得资金补助与中央政府所获得的财税收入比率呈下降趋势，资金的横向分配不均衡现象依然很严重。

3. 外商及内地的企业都处于追逐利润将资金投向东部地区

随着改革开放大潮的前进，国家出台了许多吸引外资的优惠政策，但是外商投资地区大都集中在东部地区，2018年我国利用外资的情况，东部地区明显优势于中西部地区。再者中西部地区的一些企业为获取高的资本回报率，也将资金投向东部沿海开放城市，20世纪八九十年代深圳、广东、浙江的快速发展，就得益于此；2003年房地产热时，内地流向东部沿海炒房的资金高达1000亿，约为西部好几个省的存款量；2016年股市的繁荣，大量的资金流向证券市场相当发达的东部地区，这些都导致了中西部地区资金的匮乏。

由以上内容可以看出，资金在地区间的配置存在极大的不平衡，这导致了我国区域经济金融发展的不平衡，区域金融发展存在较大差异。资金的这种逆向流动是世界经济的普遍现象，这符合新古典经济模型和报酬递减规律：资本向劳动力密集的地区流动，人才向资本密集的地区流动。然而资本流动的这种"马太效应"，致使中西部地区在资源的配置中处于不利地位，政府作为经济发展的外生力量，对资源的配置是逆市场而行还是与市场同向，这对我国宏观经济及金融的发展非常重要。

### （三）制度因素

#### 1.金融体制改革的渐进性

在20世纪80年代以前，我国实行的是传统的计划经济体制，国家掌控着经济活动的决策权，对金融实行高度集中统一的管理，忽略了企业和市场的自动调节机制，形成了"大一统"的社会主义计划金融体制，但随着经济的发展，国家的宏观战略由注重公平的"均衡发展"向注重效率的"非均衡发展"转变，邓小平同志对我国长期发展战略上主张发挥比较优势，允许部分地区率先发展，市场化进程有快有慢，逐步实现。打破了均衡布局的区域发展模式，承认区域发展差异的现实，集中国家资源实行重点发展，这种建设沿海为主的非均衡发展战略为以后我国各地区经济金融发展差异提供了政策支撑，东部地区金融配置效率大幅度提高，新兴工业迅速发展，经济增长率高于全国平均水平，一定时期内对全国经济的高速增长及综合国力的提高做出了很大的贡献。

但是在这种体制的转轨过程中，区域经济梯度发展的现实也给经济社会带来了很大的负面效应，东部带动西部的"扩散效应"并不显著，反而资源的集聚带来的"马太效应"却明显。加之传统的计划经济体制并没有完全退出历史舞台，市场体制还不健全，规章制度还不完善，地方政府在国家政策的掩盖下，利用本地区的行政权，阻碍商品和资源的横向流动，经济发展帕累托最优不能实现，地区间的争夺资源的大战在悄无声息地进行着，这加剧了地区间发展的不平衡。

#### 2.金融开放进程不同的影响

中国金融业的开放是我国实施对外开放的重要组成部分，由于国内金融业的市场化程度及运作的规范程度都还不高，金融监管手段还不健全，决定了我国的金融开放也只能采取循序渐进、逐步开放的形式，这既包括了时间上的渐进也包括空间上的渐进。

1985年国务院颁布《中华人民共和国经济特区外资银行、中外合资银行管理条例》实施，允许外国金融机构在深圳、珠海、厦门、汕头和海南五个经济特区设立营业性分支机构，随后1990年又批准上海引进营业性外资金融机构，接着开放了大连、天津、青岛等7个沿海城市及大批沿江沿海城市。同时，近年来全国资金交易中心、外汇交易中心、黄金交易中心、国债期货交易中心、中国建设银行和中国工商银行等资金清算中心都先后落户上海，且上海证券交易所、深圳证券交易所，上海作为国内金融中心、我国经济金融对外交流的中心地位已经奠定。虽然从1994年开始，国家对中西部地区也放宽了政策，许多外资金融机构纷纷落户城都、西安等城市，但相对于东部地区而言，中西部地区的发展还远远不够，要想建立像上海这样的区域金融中心还需要很长的时间，这加剧了地区间的金融发展差距。

#### 3.税收政策改革的影响

随着中国税收体制的改革，区域性税收政策对区域资金配置产生了巨大的影响，直接决定了资金在各地区间的分配，还间接影响消费水平和投资环境。首先改革开放初期，在对这些地区给予税收上的优惠政策，这无疑提高了东部集聚资金的能力，加剧资金的东移。同时在统一的税收政策上由于地区经济成分的不同，也产生了隐性的不公平，改革开放以来，国家对乡镇企业、私营经济及外资企业给予了优惠政策，东部地区私营经济法发展迅速，利用外资较多，且东部江浙一带是中国民营经济的摇篮，充分享受了政策的优惠条件，这也是造成东中西差距的重要原因。

### （四）政府行为因素

随着我国经济体制的变革和对外开放的不断扩大，政府在经济金融发展中的主导地位开始下降，但是我国仍处于计划经济向市场经济转化的转型期，地区金融发展差异的形成依然带有许多政府主导的色彩和烙印。

#### 1. 中央政府行为

（1）统一的宏观调控政策对区域金融的影响。东部地区具有相对高效的金融组织体统和发达的金融市场，对宏观调控有较强的承受和消化能力。"一刀切"的统一金融调控政策尽管表面看似平等，但政策效应却迥然不同，不但不利于缩小这种地区间的差异，反而使差异的"马太效应"更加明显。

（2）利率政策对区域金融的影响。目前我国利率还未完全市场化，中央政府制定基本的利率基础，各地区在此基础上在很小的范围内浮动。东部地区资金的收益率远高于欠发达的中西部地区，相同的资金成本在东部地区获取的利率高于中西部地区，这使得中西部商业银行将本已不充裕的资金拆解到东部地区，从而减少了本地资金的可利用量。

（3）金融机构市场准入制度的影响。我国目前对设立商业银行实行统一的标准，对经济实力强大的东部地区不算高的门槛，而对经济欠发达的中西部却是很高。这使得四大国有银行分支机构的设置密度呈现明显的东高西低；同时证券公司、保险公司及期货公司、担保公司等非银行金融机构的进入门槛也出现同样的问题，东部地区金融机构的数量和种类都远高于中西部地区，融资渠道多元化，这进一步拉大了东中西地区的经济金融发展。

（4）股票筹资政策对区域金融发展的影响。我国两个证券交易所设在深圳和上海，以上海、广东为代表的东部地区在资本市场的资源争夺中占据优势，中西部地区企业通过直接融资获得金融资源很少。金融发展具有明显的集聚效应，大量的金融资源和金融机构在这里集中，进一步促进了我国区域金融差距的扩大。

#### 2. 地方政府行为

在我国经济体制改革之前，地方政府没有控制金融机构的冲动。因为在计划经济体制下，强财政弱金融，中国的金融资源完全处于行政平衡状态。但随着国民经济的发展和经济成分的变化，国民收入分配格局发生了变化，经济资源"集才于国"逐步转向"藏富于民"，国家为支付改革成本和推动经济发展，就必须改变原来以国家财政为主的资源控制方式，以国家控制并占垄断地位的国有银行体制代替，这样，国有银行在体制改革中获得了大量的资金禀赋，对地方政府而言，控制了国有银行就等于控制了资金，控制了资金就意味着就业就好增多，地方经济的快速发展。于是，具有利益偏好的地方政府利用其政治影响力和经济控制力向金融部门争取金融资源，而争夺资源最直接的办法就是控制当地金融机构，多一个金融机构就等于多了一条"讨价还价"争取资金的渠道。东部地区发达省份地方政府与中央政府讨价还价的能力远比中西部地区要强，他们通过组建各类信托投资公司、兴办农村信用社等多种方式聚集资金。而中西部地区地方政府由于处于相对弱势地位，使得在体制转轨阶段的资源竞争中落后东部地区，这也直接导致了东中西金融发展差距的扩大。

### （五）微观经济主体因素

我国不同区域的微观经济主体具有不同的风险意识、创新精神和"逐利"意识，而这正是金融努力程度的具体表现，也是金融内生发展必不可少的因素，这种努力程度的差异又被学者称为"金融人格"差异。完善的金融人格在发达国家已成为金融发展的默认的前提，而我国，由于体制、历史上等诸多因素的限制，独立的金融人格还未形成，这在一定程度上抑制了金融创新的产生和金融的内生成长，"金融工具和金融机构方面的技术和管理经验的传播比较容易实现，而各类金融工具和机构的重要地位却无法模仿"，因此，缺乏独立健全的金融人格，无论从外部引入多少创新形式，都不能实现金融的内生成长。内生、质性成长是金融持续成长的最优状态，而这种质性成长的维持需要金融创新的不断涌现，微观金融主体的素质将决定金融发展中应变能力和适应能力，是金融创新的源泉。因此金融人格的不同将直接导致地区间金融发展的差异。

我国的东部地区现代工业兴起比较早，早在明清时期商品经济就有了发展，而此时中西部地区的人们还沉浸在封建甚至奴隶社会的生产方式中，加之东部沿海地区与海外贸易的影响，这个地区的人们潜意识里具有较强的商品意识、市场意识和开放意识，早就具有了独立金融人格的雏形，特别是浙江和福建一带，民营经济飞速发展，为适应市场需求各种新型金融服务不断出现，微观经济主体的冒险精神、创新精神十足，金融努力程度高。同时东部地区中高收入人群占比高，对银行产品的需求富有弹性，除了传统的存贷款业务外，他们对于新型金融工具也很勇于尝试，例如网上银行、双币卡、个人支票等都能在东部地区得到推广普及。而中西部地区金融发展早期就落后，例如四川的"盆地意识"，陕西人固守的"八百里秦川"等传统意识，及西部地区的宗教信仰等弱化了经济金融发展的人文动力，创业冲动微弱，易于满足，风险承受能力弱，不能抵御较大的困难和挫折，这对金融创新及金融的长足发展极为不利。同时居民资产的多元化程度低，利用金融机构和金融市场的方式单一，存款、取款、个人汇兑几乎是他们主要的金融需求，对一些新兴的金融产品排斥意识强烈，因此中西部金融机构大都坚持"保险"经营，不善于不善于大胆创新、追求高利润，独立的金融人格的缺乏，导致中西部地区自发型金融创新能力和学习型金融创新能力差，进而金融持续发展动力不足，落后于东部地区的发展。

# 第三节 银行资金出资率低下、呆账准备金较低

近年来，我国商业银行不良贷款现象持续增长，金融机构为缓解和制止不良贷款的高速增长，通过扩大信贷投放稀释不良贷款，积极回收有利贷款来降低不良贷款的比率。因此，由不良贷款引发的金融风险仍然存在，银行的资金出资率不足，呆账准备金也较低，大部分银行性质的金融机构都没有相应的贷款损失承担能力，特别是银行的备用金不足用于银

行资产扩张时，就会造成其经营脆弱。

# 一、银行资本充足率情况分析

## （一）商业银行资本情况的常识

1. 商业银行资本情况的整体演变

商业银行的资本约束在巴塞尔各版本协议中有整体体现，当然也是在不断演进中。

（1）商业银行资本是为高级债权人和存款人提供风险缓释

这里可以将资本简单理解为银行的自有资金以及企业通过经营不断累积的利润留存，商业银行的资本金则往往由监管当局颁布的会计准则及其配套政策进行规范，它是企业价值的一种反映，具有风险和损失缓释的功能，即为高级债权人和存款人提供保护。也就是说，只要受偿顺序在包括存款在内的高级债权之后都可以视为合格的资本工具，包括次级债、一级资本债、优先股和普通股等等。

（2）2010 年《巴塞尔协议 III》重新明确合格资本工具的层次

和其它行业相比，商业银行天然是过度负债、高杠杆经营的实体，在巴塞尔委员会出现以前，杠杆率是商业银行的重要关注指标，即所谓资本资产比率。在巴塞尔银行监管体系建立之后，资本充足率取代杠杆率成为重要的关注指标，8% 或 11.5% 成为普遍的标准。1988 年的《巴塞尔协议 I》和 2006 年的《巴塞尔协议 II》将合格资本工具分为一级资本、二级资本和三级资本等三类。

2008 年金融危机之后，上述分类方法的弊端开始显现，因为在出现危机时它们吸收损失的能力却非常有限。2010 年的《巴塞尔协议 III》重新规定了资本工具的层次，即将银行资本分为一级资本（亦称持续经营资本）和二级资本（亦称破产清算资本），一级资本包括核心一级资本和其他一级资本，是为了降低银行破产概率。二级资本主要是指期限不短于 5 年的长期次级债，是为了降低政府救助的成本。取消了专门吸收市场风险的三级资本。

2. 监管与市场导向：资本质量（结构）与数量同等重要

资本质量具体体现为资本结构，《巴塞尔协议 III》大幅提高了资本质量的监管，特别是在资本结构方面，这主要是因为。

（1）债权资本工具占比如果过高虽然能够降低融资成本，提高资本充足率水平，但其实际清偿能力却非常有限，丧失了吸收损失的核心功能，这是传统非普通股资本工具的不足。

（2）同时，债权资本工具并非完全计入合格资本，它受限于核心一级资本的情况，当核心一级资本被用来核销损失时，计入合格资本的债权资本工具数量就会下降，导致资本充足率更快下降，放大对实体经济的不利影响。

（3）此外，理论上一级资本占比越高越好，吸收损失的功能越强，但这会无形增加商业银行的运营成本，没有很好发挥经营杠杆的作用，同时也会限制商业银行的现金流，反过来对实体经济造成不利影响。

3. 资本工具创新需要考虑的因素

债权资本工具和普通股资本工具之间应有一个比较合理的比例关系，不宜过高，也不应过低，这是制定资本结构需要重点考虑的。但是，除此之外，我们还要进行风险收益的衡量以及监管的硬性要求。

（1）非普通股一级资本（即其他一级资本）必须是非累计性的、无固定期限（没有到期日）、没有利率跳升机制及其他赎回激励、收益不应具有信用敏感性特征（即不与发行银行的评级挂钩）等特征，特别是当核心一级资本充足率降至5.125%或其它触发点以下，必须强制转股以补充核心一级资本。

（2）二级资本不允许设定利率跳升条款、收益不应具有信用敏感性特征（即不与发行银行的评级挂钩）、必须含有减记或转股的条款等等。即在触发减记或转股的标准和条件( 如在紧急情况下自动减记或强制转股等)，这些某种程度上不仅会带来市场估值的干扰，还会面临法律上的困扰。

（3）事实上，如果没有融资成本优势和市场优势，商业银行往往没有进行发行非普通股资本工具的动力，因此商业银行进行资本工具创新时不仅需要考虑到资本结构的关系，还需要在风险与收益之间进行衡量。

（4）目前资本工具创新有诸多政策上的约束，虽然监管部门正作出改进努力，特别是在其他一级资本工具方面。

4.商业银行业务发展怎么消耗资本

由于商业银行在发展各项业务时一般均需要计提风险资产，并进一步影响到资本充足率的数值，这是逻辑基础。那么商业银行业务发展消耗资本主要依赖于以下计算公式，即

资本充足率 = 资本净额 / 加权风险资产净额，（核心）– 级资本充足率 = （核心）– 级资本净额 / 加权风险资产净额

具体内容如下：

（1）从具体的计提规定来看，商业银行表外项目也需要计提风险加权资产，只不过需要借助信用转换系数。

（2）商业银行持有中央政府、央行、政策性银行债权的风险权重为0，持有中央政府投资的 AMC 为收购国有银行不良贷款而定向发行的债券风险权重为0。此外，以风险权重为0的金融资产作为质押的债权风险权重也为0。

（3）商业银行对公共部门实体（省级及计划单列市政府、收入源于中央财政的公共部门等）、对其它商业银行原始期限三个月以内（含）的债权风险权重为20%，不包括公共部门实体投资的工商企业债权。

这个和前段时间地方债投资风险权重相对应，风险权重由 20% 降至 0。

（4）商业银行对我国其它商业银行一般债权的风险权重为25%、次级债权为100%。

（5）商业银行对一般企业债权的风险权重为100%，对符合条件的小微企业债权风险权重为75%，对工商银行股权投资的风险权重为400%（被动持有或因政策性原因持有）和1250%（其它）。

（6）商业银行个人住房抵押贷款风险权重为50%（追加贷款为150%）、对个人其它

债权的风险权重为 75%。

可以看出，政策层面是比较鼓励对中央政府、公共部门实体和央行的债权投资，比较鼓励零售业务的发展，比较鼓励政策导向性的领域（如小微等等）。

### （二）商业银行资本工具发行历史及相关政策演变

从 2003 年中国银监会成立之日期，关于商业银行资本工具的相关政策便一直成为监管部门和市场的关注重点，而在 2003~2013 年长达十年时间里，政策的重点则主要集中于二级资本层面，2013~2018 年则聚焦于优先股，2018 年之后则更加强调优先股、永续债等其它一级资本工具的相关制度创新层面。事实上经过统计，会发现 2003 年以来，关于商业银行资本工具方面的政策文件多达 19 个（这里缺少银监发〔2003〕25 号），可以说这一政策脉落虽然略显冗杂，但仍然具有一定的条理性。

（1）2003~2013 年（重在二级资本工具层面的政策制定与创新）

在中国银监会成立后的长达十年时间里，关于商业银行资本工具的相关政策主要聚焦于二级资本工具，具体如下。

例如，2003 年银监会发布《关于将次级定期债务计入附属资本的通知》，明确将次级定期债务计入附属资本；2004 年银监会发布《商业银行次级债券发行管理办法》规定商业银行次级债券可以计入附属资本（二级资本）；2006 年央行发布第 11 号公告，明确商业发行混合资本债券的发行条件和方式，并计入附属资本（二级资本）；2012 年中国银监会发布《关于商业银行资本工具创新的指导意见》，明确只有附加条件的次级债（二级资本债）才能计入银行附属资本，普通次级债只能计入负债，二级资本债正式取代次级债。2013 年银监会发布《商业银行资本管理办法（试行）》，明确只有附加条件的次级债（二级资本债）才能计入银行附属资本，普通次级债只能计入负债。

从逻辑上来看，通过补充二级资本工具来满足资本监管的要求，并进一步发展相关业务，从而反过来达到内生增长的目的，并顺带提升一级或核心一级资本是目前多数银行的思路，因此通常情况下我们看到二级资本的变动往往是大于一级资本的，即通过外源式补充来间接达到内生增长的目的。但是，现在来看，这种路径已越来越困难，很多银行的（核心）一级资本占比明显过低，很难支撑商业银行未来业务的高质量发展。

目前我国上市银行的资本结构中，二级资本占比已经超过 20%，逼近 25%，较过去上升幅度较为明显。回溯历史来看，应该说政策层面在其中起到不小的推动作用。

（2）2013~2017 年（开始通过优先股相关政策的放开，来关注商业银行其它一级资本工具的补充）

相较于二级资本工具的比例越来越高，一级资本特别是核心一级资本的占比却越来越低，目前上市银行中有 10 家银行的一级资本净额占比低于 75%，15 家上市银行的核心一级资本净额占比低于 70%。并且从趋势上来看，核心一级资本的占比还在继续下降，未来商业银行的业务发展以及回表的压力需要更为广泛地补充一级资本。于是二级资本的迫切性显得没那么重要。于是在二级资本工具之外，关于其它一级资本工具的补充成为政策的关注重点。

　　2013年《国务院关于开展优先股试点的指导意见》以及2014年中国证监会的《优先股试点管理办法》和《关于商业银行发行优先股补充一级资本的指导意见》《全国中小企业股份转让系统优先股业务指引（试行）》等政策文件相继明确，境内外上市银行可以通过发行优先股来补充一级资本，而境内非上市银行则可以通过先在新三板挂牌转让成为非上市公众公司后发行优先股，我国商业银行发行优先股的大门才得以被打开，可以说2014年是我国商业银行的优先股元年。

　　（3）2018年至今（通过创新优先股及永续债相关政策，进一步提升商业银行其它一级资本工具的补充能力）

　　时间进入2018年之后，经济下行压力进一步加大，内外环境复杂多变，诸多政策导向以及未来发展需求均要求商业银行既要通过大力核销不良贷款来腾挪信贷投放空间、降低实体经济压力，亦要通过补充资本来支撑信贷向实体经济投放的能力，这种情况商业银行资本特别是一级资本的补充显得尤为重要。

　　2018年初国务院金融稳定委、银监会等相继放开我国商业银行发行无固定期限资本债券的限制，央行甚至推出CBS等工具来给予配合，但无固定期限资本债券的发行条件相对比较严格，发行主体目前来看仅限于全国性银行，中小银行的资本困境仍然没有解决。在对中小银行定向降准也无法解决其信贷投放能力不足、动力不强的问题后，2019年开始放开非上市银行（主要为中小银行）的优先股发行条件，也即满足条件的非上市银行无须在新三板挂牌即可发行优先股，这意味着目前我国商业银行发行优先股的政策基本已被全部放开，已经形成全国性银行发行优先股、无固定期限债券来补充其它一级资本以及非上市银行发行优先股来补充其它一级资本的并行局面，虽然非上市银行的资本补充渠道仍无法和全国性银行相比，但是差距已在缩小。

### （三）商业银行资本工具具体情况分析

　　1. 主要资本具体分类情况

　　我们按照受偿顺序从前到后依次列出二级资本、其他一级资本和核心一级资本的整体情况。"巴塞尔协议III"明确，若银行达到无法自主生存点（一般是规定核心一级资本充足率低于5.125%、国内和国际在之方面的标准一致）时，其他一级资本工具和二级资本工具必须转为普通股或减记（即不需要支付利息和本金、按照股本来付息）来吸收损失。其中，二级资本亦称附属资本。

　　也就是说，不同资本类型由于各条款规定不一样，吸收损失的能力也有所差异，通常情况下核心一级资本的吸收损失能力最强，这里的触发点通常以核心一级资本充足率降至某一具体数值为准。

　　2. 其他一级资本工具"股性"与"债性"的探讨

　　一级资本工具同时兼有"债性"和"股性"。其股性是在具体的条款中体现的，如果股性强于债性，则意味着收益补偿更高、风险更高、收益也会更高；如果债性强于股性，则意味着收益补偿性更好、风险更低、收益和普通债券相差无几。

　　（1）如果偿付顺序越靠后或到期日越长、越接近普通股，则意味着"股性"越强。

（2）如果利息支付递延时间越长，且对利息支付的特定情景要求越少，则意味着"股性"越强。特别是强制递延利息支付条款的存在将会明显提升"股性"。

当然一般在利息递延支付期间会限制公司进行股息支付、股票回购、减少注册资本等行为。而有时发行人也会通过额外发行普通股/混合型证券等来恢复偿付能力，这种额外发行的机制会降低"股性"。

（3）发行人行使赎回权或投资者行使回售权的可能性越低，则意味着"股性"越强。发行人一般都会选择在第一个循环期末赎回，以避免票面利率大幅上升带来的损失。

（4）票面利率或股息率调整的幅度越小，则"股性"越强。一般发行人须在某个条款时点（一般是每隔 3 年或 5 年）一次调整永续债的票面利率，即利率跳升/利率重设机制。

（5）如果是和可转债一样按照市价进行转普通股，则对"股性"无影响。但如果按照事先约定的价格进行转股，则意味着"股性"会越强。

3. 关于优先股的一些说明

之前我们对永续债进行了专题分析，这里主要讨论优先股。具体有以下几个要点。

（1）从具体定义来看，优先股在普通股之外的其他种类股份，其股份持有人相较于普通股股东有优先分配利润的权利，但参与公司的决策管理等权利会受到限制。

（2）在银行的权益会计科目上，优先股一般会被计入"其他权益工具"，被作为其他一级资本工具看待。

（3）现阶段国内商业银行发行优先股的市场主要有三个：境内交易所市场发行、境外市场发行以及新三板挂牌发行，其中境外发行的优先股亦被称为 AT1 债券，从这个角度来看境外发行的优先股基本上和永续债等价。

4. 不同资本工具对比

《巴塞尔协议 III》将一级资本分为核心一级资本和其他一级资本，核心一级资本主要指普通股股本和利润留存等，也就是我们通常所说的权益资本等。这里我们主要讨论其他一级资本，具体是指商业银行发行的、无固定到期日、受偿顺序在普通股之前、二级资本工具之后的在达到一定触发条件下具有本金吸收损失能力的可计入其他一级资本的混合型资本工具。具体可分为减记型（全额或部分）和转股型（全额或部分）两种产品，实践中以优先股和永续债为主。这里的触发条件是核心一级资本充足率降至 5.125% 以下，国内和国际的标准是一样的。对我国而言，目前其他一级资本工具主要是优先股。

5. 上市银行、非上市公众银与非上市非公众银行的区别

由于从监管的导向来看，我国商业银行银行基本上分为三类，即上市银行、非上市公众银行（股东人数超过 200）、非上市非公众银行（股东人数低于 200）。目前来看除一般内生积累外，我国商业银行的资本补充方式主要分为以下三种情况。

（1）上市银行补充资本的方式主要有定向增发、配股以及可转债（补充核心一级资本）；优先股和无固定期限资本债券（补充其它一级资本）；混合资本债券（补充二级资本）。

（2）非上市公众银行增资扩股（补充核心一级资本）；优先股和无固定期限资本债券（补充其它一级资本）；混合资本债（补充二级资本）。这里面的非上市公众银行（除广发银行、恒丰银行和渤海银行）发行无固定期限资本债券的可能性较低。

（3）非上市非公众银行增资扩股（补充核心一级资本）；无固定期限资本债券（补充其它一级资本）；混合资本债（补充二级资本）。其中非上市非公众银行发行无固定期限资本债券的可能性同样较低，一级资本的补充仍然是当前困境。

### （四）商业银行资本监管要求

1. 我国商业银行的资本监管约束

2012 年我国根据《巴塞尔协议 III》，发布了《商业银行资本管理办法（试行）》，明确了：

（1）核心一级资本包括实收资本（普通股）、资本公积、盈余公积、一般风险准备、未分配利润和少数股东资本可计入部分，且应当扣除商誉、其它无形资产（土地使用权除外）、由经营亏损引起的净递延税资产和贷款损失准备缺口。

（2）其它一级资本包括其他一级资本工具及其溢价和少数股东资本可计入部分。

（3）二级资本包括二级资本工具及其溢价和超额贷款损失准备。其中，超额贷款损失准备计入二级资本的比例不得超过信用风险加权资产的 1.25%（权重法）或 0.6%（内部评级法）。

（4）核心一级资本充足率、一级资本充足率和资本充足率的最低标准分别为 5%、6% 和 8%，其中储备资本由核心一级资本满足（2.5%）、逆周期资本由核心一级资本满足（0~2.5%）。因此核心一级资本充足率、一级资本充足率和资本充足率的实际最低标准应分别为 7.5%、8.5% 和 10.5%。

2. 永续债：4 家银行发行完毕、多家银行排队，发行规模预计达到 5000 亿元左右，票面利率在 4.50~4.85% 之间

目前共有中国银行、民生银行、华夏银行与浦发银行等四家银行的无固定期限资本债券发行完毕，发行规模合计达到 1500 亿元，票面利率在 4.50%-4.85% 之间，整体上看要明显低于优先股股息率。此外，除已发行完毕的四家银行外，尚有交通银行（已获银保监会核准）、工商银行、农业银行、光大银行、中信银行、平安银行、招商银行等在相继排除，预计发行规模合计将达到 5000 亿元左右。

3. 优先股：27 家银行境内外共发行 46 只优先股，另有 8 只处于拟发行状态，发行规模近万亿、股息率在 4~6% 之间

（1）自 2014 年以来，国内共有 27 家中资银行合计发行 46 只优先股，此外尚有 8 只优先股处于拟发行状态，不过哈尔滨银行的境外优先发行计划虽然获得银监会批准，但还未得到证监会的核准。其中，这 27 家银行包括国有 6 大行、9 家股份行、11 家城商行和 1 家农商行。

（2）全部已发行或拟发行的优先股规模合计达到 1 万亿人民币左右，具体包括 7634 亿元人民币优先股、322.23 亿美元优先股以及 5 亿欧元优先股。

（3）46 只优先股中包括 30 只境内优先股和 16 只境外优先股。

（4）由于优先股均采用固定股息率，从目前的实践情况来看，股息率的区间在 3.80%~6.75%，其中交通银行、中信银行、光大银行和南京银行的 4 只优先股股息率在 4% 以下，而除中国银行 2014 年的 1 只境外优先股股息率高达 6.75% 外，其余优先股均在 6%

以下，4-6%的区间是常态区间，特别是城商行的优先股股息率约在5.50%附近。

## 二、我国商业银行资本充足率低下的原因

资本充足率对保证商业银行安全，高利润运行起着关键的作用。银行持有充足的资本为银行的正常经营以及持续增长提供了资金来源。在安全方面，银行资本构筑了最后一道防线，当发生无法预料或意外的损失时，充足的银行的资本可以用来吸收意外损失，从而保护存款人和其他债权人的资金免受吞噬。因此，找出我国商业银行资本充足率低下的原因，对提高我国商业银行的资本充足率有重大意义。

### （一）收入结构不合理，盈利能力低

我国商业银行盈利能力不足与商业银行的收入结构有很大关系。目前我国商业银行以利息收入为主，占总营业收入的70%左右，而需要风险资产最少的中间业务占比却微不足道。

这与国外先进银行形成鲜明对比。一般来说，西方银行非利息收入占总收入的比重已达40%~50%，有的甚至超过70%，其中中间业务收入占到20%~40%。收入结构的落后导致我国商业银行一谈到利润，就是要放贷款；零售业务发展严重不足，创新型金融业务产品极少，金融企业之间同质化竞争加剧；以利润为中心的考核目标事实上变成贷款规模为中心，这也是导致风险资产过度增长的一个主要原因。

其次，盈利能力低也是导致资本充足率低下的原因。一方面，盈利能力不强，总资产收益率较低，致使资本自身积累不足。面对规模的快速扩张，上市银行近几年不断再融资，力图增加资本。但在这种外延式增长方式下，盈利能力却没能相应增强，利润留存跟不上经营规模的扩张速度，资产收益率反而降低，从而使得通过利润留存来增加资本积累的内涵式融资渠道难以奏效。

另一方面，从盈利来源看，我国银行业的主要盈利来自于利息收入，非利息收入在总收入中占比很低。而在欧美发达国家，商业银行非信贷业务收入占全部收益的40%以上，中间业务是银行重要的收入来源。过度依赖利息收入的单一收入结构，使得银行利润来源单调，经营风险无法分散，造成风险资产急速增加、资本充足率降低的后果。现阶段，这种盈利模式已经面临很大挑战。随着利率化场化进程的推进，银行业存贷款利差的缩小是必然趋势，因此中间业务是具有潜力的业务模式。目前，上市银行开展的中间业务产品依然未摆脱种类少、收入占比低、盈利能力较差的状况。招商银行近年来由于中间业务的市场定位明确，产品创新能力强，在中间业务规模与效益上领先于同行。

### （二）风险控制体系不完善

长期以来，我国商业银行业风险管理的重点集中在信用风险领域，市场风险和操作风险管理体系很不完善。但是，按照新资本协议的要求，信用风险、市场风险和操作风险是银行应关注的核心。这种全面风险管理的思想要求为各种业务配置更多的资本，并将三大风险整合于最低资本要求这一监管要求下。

并且我国商业银行风险控制同国外商业银行相比，存在明显的不足，这表现在。

（1）我国商业银行对银行风险的认识不充分。第一是银行过分看重规模，而对资产质量认识不充分。其次，是对现代银行的长短期的经营目标认识不足，缺乏银行发展的长远规划。再次，是我国商业银行对资本覆盖的风险不充分。

（2）我国商业银行风险管理在体制上存在制约。首先表现为，商业银行法人治理结构不健全，普遍没有设立风险管理委员会。不能对金融风险实现有效的控制。其次．我国银行都是以分行为核算主体的横向管理体制。这种横向的管理体制不利于董事会的控制。

（3）我国商业银行风险管理手段上比较落后。首先是风险管理专业化程度不同．对于市场风险由于缺少科学的定价信用．难以实现市场风险和信用风险分离．难以实行独立的专险管理。其次，我国商业银行风险量化的技术比较落后。我国银行对于客户的信用评级还比较初级，没有真正建立起科学的信用评级体系。最后，商业银行信用评级是根据诸多因素得出的综合评分，资本充足率是其中一个因素。西方学者关于信用评级与资本充足率关系研究得出的结论是：较高的资本比率并不保证必然有一个良好的信用等级，但较低的资本比率往往会与较低的信用等级相对应。由于资本市场不完善、信息披露不充分、信息不对称、国内信用机构尚不成熟等原因，信用评级对我国商业银行的约束并不显著，特别是那些不需要到国外资本市场募集资金的银行。因此通过信用评级促使商业银行提高资本充足率的机制还没有建立。

### （三）资本结构不合理

银行的资本分为核心资本和附属资本，附属资本的扩充同样可以提高资本充足率。当今许多国际大银行通过多渠道融资，持有了相当数量的附属资本，这在提升其资本充足率方面起到了不可忽视的作用。而与他们相比，我国商业银行资本金的一个突出问题就是资本构成极为单一、过于集中在信贷资产上，附属资本的比重过低，这直接影响了其资本充足比率的大小。我国的金融体制是一种高度依赖银行间接融资的体制，全社会对资金的需求旺盛，使得银行信贷资产非常容易扩张。商业银行长期忽视资本约束，过度扩张信贷资产规模，缺乏自身造血功能和风险控制机制，从而陷入一种恶性循环：资本不足→贷款规模受限→增加资本→扩大贷款规模→资本再次不足，银行的经营和发展始终处于资本短缺的窘境。因此在具体实践中，可以通过内部积累、国家注资、发行债券、上市融资等一系列途径来提高，这些方式将随着实践的深入而不断发展。

### （四）不良贷款侵蚀银行资本

在风险资产中，不良贷款是具有重大影响的一项，不良资产严重侵蚀银行资本，直接形成对银行资本的消耗，因此各银行均努力降低不良贷款率。近年来，我国商业银行的不良贷款率整体上呈下降趋势，特别自 1999 年 6 月 10 日降低存贷款利率后，我国的一年期存贷款利率差扩大为 3.60%，随后 2002 年 2 月 21 日利率调整后存贷款利率差也达到 3.33%，处于近 10 年来较大的时期。利率差的扩大使商业银行的利润增加，促使商业银行通过扩大贷款基数来追求利润最大化。同时，近几年我国房地产市场迅猛发展，由于个人房贷期限长，不良贷款率低，各商业银行为了抢占房贷市场，纷纷加大营销力度，使房地产贷款倍增。进一步增加了银行扩大风险资产的冲动，不利于资本充足率的提高。

而且上市银行的不良贷款率明显低于非上市银行。世界大银行的不良贷款率一般保持在 3% 以下。2017 年 6 月底，除深圳发展银行、工商银行和建设银行外，其他上市银行的这一指标都在 3% 以下。但在看到不良贷款出现"双降"的同时，应看到不良贷款的规模还比较大，一些银行某些季度还出现不良贷款反弹现象。各行应当进一步控制和降低不良贷款率与不良贷款总额，提高资本充足水平。

### （五）税收负担过重影响商业银行利润水平

自身积累是商业银行提高资本金的一个有效途径，虽然随着商业银行的发展，外部积累日益成为主导，但我国商业银行目前的发展水平较低，外部融资的渠道较少，因此，要想提高商业银行的资本金，内部积累的地位也很重要。从税收对银行资本充足率的影响机制来看，主要是通过税收对银行内源资本的影响实现的。税收负担的轻重会影响银行税后净利润，进而影响到银行所提取的盈余公积和未分配利润的大小，这两项属于银行核心资本项目，其增加速度和规模直接关系到银行核心资本的比率。因而，税收负担会影响到银行自身资本积累的能力。降低银行税负在一定程度上有利于银行资本充足率的提高，这种影响可从两个角度分析，对于有盈利的银行，通过减轻税负、增加利润留存的方式可以补充资本金；对于亏损的银行，减轻税负可以减少亏损对资本金侵蚀的程度，减轻增补资本金的压力。

然而，经过几次金融税制调整后，我国商业银行目前执行的是企业所得税率33%，营业税率5%，与国外发达国家相比，所得税率差别不大，主要差别体现在营业税上。西方发达国家普遍免征营业税，只有德国开征营业税。但德国银行营业税税基是以利润为基数，税率5%；而我国则是以利息收入为税基，税收基数大。显然我国银行业税负大大高于西方国家银行业。税收负担过重是影响商业银行效益，进而影响其资本充足率的一个重要原因。

### （六）资本补充渠困难

商业银行有两种途径增加资本量：内源资本策略和外源资本策略。

（1）内源资本策略，即通过累积利润转增资本，税后利润补充资本公积金和盈余公积金以提高核心资本，提取一般拨备提高附属资本。但是现在上市银行的利润率普遍不高，通过累积利润转增在短期内难以实现资本金的迅速补充，而且要协调股东的利益，不能满足上市银行快速发展的要求。

（2）外源资本策略，即通过一定的渠道向社会募集银行资本。对于上市银行而言，外部融资渠道较多，可以增股、配股、发行可转换公司债券和次级债券，还可以在海外上市。从实际情况来看，上市银行在资本市场上的持续融资并不太成功，融资渠道在具体运用中也受到诸多限制。发行次级债券和可转换债券同样受发行条件及比例限制；增股和配股在短期内对股东权益和每股收益有摊薄影响，容易遭到股东特别是流通股东的反对；海外上市由于国内市场很多方面不能和国际市场接轨，面临一系列现实问题，如定价问题。因此，上市银行仍存在着较大的资本缺口和融资需求。

# 第五章　现代金融经济风险的防控措施

## 第一节　继续全面深化金融改革

不断完善金融市场调控方式，加大宏观调控对金融市场的影响，建立健全市场运作机制，合理调整信贷结构与金融机构。具体要从以下两方面进行。

### 一、运用货币政策的主要措施

全面提高货币决策能力，增加透明度，实现货币决策民主化。有效科学把握金融宏观调控，进一步发挥货币工具的创新作用，对货币政策的传导机制进行修改完善。央行要始终坚持稳步推进货币政策，使货币能够有效防治通货膨胀，起到规避风险的作用。

**（一）是继续落实好适度宽松的货币政策，保持货币信贷合理充裕**

增强政策的针对性和灵活性，综合运用多种货币政策工具，合理安排货币政策工具组合、期限结构和操作力度，加强流动性管理，保持银行体系流动性合理充裕，加强对金融机构的窗口指导，促进货币信贷合理增长。引导金融机构根据实体经济的信贷需求，切实把握好信贷投放节奏，尽量使贷款保持均衡，防止季度之间、月底之间异常波动。加强政策引导和监督，着力优化信贷结构。落实有保有控的信贷政策，使贷款真正用于实体经济，用到国民经济最重要、最关键的地方。引导金融机构加强对"三农"、就业、战略性新兴产业、产业转移等的信贷支持；支持重点产业调整振兴，严格控制对高耗能、高排放行业和产能过剩行业的贷款，着力提高信贷质量和效益；完善消费信贷政策，大力发展消费信贷；在全国范围全面推进农村金融产品和服务方式创新，做好金融支持集体林权制度改革与林业发展工作；全面落实支持小企业发展的金融政策，有效缓解中小企业融资难问题。引导信贷资金主要用于在建、续建项目，严格控制新开工项目的贷款投放。强化信贷政策执行情况的检查监督，防范信贷风险。继续按照主动性、可控性和渐进性原则，完善人民币汇率形成机制，保持人民币汇率在合理、均衡水平上的基本稳定。要站在全局的高度，创造性地开展工作，加强各部门之间的沟通联系，搞好货币政策和财政、产业、环保、贸易等政策之间的协调配合，形成工作合力。

**（二）继续深化金融企业改革，不断完善维护金融稳定的体制机制**

促进中国农业银行股份有限公司继续完善公司治理结构与风险控制体系，加快做实"三农"事业部。推动国家开发银行继续完善金融服务组织体系。指导中国进出口银行和中国出口信用保险公司稳步实施改革方案。指导和支持农业发展银行继续深化内部改革，提高经营管理水平。推进重点地区农村信用社深化改革。

### （三）加快金融市场产品创新，推动金融市场健康发展

加快债券市场发展，丰富金融衍生产品。扩大中小企业短期融资券、集合票据发行规模，研究中小企业发行可转换债务融资工具、债券第三方回购业务等。推动企业发行资产支持票据。加快黄金市场产品创新。进一步完善房地产金融体系。继续推动境内金融机构赴中国香港发行人民币债券、境外机构和企业在境内发行人民币债券、外资法人银行在境内发行金融债券。

### （四）深化外汇管理体制改革，促进贸易投资便利化

进一步推进进出口收付汇核销制度改革，简化贸易信贷登记管理。允许企业出口收汇存放境外，便利企业灵活运用外汇资金。扩大中资企业外债试点，统一中外资企业外债管理政策。健全完善全面的外汇债权债务制度。严厉打击地下钱庄、网络炒汇等违法违规行为。完善跨境资金流动以及国际收支统计监测，健全多层次国际收支风险双向监测预警框架。进一步完善适合我国特点的外汇储备经营管理体制机制。逐步实行外汇流入流出的均衡管理，促进国际收支基本平衡。探索为国家"走出去"项目提供外汇资金支持的新模式。

### （五）深入开展国际和港澳台金融交流与合作

深入研究后危机时代国际经济金融格局的变化，主动开展国际交流与合作，推动国际货币体系改革，参与国际金融规则制定，切实维护和争取国家利益。继续参与G20金融峰会、财长和央行行长会议以及中美战略与经济对话等高层机制性战略对话。积极推动基金组织份额和治理结构改革。推进国际货币体系多元化。全面参与金融稳定理事会和巴塞尔银行监管委员会活动。继续加强与非洲开发银行、泛美开发银行等多边机构的合作。加强与外国央行的交流与沟通，在重大政策问题上加强协调与合作。积极推进包括清迈倡议多边化在内的区域货币金融合作。推动开展港澳人民币业务。促进海峡两岸开展实质性金融合作。进一步完善跨境贸易人民币结算试点相关政策。

### （六）扎实推进金融服务现代化，全面提升金融服务与管理

加强金融法制建设，推进依法行政。提高金融统计工作水平，建立全面、协调、敏锐的金融统计体系。推进支付体系建设，完善银行卡业务管理办法，配合公安部门打击银行卡违法犯罪。改善农村支付服务环境。提高金融信息化水平，推进银行卡产业升级，扩大银行IC卡应用和标准化。加强货币金银管理，全面配合公安机关持续打击假币犯罪。继续推进国库改革与创新。扎实开展金融研究，加强理论研究和实证分析。加强征信管理，大力推动征信立法，做好中小企业和农村的征信服务，加快金融统一征信平台建设。提高反洗钱监管水平，加强非金融行业反洗钱研究，配合有关部门严厉打击洗钱犯罪，积极参加反洗钱国际合作。继续推动上海国际交流中心建设。为上海世博会成功举办提供优质金融服务。

## 二、加速推进利率市场化

加速推进利率市场化，灵活应用利率杠杆，通过货币政策来引导市场利率，并且根据市场利率，准确确定金融机构对资产、负债价格利率的调控体系。通过不断深化外汇管理体制改革，建立国际水平的市场机制，为贸易、投资活动提供良好的市场环境。

### （一）增加融资渠道

1.国家财政注资

国家财政注资长期以来是我国国有商业银行赖以生存的根本，也是一直以来我国为稳定金融市场，协助金融企业改造的一贯方针。国家财政注资是一项特殊的政府政策安排，即通过向试点银行注入政府资金，调整大型国有银行资本结构，补充资本金的一种方式。2004年1月6日，经国务院批准正式成立的中央汇金投资有限责任公司，代表政府向中行、建行分别注资225亿美元，用于补充资本金。注资后两行的核心资本充足率分别提高4个百分点以上，可见注资是资本充足率提高的直接途径。国家是中国国有商业银行的股东，在国有商业银行资本充足率达不到监管要求时，国家要履行出资人的职责，直接向国有商业银行注资。因此，国家应在每年的财政预算中安排一定量的资金用于补充国有商业银行的资本金。如果四大国有独资商业银行资本金缺口比较大，如果上市其资本充足率还要再高一些，不可能一次性补足，可以考虑定向发行特别国债的办法，补充某些资本金缺口较大国有银行的资本金。

2.商业银行上市融资

要想在短期内提高资本充足率，自身积累发挥作用的空间很有限。而上市能使其比较方便快捷地补充资本金，建立起稳定的资本补充机制，是提高资本充足率的良好途径。浦东发展银行和民生银行的成功上市就证明了这一点。这两家银行上市后的资本充足率有了大幅度的上升。因此，我国银行业纷纷通过改制上市，符合条件的商业银行，经过股份制改造和一系列法律审批程序后，通过在国内、国外资本市场公开发行，筹措资本，增加核心资本来提高资本充足率。国外商业银行几百年的历史和国内几家股份制商业银行成功的股份制实践证明了，股份制是一种较为理想的产权模式。上市的商业银行可以进入资本市场直接融资，解决资本金不足的问题，还可以通过收购、兼并联合、托管等多种方式实现资本的有效运营，将银行拥有的各种形态的存量不良资产激活为有效资产，从而减轻银行的负担，迅速改善其经营管理。

从全球的范围来看，商业银行在上市公司中占有较高的比例。以摩根士丹利资本（MSCI）世界指数为例，金融股占17%，MSCI欧洲指数中，金融类股比重更高达23%。

商业银行上市的目的不仅仅是补充资本，提高资本充足率，更重要的是通过股份制改造建立起有效的经营机制和内部风险控制体系，健全公司治理组织体系，完善信息披露制及外部治理措施，提高商业银行资源配置效率和竞争力，为可持续发展打下良好的基础。

3.发行长期次级债

发行次级债券程序相对简单、周期短，是一种快捷、可持续的补充资本金的方式。次级债券一般偿付期限较长，以及偿付次序位于银行存款之后，为银行提供宝贵的现金流，可以在一定期限内具有资本的属性，为银行经营提供一种额外的保障。

新协议允许商业银行发行期限在5年以上的无担保的长期次级债券工具增加附属资本。次级债券的主要发行对象是居民个人，且债券期限一般较长，利率较银行存款利率高。长期次级债务工具快捷、灵活，可以迅速为商业银行补充资本，提供一个改善经营状况、调整资产结构的缓冲期。我国银行业资本中核心资本比例偏大，而附属资本明显不足，发行次级债务有很大的可行性空间。当前债券市场流动性充裕，为适应银监会的要求，采取发行次级债来补充资本也就自然成为银行首选。在流动性充裕的债市环境下，发债不仅获得投资者的积极购买，而且可取得较低发债利率，使筹集资金的成本大大降低。

但是次级债券作用受其自身特点的制约，存在局限性。①附属资本的总额不得超过总资本的50%，制约了次级债务的总额；②次级债券不是银行的自有资本，最终仍需偿还，它只能为银行提供一个改善经营状况，调整资产结构的缓冲期，而不能从根本上解决资本充足率不足的问题，当期限不足5年时，长期次级债券作为附属资本计量逐年折扣；③发行次级债券需要承担发行风险和其后偿付风险。

4.引入境内外战略

投资者和民营资本提高资本充足率最好的方法就是在资本市场上筹资。我国已明确将对国有独资商业银行进行股份制改造。通过改制和市场上市引入境内外战略投资者和民营资本募集资本金。吸引境内外资本加入、建立开放的股权结构，是国际上大银行的共同特征。2003年12月，银监会颁布《境外商业银行投资入股中资商业银行管理办法》，将单个境外商业银行向中资商业银行投资入股的最高比例由以前的15%提高到20%，为国有商业银行吸引外资提供了更大空间。当前，非公有制经济已经成为中国经济的重要组成部分，国有商业银行在建立现代银行制度的过程中还要积极探索和尝试吸收民间资本，推动股权结构多元化和资本总额的增加。

民营资本和海外资本，不仅数量巨大，有利于增加股权资本带来更先进的经验和技术，而且强化对银行资本使用的监督和管理。有利于建立权利、责任、利益边界明晰的组织架构和运行规范、管理科学、内控严密、运转高效的经营机制和管理体制，提高风险防范能力和内部控制能力，但是在引入外国战略投资资者的同时，要注重稳定的经济、法律环境的建设，加强金融监管，防止金融危机。

## （三）开展业务创新，提高盈利能力

中间业务与负债业务资产业务共同构成商业银行的三大支柱业务。20世纪50年代以来，中间业务在西方银行业中得到了迅猛发展，由于中间业务具有成本低、收益高风险小的特点，为银行带来了巨大利润。西方银行以中间业务为代表的非利息收入占银行全部收入的比重相当高，一般都占到其全部收入的40%以上，而我国商业银行中间业务收益较低，多的也不过8%，与国外商业银行相比，国内商业银行中间业务的发展空间和前景十分广阔。

表外业务风险相对较低，营利性较高，比较受西方商业银行青睐，而我国商业银行的表外业务还处于起步阶段，发展速度缓慢，业务种类单一，但有着广阔的发展空间。国有商业银行应积极拓展如基金托管、委托、代理、咨询、贷款承诺、贷款出售、各种信用证、跟单信用证、承兑汇票的表外业务，但对衍生金融工具交易要谨慎发展，以规避其高风险。一是优化资产的组合，实现资产结构的多元化。在政策范围内，国有商业银行应逐步改变目前信贷资产占资产绝对主体的格局，扩大债券、拆借等风险系数小的资产比重，缩小信用放款，增加抵押和担保贷款。对现有贷款存量，也应补办抵押手续，努力降低风险系数高的贷款资产，保证资金合理的流动性。目前应该逐步放开银行业务限制，对东银行信贷结构调整，强化信贷质量管理，推动金融创新及全面成本管理，通过留存收益转增资本，不断提高银行自身资本充足水平。

### （四）减少加权风险资产，提高资产质量

银行所持有的风险资产的数量，是影响资本充足率高低的一个重要因素。根据资本充足率的计算公式，减少加权风险资产，提高资产质量是商业银行提高资本充足率的有效内在途径之一。"资产证券化"可有效降低资产风险权重，即银行可以将存量长期信贷资产进行证券化，以实现减少加权风险资产的目的，进而改善其资本充足率的大小。但资产证券化对信用评级和信息披露有着非常严格的要求，除少量优质的商业银行外，一般的商业银行很难达到。

我国商业银行的资本状况由于呆账拨备不足，实际上还比较差，抗风险能力也比较低，积极借鉴国外银行的成功经验，提高自己本身的信贷风险管理水平，进而加强对市场风险、操作风险等的全面风险管理水平，这是商业银行今后必须要做的工作。

目前我国建立了以贷款五级分类为基础的贷款损失准备金制度，要求商业银行定期分析各项贷款的可回收性，预计可能产生的贷款损失，对预计可能产生的贷款损失提取一般准备、专项准备和特种准备三种准备金。一般准备根据全部贷款余额一定比例提取的，用于弥补尚未识别的可能性损失的准备，提取的一般准备作为利润分配处理，并作为所有者权益的一个项目，可计入附属资本，其计提依据是贷款余额，并提取比率仅为贷款余额的1%，这与我国商业银行目前不良资产率是不相称的。

### （五）建立内部风险评控体系

巴塞尔委员会在新协议中允许风险管理水平先进、实力较强的大银行采用基于内部的评级方法来计算违约概率和违约损失率，然后据此确定资本金的数量要求。在我国《商业银行资本充足率管理办法》中，也允许采用内部模型法。内部评级法考虑了每家银行独特的风险环境，并具有更高风险敏感度，因而计算出的资本需求量往往低于标准法，这样银行可以维持更加经济的资本水平。

中国商业银行要从战略高度出发，充分重视内部评级法的建立和实施；同时必须认识到此项工作的艰巨性、复杂性和长期性。应在银行内部成立专业化机构，组织调配各类有效资源，持续和深入开展内部评级体系的研究、设计和开发工作，并对相关的业务流程和决策机制进行必要的改造和完善，使之更加适应现代化风险管理的需要。

实施内部评级法是一项庞大的系统构成，涉及到外部资本监管和银行风险内控的方方面面。我国商业银行在该领域的整体水平较低，缺乏相应的组织管理经验。为此中央监管当局应充分发挥其在金融体系中的权威性和导向性作用，一方面要建立一个专业化的工作

机构，使之发挥带动、引导和示范作用，促进国内外银行在内部评级领域的技术交流；另一方面，要积极发挥国内银行间的整体协作优势，组织并利用各银行现有资源，加快推进内部评级体系的建设和应用。监管当局应鼓励有条件的商业银行加快实施内部评级法，同时允许技术实力较弱的中小银行根据其实际情况，先从标准法做起，或由多家中小银行联合开发一套共同版的风险评级系统（即模型结构和数据库基础一致，但参数有所差别）。这样做不仅可在总体上降低系统开发成本，还能发挥中国银行业的后发优势，争取在短时期内缩短与国际先进银行的技术差距。

## 三、区域金融的协调发展

### （一）实施适度差别的区域金融调控政策

目前我国区域金融的发展不仅存在区域间差异，还存在显著的区域内差异，因此在制定金融发展政策时要考虑地区差异，实施有差别的区域金融发展政策，即在国家基本的金融政策一致的前提下，因地制宜地对不同地区采取有弹性的金融调控政策，消除中西部地区面临的显性或隐性金融政策歧视。

目前货币信贷依然是我国货币传导重要渠道，不同区域在资金实力、货币投放规模及资金产出率等的不同，"一刀切"的统一利率政策，会使资金流向利润率较高的东部地区，加剧东部资金的短缺。因此，对中西部地区系统资金往来利率和期限上施行比东部地区更为宽松的标准，提高吸收存款和扩大贷款的能力，适度扩大西部地区货币供应量，满足中西部地区经济金融发展的资金流动性需求。同时给予中西部地区优惠的存款准备金率、再贴现率等，不同地区金融市场的发育程度及金融工具的多样化水平存在差异，当提高存款准备金率时，欠发达的中西部地区由于金融结构单一、货币市场不发达，在乘数效应的作用下，货币供应量会大幅下降，经济受到严重冲击；再贴现率的调高对中西部地区同样起到很大的货币紧缩效果，经验表明宽松的货币政策对欠发达地区的效用远小于发达地区，而紧缩的货币政策对欠发达地区的收缩效应却高于发达地区，这意味着在制定政策时对东部地区要适当严一点，对西部地区适当放宽松来调节地区间的政策隐性歧视。

### （二）发展区域化的金融机构，优化金融机构布局

我国经济发展的经验表明，经济越发达的地区金融机构的类型、分支及职能越完备，而广大的欠发达地区金融机构类型单一，国有商业银行占据主要地位，而且在 20 世纪 90 年代以后，国有专业银行撤销了大量经营亏损的机构，而这些亏损的机构大部分集中在中西部地区，使得中西部地区的金融发展进一步恶化，政策性银行的支持力度也存在极大不足，地区性股份制商业银行的业务主要停留在发达的东部地区，缺乏服务于本地区的城市商业银行，这种情形下，政府要担当起社会赋予的责任，通过担保等方式提高中西部地区信用水平，降低银行在这些地区的经营风险，建立服务于该地区的新型机构及吸引东部地区及外资金融机构的进入。

1. 设置地区性政策金融机构

国家政策性银行在支持地方经济建设中起到了重要的作用，但随着市场化进程的加快，

政策性银行资金也显示出商业倾向，而且业务领域也比较集中，国家开发银行主要投资于国家重点建设项目，进出口银行主要集中在国家对外贸易、对外交流方面，对于区域发展差异上的照顾却很好，所以可以考虑在政策性银行中设置地区发展部门，设置专门的部门负责中西部地区的金融支持，拨付专门款项用于中西部地区的建设；也有学者呼吁针对特定地区设置专业性的区域政策性金融机构，如在西部成立"西部开发银行"，东北重工业基地筹建"东北发展银行"等来弥补目前政策性银行对区域经济支持不足的现状。这一点日本已有成功的经验可以借鉴，日本针对地区金融的发展，除设有北海道与东北地区开发公库，还针对九州、四国、北陆等不发达地区设置日本开发银行"地方开发局"，对更加边远的冲绳地区设立日本冲绳振兴开发金融公库，这些机构的设立带有明显的政府支持色彩，对落后地区的经济发展及基础设施建设起到了重要作用。

2. 吸引股份制银行落户中西部地区

随着银行业股份制改革的进行，原来的地区性股份制银行朝着全国性发展，业务发展也不再单纯地局限在本地区，例如招商银行、浦发银行、兴业银行等业务不仅在纵向的深度有很大的扩充，在横向上也朝着多地区延伸，出现与四大国有控股银行并驾齐驱的局面。中西部地区可以适时采取一些税收和利率等优惠政策，吸引这些银行在本地区设置分支机构，为本地区提供资金融通，繁荣本地区的发展。

3. 发展城市商业银

自1995年国务院在大中城市组建地方股份制性质的商业银行以来，全国共有100多家城市商业银行相继开业，呈现一种蓬勃发展的势头，它本着"服务地方经济、服务中小企业、服务城市居民"的方针，发挥本土化优势，大力支持地方经济建设，成为地方经济发展不可或缺的力量。具有经营的灵活性、业务审批程序简便性、对中小企业投融资服务的适应性等特征，对于大型银行不屑或不便经营的业务，正好能补足这部分需求，成为欠发达地区经济发展的重要推动力。同时在资金吸纳方面，城市商业银行的资金来源地和投放地基本上在同一地区，可以发挥地缘优势和人文优势，抢占市场。同时金融业本质上就是一个信息行业，在一个竞争性的市场中，各大金融机构都依据自己特有的信息优势生存和发展，而对于服务本地的中小银行而言，对于相关信息的获取更为便捷直接，特别是一些难以量化、检验的"软信息"。中小银行可以根据这些信息贷款风险和收益的平衡关系，并加以适当的管理，来降低贷款的风险。通过支持本地经济建设和生活水平的提高，来获得自身的长足发展。

### （三）完善区域资本市场

我国的资本市场目前主要还是依靠以银行为中介的货币市场，证券市场近年来虽然有了较快发展，但地区发展极不平衡，主要集中在经济较发达的东部地区，而产权市场全国的发展都很缓慢，在市场经济条件下，政府可以适当改变以往的政策方法，均衡发展各大融资市场，适当降低间接融资方式，扩大直接融资市场的规模。

1. 大力发展债券市场

首先扩大企业债券的融资规模，企业债券是以企业信誉为担保发行的，其所凭借的是私人信用，为避免部分风险规避者的不信任，可以引入中介机构，通过抵押，担保，信用等方式，支持发展前景好、盈利能力强、资产负债率低的企业发展企业债券。其次，稳步发展市政债券。市政债券最早源于美国，是政府筹集资金的一种重要形式，但在我国这种债券形式还停留在萌芽状态，虽然近年来一些地方政府为筹集基础设施建设资金，也发行了此类债券，但规模相对较小，可见市政债券还有很大的发展空间，政府可以利用这种方式实现资金的跨区转移，来支持西部建设。

2.进一步扩大股票市场

我国的股票交易所设在东部地区的上海和深圳，对东部地区的发展起到了"虹吸"资金的作用，使得中西部资金通过股票市场东流。为避免这种情况的进一步恶化，可以考虑在中西部地区经济发展相对较快的成都或西安设立证券交易所，既活跃了中西部地区的资金市场，又防止了资金的东流，为中西部重大工程建设和各项配套工程筹集所需资金，缩小地区间金融发展差距。

3.加快建设我国的产权交易市场

通常意义上产权融资的形式包括企业改制、非上市股份有限公司的挂牌流通及其配送股和产权的"托管、转让和流通"等三种形式。

### （四）培育区域性金融中心

区域金融中心是区域金融非均衡发展的结果。金融中心的形成往往需要具备许多条件，例如完善的基础设备、发达的金融体系，健全的金融法律制度和优惠的税收及众多的金融及相关人才，从而形成相对于临近地区更为发达的金融市场和更为便利的金融服务水平，形成金融增长的极点，通过它的集聚效应和扩散效应对带动周边地区的共同发展，例如东部地区的以上海、深圳、杭州、南京等城市为中心的区域金融中心，对拉动东部地区的整体发展起到很大的作用。

区域金融中心的形成通常有三种方式，一种自下而上的模式，一种是自上而下的模式，此外介于二者之间的混合模式。自下而上的模式是指金融中心的形成是来自区域内部，并非外力的作用，是市场自发选择的结果，是由单一的产业集群催生出金融配套企业集群的过程，经济发展较快地区金融中心的形成往往采用这种方式。自上而下的模式是指由国家或地方政府主导，通过人为规划和政策大力支持，引导金融资本流向金融设施相对较好的地区，再通过金融产业上下游的联系，进一步巩固产业集群的规模和深度，从而形成金融中心，这往往适用于经济尚未达到一定水平的地区，政府为支持该地区发展而采取的方式；混合方式介于自然进化模式和政府建设之间，金融资源的集聚一部分来自与经济的发展，一部分来自于政府及相关部门的行政指导，它符合经济快速发展的需要，是当代金融中心形成的常见模式。由于不同国家或地区城市的结构、产业集群特点及周边城市发展的水平等的不同，在金融中心的构建中除遵循一般规律外，还要具有自己独有的特色。

我国的西部地区经济发展缓慢，资金基础薄弱，经济对金融的拉动作用微弱，金融业的发展滞后，金融市场不健全，金融工具单一，金融体系不完善，发展水平远落后于东部地区，对这种地区金融中心的形成宜于采用自上而下的方式，政府作为中间力量发挥其扶持作用，制定区域金融发展政策，完善地区法制法规，改善投资环境，建立城市集群的核心，吸引金融资源向该地区流动，最终发展成为区域性的金融中心。西部大开发战略的实施充分显示了政府对于建设西部地区的重视，西安作为西部地区经济发展的核心城市，中央政府加大扶持的力度，地方政府积极配合，创造良好的经济环境，充分发挥西安区位优势和基础设施优势，把西安打造成为西部地区的金融中心，通过它的辐射带动作用拉动整个西部地区的共同发展。

中部地区经济的发展水平介于东部地区和西部地区之间，金融市场已初具规模，金融体系也处于不断完善中，但金融结构依然沿用传统的布局，金融创新意识还不强烈，完全靠市场自发的力量形成金融集群，还需要较长的一段时间和曲折的路程，此时，政府可以通过适当的政策倾斜，给予地区发展提供便利，积极引导金融机构的利益和行为，另一方面，通过政策弥补市场的缺陷，促进金融体系的健康发展，这样在政府和市场共同力量的促使下，以混合方式形成中部地区的金融中心，建立中部地区金融产业发展集群。

### （五）促进区域金融生态环境建设

要保证区域金融的持续健康发展，金融生态环境的优劣至关重要。因此政府除了对区域的资金政策支持外，还要把支持的重点放在主动地、超前性的改善金融生态环境上，减少金融机构在债权保全、资产处置、不良资产处置等方面的成本。加强生态环境建设可以从以下方面入手。

1.加强信用环境建设

在现代市场经济条件下，信用是金融赖以生存的基础，金融信用也构成了社会信用的重要组成部分，良好的金融信用环境是防范和化解金融风险的必要条件。但我国信用征信系统落后，特别是中西部地区金融信用缺失严重，股票、债券及期货交易市场中，公司欺瞒事实随处可见；政府越权干预银行贷款；失信行为得不到应有的惩罚等等。因此金融体系的信用建设迫在眉睫。政府可以从以下几个方面加强区域金融信用环境建设。

（1）完善社会征信体系。人民银行联合工商、税务、司法等各大部门，通过信息网络技术将数据链接起来，实现信用信息共享。同时支持中介机构加入到征信系统的建设中，以市场化的方式提供完善的金融信用服务，促进经济健康发展，金融业的安全运营。

（2）加大对失信行为的制裁和打击力度。使失信者的成本远大于失信者的收益，从经济利益上遏制失信的动力。

（3）建立良好的政府信用。政府在行使相关职能和干预金融活动中也涉及自身信用问题，它是社会信用体系的重要组成部分，对社会信用体系的建设起到导向和示范作用。

2.加大金融文化环境建设

金融文化是内生与金融发展过程，伴随着金融的发展而前进，是金融业长期繁荣的精神动力，在金融机构管理中起着重要的作用，它有利于规范金融机构从业人员的行为，是一种以感情为基础的非正式控制，能使员工自觉地将个人目标统一到银行目标中，创造一个积极、主动、和谐的银行内部人文环境，提高金融机构整体的工作效率。建设金融企业文化首先要加强金融企业的制度文化建设，因为金融业相对于其他行业风险较大，使得金融业的各种制度和规范比其他行业更加复杂，所以金融企业内部制度文化建设直观重要。其次，金融机构还要适时推进人事、财务、职业道德等方面的建设，使金融机构的新型价值观念深入到每个员工心中，培育金融机构独有的企业文化。

3.加强法制环境建设

发达国家的金融发展经验表明，市场游戏规则的遵守需要健全的法律来维护，使每个市场参与者能按规则参与即做到公平竞争，才能创造健康的金融发展环境。继《中国人民银行法》和《商业银行法》的颁布以来，国务院和中央银行颁布了3000多部与银行相关的法律、法规、规章、通知和指南，但是金融机构违规经营、企业逃债赖债、各种金融欺骗等违法行为还是有时发生，说明我们法制建设还不够完善，还需要加大金融法规的宣传力度，使每个公民都自觉地学法，用法，守法；同时加快诸如信托、期货、基金等方面的立法，改变某些金融活动无法可依的现象。

# 第二节　完善金融法律法规建设

强化金融法制建设，健全相应的法律法规，实行金融机构依法行政。实行依法行政的根本目的是加强金融行业运行的安全性和提高金融业运行效率。因此，在制定法律法规时，要始终考虑安全和效率两个因素，务必确保稳定的市场环境，还要促进金融行业的发展，提高抗风险能力。此外，随着市场环境的不断变化，也要相应改变法律法规，使法律机制始终为金融行业有效服务。还要积极打击违法违规行为，执法机关要了解各种非法金融机构，对犯罪团体依法追求责任，严格按照相关法律法规加强企业经营管理。

## 一、对金融机构法律监管的概述

### （一）法律监管定义

法律监管是一国金融监管当局为实现宏观经济和金融目标，依据法律法规对银行金融机构和其他非银行金融机构及其金融活动实施监督管理的总称。对金融机构法律监管是伴随着金融机构危机的局部和整体爆发而产生的一种以保证金融体系的稳定、安全及确保存款人利益的法律制度安排，它是在金融市场失灵（如脆弱性、外部性、不对称信息及垄断等）的情况下而从法制层面上纠正市场失灵的金融管理制度之一比。它作为政府提供的一种纠正市场失灵现象的金融制度安排，目的是最大限度地提高金融体系的效率和稳定性。一国的金融监管体制从根本上是由本国的政治经济体制和金融发展状况所决定的，判断一国金融监管体制有效与否，关键在于它能否保证该国金融体系的安全运行和能否适应该国金融业的发展水平。

随着金融监管的发展，当代金融监管呈现出以下特征。

1.金融创新和金融监管并重

金融创新一方面反映了市场对金融服务的新需求，另一方面也给市场带来了新的风险，这就给金融监管提出了新的挑战。

2. 金融监管注重成本—效益观念

传统金融监管忽视对监管成本的衡量，往往容易夸大监管的收益而低估监管的成本，而当代金融监管收入经济学分析，对各项监管措施的成本 - 效益进行量化，这样既贯彻了监管效益最大化原则，也体现了对市场机制的遵循。

3. 金融监管强调技术性、科学性

随着计算机信息系统、经济计量模型、信用评级制度及市场纠错退出机制等各种技术和方法不断运用到各国金融监管之中，金融监管的技术性和科学性日益增强。

4. 全球金融监管框架初步建立

金融市场全球化导致金融风险在国家间相互转移扩散的趋势不断增强，加强金融监管的国际合作，构建全球金融监管框架迫在眉睫。一些国际性金融组织在全球金融监管合作方面发挥着越来越大的作用，得到了国际金融业和各国监管当局的普遍接受和运用。

## （二）法律监管的目标

法律监管的目标一般有三个：①防范和化解金融风险，维护金融体系的稳定与安全，②保护公平竞争和提高金融效率，从而保障金融业的稳健运行和货币政策的有效实施，③保护广大公众投资者的利益，这也是法律监管的终极目的。

1. 维护金融体系安全与稳定的目标

一般认为，金融监管是伴随着银行危机的局部和整体爆发而产生的一种以保证金融体系的稳定、安全及确保存款人利益的制度安排。金融业与其他经济部门相比有其自身的特殊性。在现代市场经济条件下，金融市场有着比其他市场更高的风险性。

（1）金融市场的参与者成分复杂。市场容易出现的欺诈、垄断和不合程序的内幕交易，市场的参与者包括债权人、中小股东等广大投资者，其合法权益容易受到侵害。

（2）金融业是高负债行业，在经营过程中面临着诸多风险，其中任何一项风险都会对金融机构的经营成败产生重大影响，但是金融机构为了追逐高额利润，往往盲目扩张资产导致资产状况恶化。

（3）金融风险具有很强的传染性，是系统性风险非常高的行业。一家银行或几家银行出现危机会迅速波及其他银行形成整个金融业的危机，并危及社会经济的健康发展。正是由于金融市场具有以上诸多的行业高风险性，金融监管就显得格外重要，同时也决定了金融监管所追求的价值之一是金融安全。

2. 提高金融效率的目标

金融市场作为市场机制，带有一定的自发性和盲目性，能否具有较高的效率，需要进行监督和管理及必要的引导、干预和调控。金融监管正是在金融市场失灵的情况下而由政府或社会提供的试图以一种有效的方式纠正市场失灵的金融管理制度。金融市场失灵主要是指金融市场对资源配置的无效率，主要针对金融市场配置资源所导致的垄断或者寡头垄断，规模不经济及外部性等问题。在市场经济的理论中关于完全信息和对称信息的假设，其实在现实经济社会中是不能成立的，现实中往往是严重的信息不对称，广大投资者无法及时准确完整的得到上市公司的相关信息。正是这一原因造成引发金融危机的重要因素——金融机构普遍的道德风险行为，造成金融监管的低效率和社会福利的损失。为了解决对道德风险的监督问题，只能由没有私利的政府来提供会融监管这种准公共产品，提高金融效率，克服信息非对称条件下的道德风险问题。研究表明，金融监管的目标是金融体系的社会福利最大化。由此，金融监管所追求的恰恰是金融稳定基础上的金融效率。

3.保护公众利益的目标

其实保护公众利益应该是监管最终极的目标。安全和效率目标的实现，是为了维护市场的公开公平公正，使市场健康运行，从而公众能够得到完全信息，在信息链上处于有利地位。金融业是以信用为基础的行业，存款人、投资者和其他社会公众对金融业的信心是其实现可持续发展的重要保证，但由于金融业存在信息不对称现象，存款人、投资者和其他社会公众的利益容易被侵犯，确立此项原则有利于降低金融业的道德风险和系统风险。政府对金融市场的监管不但可以减少不利选择和道德伤害情况的发生，而且还可以通过给投资者提供更多的信息来提高市场效率。金融监管的三个目标之间是相辅相成，紧密联系的，在实践中不能顾此失彼。

## 二、金融法制建设在构建和谐社会中的必要性

### （一）从和谐社会与法制建设的关系看

健全法制是决定社会和谐的关键因素之一。社会主义和谐社会是建立在生产力得到快速发展的基础之上，是在民主与法治基础上有效管理的社会。在经济社会转型的特定历史时期，社会诸多不和谐的深层原因之一就是法制不健全，构建社会主义和谐社会的过程，将是一个深刻的以市场化改革为取向的制度变迁和体制创新的过程，更是进一步建立健全国家法制，增强全社会法治意识和提高政府依法行政水平的过程。

### （二）从金融业在和谐社会中的作用看

邓小平称金融业为"现代经济的核心"，在和谐社会建设中，金融业发挥着重要的作用。

（1）支持社会主义经济建设。和谐社会是生产力高度发达的社会社会主义金融业在促进经济建设和生产力的提高方面，具有十分重要的作用。

（2）发挥资源分配功能。决定和谐的首要因素是财富分配。金融资源分配是否合理，将直接影响着财富分配的合理性进而影响社会主义和谐社会的建设。

（3）维护经济安全。和谐社会是安全的社会。金融业是一个国家的经济命脉。如果金融业不稳定，不安全，将直接危及经济安全，影响人民安居乐业，甚至危及国家政权稳定，就更谈不上建设和谐社会。

（4）健全社会主义信用体系。诚信是和谐社会的基本特征。金融业的运营是建立在信用的基础上的。因此，健全社会主义信用体系，这既是金融业自身持续健康发展的基础，又是建设社会主义和谐社会的基本要求。

### （三）从金融法制与金融业的关系看

和谐金融是金融内生机制和社会经济生态系统自生和共生机制的完美结合。其中，良

好的金融生态环境尤为重要。生态环境的有序性、稳定性、平衡性和创新能力，金融生态的本质问题就是法制问题。

"金融法制"包含两方面意思：在立法层面要求所制定的金融法律法规是科学的、完备的；在执法和司法层面，则要求金融从业者、监管机构及相关人员在金融活动中均能严格守法、执法与护法。实现所谓"金融法制化"—通过建立完备的金融法律体系，严格的执法制度，为金融市场参与者提供一系列规则，以保护金融市场主体的合法权益，维护金融市场的公平竞争秩序。金融法制化是建设和谐金融生态的实质内容，也是构建和谐金融的内在要求。

## 三、完善我国金融法规建设的策略

### （一）金融开放要与金融监管同步进行

对外开放是我国一项长期的基本国策。在经济全球化的大趋势下，既要看到国际资本流动为经济和社会的发展所作出的积极贡献，也要看到由此而形成的挑战和风险。必须强调：我国在加强金融开放立法的同时，亦要注意研究如何加强金融监管的立法。亚洲金融危机的教训告诉我们，倡导金融自由化并不是也不能要求有关国家彻底取消政府对金融监管的责任。今天各国金融监管的对象是一个如此急剧变化的市场，因此事实上，各国政府和国际金融监管机构一方面不断颁布新的法律和协定，金融监管从来没有像今天这样紧跟市场；另一方面，新的金融工具层出不穷并形成新的市场，从而不断提出新的监管课题。可以说，金融监管的特点就是用法律的变化来管理变化的市场。在加强金融开放与监管立法的同时，要十分注意研究如何采取有效措施，加强对国际金融资本流动的监管，遏制国际游资的过度投机，提高对金融风险的预测、防范和救助能力。

总之，金融对外开放要同本国经济发展水平和金融业发展水平、经济改革和金融改革深化程度、宏观调控能力和监管能力等水平相适应。任何超越或严重滞后都不利于本国经济和金融业的发展。

### （二）进一步加快经济改革步伐，以法制手段推进我国投融资体制改革

对金融风险的防范和化解，不仅仅是金融领域的工作，还需要全方位的改革。特别是以法制手段推进我国投融资体制改革，已成为我国化解和防范金融风险的重要外部因素之一。从金融运行的客观环境看，我国现行的投融资体制已不适应社会主义市场经济的要求。要加速我国的投融资体制改革，实行"谁投资、谁决策、谁承担风险"的原则。凡企业投资国家允许发展的产业、产品和技术，均由企业自主决策、自担风险。除重大项目外，政府一般不再对项目进行审批，而改为登记备案制。确需政府审批的项目，也将尽可能简化审批程序，主要是看项目在投资方向和宏观布局上是否合理，是否符合国家有关政策和法规。要抓紧制定《固定资产投资法》《招标投标法》等法律法规，把全社会固定资产投资活动纳入法制化轨道。

### （三）加强完善金融立法、强化金融执法的研究

我国金融立法在某些重要领域还处于空白阶段，《信托法》《期货法》等，是金融监

管亟待加强的重点。建议加快、加强金融立法特别是期货、信托立法，健全、完善我国金融法律体系，尽快改变金融市场重要法律法规不全、某些重要金融活动无法可依的现象。从维护社会主义经济金融秩序的严肃性出发，必须强化金融执法。要赋予中国人民银行、中国证监会、中国保监会等国家金融监管机构以重大的权力，并使之在运作上保持独立性。建议制定《金融处罚条例》，以提高央行金融监管依据的法律效力层次，增强金融监管的力度。要大力整顿金融秩序，坚决取缔非法金融机构，严禁任何非法金融活动。要根据党中央、国务院的部署，尽快及时完成对本地区本系统各种形式的非法集资活动的清理和查处。要狠抓金融队伍特别是金融机构领导班子的建设，对金融机构和金融从业人员违法违规行为，要及时严肃从严处理。

### （四）建立完善的金融监管体系，依法加强金融监管

就整个监管体系而言，国家对金融机构的监管是最高层次的刚性监管监督形式。目前我国实行的是中国人民银行、中国证监会和中国保监会的监管体系。中国人民银行新的管理体制运作后，央行要独立行使监管职能，确保金融政策的权威性和连贯性。而以经济区域设立的央行分支机构要突出依法监管、风险控制，强化整体监管功能，打破内部条块分割、各自为政的传统监管方式，形成监管合力。中国证监会今后应致力于建立集中统一的证券期货监管体系。在对全国证券监管机构实行垂直领导后，中国证监会派驻各地的监管机构要迅速转变观念，转变职能，把工作重点转到加强对证券期货业的监管、提高信息披露质量、防范和化解证券期货市场的风险上来。中国保监会要依法查处保险企业违法违规行为，坚决取缔非法设立的保险机构和保险中介机构，严肃查处高手续费、高返还、低费率等不正当竞争行为，建立保险业风险的评估与警系统，防范和化解保险业的风险。在强化国家金融监管的同时，还要注意建立完善我国金融机构内部控制自律机制。在国家的宏观金融监管和金融机构内部控制中间，还应特别加强金融业同业公会或协会自律性组织建设。建议加快银行、信托、证券、保险、信用社等行业的自律制度建设，建立健全全国同业公会，制定同业公约，规范、协调经营行为，以切实加强金融行业的自律约束。

### （五）完善信息披露制度和增加金融决策的透明度

透明度原则是国际金融交易中的一个重要法律原则。金融透明度或信息披露，是指根据法律规定，公开与金融交易有关的重大事项的一种法律制度。我国支持国际货币基金组织加强对成员国政策的监督以及增加成员国信息公布和透明度的改革建议。中央银行开始了提高金融货币政策透明度的尝试。但值得注意的是，我国金融市场仍存在信息披露不规范的问题：商业银行向央行报送的报表缺乏及时性与准确性，导致银行业监管信息不准；证券市场信息披露则存在信息披露不真实、信息披露不充分、信息披露不及时、信息披露不严肃等严重问题。建议加强对金融透明度和信息披露制度的研究，并加强以下的工作：①根据我国国情，以法律的形式进一步明确规定有关金融活动信息披露的义务人、信息披露的内容和形式、信息披露的原则和标准，以进一步加强我国的信息披露制度；②从立法上明确规定不披露的信息，如公开会违反社会公共利益、法律法规保护并允许不予披露的商业秘密、内幕信息和敏感性信息等。

### （六）依法维护金融债权，防止逃废银行债务

要深刻认识维护金融债权，是防范金融风险，促进经济、金融发展和社会稳定的大事。在我国市场经济发展的过程中，金融机构肩负着支持、促进经济发展的重要责任。当前企业改制过程中一些地方出现的逃废银行债务的行为，破坏了信用关系。各地区、各部门一定要从大局出发，切实加强对国有中小型企业和集体企业改制工作的指导和监督，规范企业改制行为，坚决制止各种逃废金融债务行为，各地人民政府要高度重视本地区企业改制中金融债务保全工作，积极支持金融机构做好金融债权管理工作，严禁包庇和纵容改制企业的逃废金融债务行为；企业在改制过程中，不论采取何种方式进行改制，都必须充分尊重金融机构保全金融债权的意见，依法落实金融债务。金融债权债务未落实的企业不得进行改制，有关部门不得为其办理有关改制审批和登记手续，也不得颁发新的营业执照；金融机构要积极参与企业改制工作，依法维护金融债权安全，国有中小型企业和集体企业改制工作涉及金融机构债权时，必须有债权金融机构参加，金融机构要严格监督改制企业的清产核资和资产评估等工作，各金融机构要认真落实金融债权保全责任制，加大债权清收力度，制定相应措施，切实维护金融债权的安全，并将金融债权保全情况定期向中国人民银行报告，对悬空、逃废金融债务严重的地区，各债权金融机构应降低对该地区分支机构的授信等级。

### （七）普及金融法律知识，增强金融法治意识

各级党政领导干部和广大企业领导，都要学一些金融基本知识和金融法律知识，加深对金融工作、金融法规和金融政策的了解，提高运用和驾驭金融手段的本领，学会运用法律手段管理经济，增强维护金融秩序的自觉性和防范金融风险的能力。要把是否掌握金融法律知识、具备金融法治观念作为金融系统干部和金融从业人员的必备素质，作为应当履行的义务，并作为考核晋升的依据。在加强金融法治意识的过程中，要重视全社会信用观念的建立。要加强公众和投资者的风险防范意识和合法投资观念，从而为金融业的健康发展创造一个良好的法治环境。

## 四、金融法律监管体系的经验及启示

### （一）德国金融机构经营风险的法律监管

1.德国金融机构法律监管体系

德国金融监管法律体系，是以《德国基本法》《宪法》《商法》和《民法》为依据，以《金融法》《联邦银行法》为核心，以《抵押银行法》《投资银行法》《证券交易法》《提高公司业务透明度法》《防止内幕交易法》《公司法》《破产法》等系列监管法律为基础，以及欧盟统一的对欧共体国家银行监管的法律和《巴塞尔银行监管委员会有效银行监管的核心原则》等规定构成德国银行监管法律体系。同时，不断地以修正案和发布新的法律加以充实和完善，使银行监管部门在实行监管时，有明确的法律依据，避免监管的随意性，并以法律的强制性确立金融监管部门的权威性。德国银行业一直实行兼业银行制度，银行除了经营传统银行业务外，还兼营保险、证券、投资等非银行业务。

多数专家认为，银行实行兼业经营，可以互相弥补亏损，分散风险，确保银行的稳定发展。德国目前共有商业银行（包括公营银行、私营银行和信用合作银行）3870家，其中兼业银行有3446家，占89%，而专业银行只有404家，占11%。银行的兼营业务与银行业务分开，单独核算。政府对其监管也分别由不同的部门实行。

如对保险业和证券业的日常监管，由联邦保险监管局和联邦证券监管委员会来实行。

2.德国金融经营风险监管措施

（1）金融监管组织分工明确、互相协作，从制度上预防金融机构的市场风险

德国金融监管部门有：联邦金融监管局，负责对银行和非银行金融机构（保险、证券除外）的监管；联邦保险监管局，负责对保险机构和保险业务的监管；联邦证券监管委员会，负责对证券机构和证券业务的监管。它们均隶属于财政部。此外，德意志联邦银行（中央银行）、州中央银行协助联邦金融监管局实行监管。联邦金融监管局、联邦保险监管局、联邦证券监管委员会和中央银行既明确分工，又互相配合，构成了德国完备的多层次的金融监管体系。德意志联邦银行（中央银行），主要负责制定和执行货币政策，保持币值的稳定。此外，还负有部分监管职责。其监管重点是银行资产的流动性；监管的方法主要是各商业银行向中央银行定期报送日常业务信息，如报表、数据等，由中央银行及时把日常信息数据反馈给联邦金融监管局。

此外中央银行还向联邦金融监管局提供业务上的咨询。联邦金融监管局主要负责金融机构的市场准入、市场退出和同常监管，联邦监管局在各州没有分支机构，对金融机构的日常监管主要是通过对央行提供有关报表进行分析，重点是对商业银行的年度报告、资产负债表进行分析，一般不直接对银行进行现场检查。当对报表分析发现问题时，中央银行和金融监管局均可聘请社会审计机构对有问题的金融机构进行审计，必要时，联邦金融监管局还可直接派人进行特殊审计。根据睑查结果，进行处罚。

（2）通过健全完善的金融内部控制制度来控制操作风险

长期以来，德国非常重视银行的内控机制的建立，为了防范经营风险，各银行均都建立健全了内部控制体系和有关制度，主要是建立内部审计机构、风险管理机构和证券监察机构。

①内部审计机构

各银行一般均设有内部审计部，通过内部稽核，及时发现问题。银行所有权人可以监督经理人，以此实施有效的监管，防范经营风险。

②风险管理机构

银行建立了一套有效的风险管理机制，银行董事会、市场风险管理部、各业务部门、审计部门都分别对风险负有明确的职责。董事会负责整个银行的风险管理，确定风险及其上限。银行每天通过数学计算的方法确定风险的大小，如超过了规定的风险上限，董事会将马上采取措施降低风险。市场风险管理部是银行专门负责风险管理的职能部门，负责制定衡量市场风险的指标，对各业务部门进行检查、监督，随时提供风险信息。同时，建立一些数字模型来预测和计算风险。通过进行量的分析到质的定性，提出降低风险的措施，

及时向董事会报告。各业务部门要预测本部门业务范围内的风险上限，定时进行检查，发现风险及时采取措施，并向风险管理部报告。内部审计部门则通过每天计算风险情况，对当时风险所处的状态报告有关部门和董事会。

③证券监察部

德国1995年实施《证券交易法》，并成立了联邦证券监管委员会。为了配合实施《证券交易法》和联邦证券监管委员会的有效监管，各银行都依法成立了证券监察部，具体负责对本银行证券经营业务活动的监督。

（3）按照《金融法》，对金融机构通过处罚措施来限制道德风险

①事会成员予以警告、罚款直至撤职，并有权解散董事会。

②情节轻重，采取罚款、不允许银行当年分红、停止银行部分业务等处罚措施。必要时，采取派驻员制度，由监管局派出人员，进驻银行进行现场监管，银行董事会的重大决策，需经派驻员的同意，派驻员对金融监管局负责。

③题特别严重的，可以吊销执照或关闭。对金融衍生工具的监管采取直接现场监管的形式。

## （二）日本金融机构风险经营的监管

1.日本金融监管制度

日本的金融监管制度涉及政府金融主管部门对金融机构经营的限制、管理、监督等各个方面，是政府行为与金融机构经营行为相互联系的中心环节，充分反映了日本式金融制度的特征。包括金融监管制度在内的日本的金融制度是在战后同本经济高速发展时期形成的，建立于资金匮乏时代的金融制度必须实现以下基本的历史使命。

（1）保证将有限的资金投入经济优先发展的部门，并使之得到有效利用。

（2）实行行业限制，防止过度竞争引起的金融机构破产。

这样，通过政府指导下对金融机构经营的限制、管理，使银行承担了企业应该承担的风险，同时，又由日本的中央银行使传统的金融制度在当时的历史时期发挥了巨大作用，为战后日本迅速跻身于先进工业国家提供了制度保证。但80年代中期以来，统一的国际金融市场要求在金融交易、金融服务甚至金融监管方面实行统一价格、统一规则和统一标准，这样，日本金融监管制度实现彻底变革就迫在眉睫了。

2.日本应对金融经营风险的法律措旋

为确立长期有效的金融监管体制，应对金融机构容易出现的经营方面的风险，日本新建了金融监督厅，来对金融机构进行有效的监管。其主要从以下几个方面来防范风险。

（1）为了控制操作风险，恢复市场对金融机构财务报表的信赖

采用美国会计标准，金融监督厅有义务向监督主管部门通报监管法人的违法行为。对非上市金融机构（例如相互生命保险公司、信用合作社等组合金融机构）必须履行与上市公司相同的义务；进行同等程度的信息披露，公开财务情报等，以及实行会计监查。特别重要的是，必须公开人寿保险公司债务的时价评价额，因为人寿保险公司一般持有巨额的高风险高回报债务。

（2）为了控制市场风险，以彻底的信息披露为基础

将市场信息积极用于金融监督过程中。金融监督厅有义务要求金融机构用有市场性的一些次等信用债券筹集一部分自有资本，当其利息上升超过国债利率的一定程度时，可提高存款保险费率或缩短检查周期。但这些次等信用债券只能由该金融机构持有，禁止转移给与该金融机构有业务关系的其他公司和其他接受存款业务的金融机构，使这部分次等信用债券作为一面镜子，用市场对这些债券的评价反映该金融机构的信用状况。金融监管部门必须公开金融机构的检查结果和申请资料中不涉及顾客隐私的一切信息。还必须公开接受行政处理的问题以及金融机构违法违规的事实真相。

（3）为了防范金融机构的道德风险，对金融机构的董事高管等加以法律上的限制

当金融机构董事长、财务总监等高级管理人员有伪造财务报表等帐目，而没有接受严格的会计监查，对金融机构的财产危害影响储户利益时，存款保险机构必须作为储户的代理人追究上述人员的法律责任。同时加强对从业人员的监管，设立完全由外部人员组建的监查委员会等机构，并义务对从业人员进行相关的法律教育。另外，目前金融监督厅定编人员 403 人，其中从大藏省调入 370 多人，其他人员来自法务省、通产省等。出于金融技术同益提高要求金融检查监督具有很强的专业性，因此金融监督厅今后可能向社会募集精通企业财务的公认会计师和民间法律界人士。

### （三）美国金融机构经营风险的法律监管

作为世界上的经济强国，美国的经济和金融业都在世界上遥遥领先，其互联网金融也是引领世界潮流，因此深入研究分析美国的互联网金融，系统分析其监管政策，无疑会对中国的互联网金融产生重要意义，具有较大的理论研究意义和实践意义。

1. 美国互联网金融主要监管法律

金融价值的根基为信用，而国家信用最有权威、最受公众认可。从法律角度来看，监管的意义在于用国家信用为金融行为背书，通过制订完善的法律并严格遵守来实现国家信用。秉着对规则的敬畏，美国金融监管当局、金融机构及从业人员都做到"有法可依，有法必依，执法必严，违法必究"，从而从根本上保证了互联网金融规范运营及健全发展。

（1）《公平债务催收作业法》

为促进债务催收行业规范运作及保护债务人的合法权益，1977 年，美国国会制订了《公平债务催收作业法》，并于次年生效，这个法案对于债务和催收行为都有一定程度的约束，从而保护了消费者的合法权益。

（2）《金融服务现代化法案》

世纪之交，美国政府又通过了《金融服务现代化法案》，12 日，克林顿总统签署了该法案，并称之将带来金融机构业务的历史性变革，它的出台标志着 21 世纪发达的混业经营体制已经取代了 20 世纪金融业主流的分业经营模式。该法案从法律上取消了保险业、银行业等行业之间的分界，六十多年的金融分业历史得以告终，混业经营的模式从此开启。金融监管也发生了转变，从早先看重安全到如今提倡竞争和效益。该法案不但对美国金融业发展有着举足轻重的作用，对于全球金融业的影响也是相当明显的。

（3）《多德—佛兰克华尔街改革和消费者保护法案》

该法案在2010年被通过，被美国看作是大萧条之后最为详细、最为健全、最为严厉的金融法案，堪称全球金融监管的标准。该法案对监管机构的权利进行的划分，还设立了消费者金融保护机构，该机构职权可以超越监管部门。对消费者的权益进行全方位的保护，进而保护消费者的地位和利益。

（4）《初创期企业推动法案》2012年5月4日，《初创期企业推动法案》（简称"JOBS法案"）经奥巴马总统签署生效。由于《萨克斯法案》监督过度，致使小型公司上市公司数量锐减，上市公司平均成本增加，JOBS法案是对《萨克斯法案》的修正，旨在扶植小型公司和初创公司成长并且创造更多就业机会。该法案一方面降低了小型公司和初创公司进入资本市场的门槛，允许中介对特定条件的私募发行进行一般劝诱和广泛宣传，另一方面则控制了融资总量的上限并且加强了对个人投资者的保护，并且美国监管机构不断调整监管要求，更好的满足小型公司和初创公司的需求，为规模庞大的小型公司和初创公司发展注入了新的生机与活力。

2.美国互联网金融主要监管政策

美国在互联网金融监管职责方面实际上并没有统一的监管机构，往往是由各州与联邦政府共同监管，其他部门协管的体系。美国互联网金融监管体系框架大概如下，联邦银行对储蓄类的机构进行全面监管，以确保银行的安全；由美国消费者金融保护局对资产逾百亿的金融机构进行监管，并对其消费者金融产品及服务进行监督；联邦贸易委员会并非一个监督机构，而是一个独立的执法机构，是美国联邦消费者保护法的执行主体，该机构的主要职能就是保护消费者的合法权益，并积极打击各种不正当竞争以及垄断行为，并不定期对机构进行监管；作为拥有准司法权、准立法权和独立执法权的联邦司法机构，美国证券交易委员会是美国证券领域中的最高机构，其工作的核心是对联邦证券进行监管，依靠反欺诈法规来维护消费者和投资者的合法权益。一旦出现问题，企业应该为其消费者和投资者承担相应的责任。

美国的监管立法往往是相关部门在已有的法律的基础上，并结合互联网金融的特点，对原有法律进行补充、完善，使监管法则更适合互联网金融环境。而且美国监管当局对互联网金融机构和从业人员的处罚措施非常严苛，以达到震慑相关违法行为的目的。2013年9月，全美连锁小额贷款公司因为没有根据其公司注册地所在州的相关法律条款进行严格地审查，被CFPB开出了1.9亿元的巨额罚单。下面，我们将从三个方面对美国的互联网金融监管政策进行分析，分别是第三方支付模式，网上银行模式以及小额贷款模式。

（1）网上银行模式的监管政策

其实，美国的网上银行兴起伊始，美国政府对其的管制是相当宽松的，鼓励网上银行业务创新，支持其自由发展，金融监管只是起到一般性指导作用，更多的是依靠投资者、经济组织及银行自身从业务和技术上设置风险监管体系。其次，网上银行进入提速期，美国政府便开始加强对其管制。其中财政部货币监理署被联邦政府指定为主要的监管机构，其他机构如美联储、联邦存款保险公司以及财政部储蓄机构监管1局等被指定为协同监管机构。举例说明，财政部货币监理署发布有关网上银行的相关法规，如《技术风险管理—个人电脑银行业务》；联邦银行机构监察委员会发布《外包技术服务风险管理》；而《电子银行业务—安全域稳健审查程序》则是由联邦存款保险公司制定并发布的。

（2）第三方支付模式的监管政策

①在立法层面，美国监管机构认为第三方支付并不是传统意义上的银行类存款机构，而是将其界定成货币转移服务商，其本质仍是传统支付服务的延伸，而且秉持开放的原则，美国监管机构并没有针对第三方支付发布新的法案，而是继续采用现有法律法规来判断确认第三方支付的法律身份，只在必要时增补法律条文予以约束。

②在监管机制层面，美国采用联邦和州分管的监管政策。第三方支付主要由财政部和联邦存款保险公司负责管理，然而有一条开明的政策，那就是只要不无违法本州法律，对第三方可以做出其他规定。在第三方支付企业办理注册时，财政部要求其接受联邦和州两级的反洗钱监督，并记录和保存所有交易，及时汇报可疑交易。

③在资金管理层面，美国法律有着明确的规定，那就是沉淀资金不属于存款，而是负债。沉淀资金的利息是用来支付保险费用的，并要求每个用户账户的上限为 10 万美元，FDIC通过提供存款延伸保险来实现对第三方支付的监管。而在州监管层面，要求不得擅自留存、使用客户资金，不得从事银行的存贷款业务，并且要求其保持交易资金的高度流动和安全性，而且第三方支付机构必须持有一定金额的担保债权或者相应流动资产来保障客户资金安全。第四：消费者保护层面，美国一方面设立消费者保护机构，对消费者在参与金融消费之后的利益问题进行协调处理，另一方面，对消费者权益保护发布法案，美国经济监管的核心原则之一就是在防范系统风险的前提下保护消费者权益，相关的法律法规包括《诚实借贷法》《统一商法典》《电子资金转移法》《多德佛兰克法案》等十几部法律。

（3）P2P 小额信贷模式的监管政策

美国对 P2P 小额信贷监管采取多头监管政策，美国证券交易委员会（SEC）和州一级证券监督部门负责保护投资人，消费者金融保护局（CFPD）负责保护借款人。

①在 P2P 小额信贷模式发展初期，美国政府并没有指定管辖单位，也没有制定相关法律法规，仅用现有相关法律法规对其进行约束。2008 年，美国以法律的形式将 P2P 定义为"非银行类金融机构"并将其纳入证券的范畴，接受美国证券交易委员会的全面监管。P2P 要以"证券经纪商"的身份在 SEC 平台注册。SEC 注册成本较高，设置了准入门槛，阻止了其他的潜在市场参与者，来提高 P2P 整体抗风险能力和债务偿付能力，从而维护 P2P 市场的稳定。

② SEC 和州证券监管部门发行有关信息披露的法律条文，其中规定 P2P 企业的信息应该全部展示，包括存续期的信息的披露，注册信息的披露，贷款项目信息的披露。

③美国法律对于借款人的权益也非常的重视。主要由金融消费保护局和各州的金融机构管理局负责，其管理范围主要体现在公平对待所有消费者，保护金融消费者隐私权利，并对消费者进行金融教育启蒙，培养他们风险意识。

3. 美国互联网金融行业自律

互联网金融行业自律是一个行业自我规范、自我调节的机制，是促进金融监管者和被监管者之间沟通协调的纽带，有利于保持互联网金融公平竞争和促进行业健康发展。监管当局地位十分特殊，其任何政策、文件，甚至是只言片语都会被无限制的放大，对行业发展产生不良影响，行业自律协会的价值从而体现了出来。行业自律协会常常举办各种形式的讨论会和交流会，行业内人员可以互相学习，互相交流信息，互相分析金融形势，听取行业的意见，完善监管措施，既减轻监管当局的负担，降低行政监管成本，又有效规范行业的经营行为，促进行业生态平衡。

# 第三节　积极利用现代信息技术

现代信息技术不断更新换代，互联网已渗入生活的方方面面，成为最广泛的信息传播渠道，要紧跟时代潮流，把互联网技术充分应用到金融市场中，将银行与电子市场行业联合起来，扩展金融货币的流通渠道，从而提高银行业的抗风险能力。

## 一、信息化技术的内涵及其优势

信息化技术是伴随着互联网技术而迅速发展起来的，是将异地分布的计算资源，数据库资源、存储资源等各种资源充分利用起来，协同解决复杂的大规模问题，特别是解决仅靠本地资源无法解决的复杂问题，是专门针对复杂科学计算的新型计算模式。

信息化技术有两个优势，一个是数据处理能力强；另一个是能充分利用网上的闲置资源。随着互联网络的普及和高速网络成本的大幅度降低以及传统计算方式和计算机使用方式的改变，信息化技术已经逐渐成为超级计算和资源共享发展的一个重要方向。它以大力度资源共享，高性能计算和创新性应用为主要特征，通过合理调度，不同机构的计算环境被综合利用和共享，实现了使用一台超级网络联接来处理某一课题的功能，而且减少和避免了对自身设备的购买和升级。

## 二、信息化技术实现金融信息化

### （一）金融信息化的定义

金融信息化是指信息技术广泛应用于金融领域，从而引起金融理论与实务发生根本性、革命性变革的过程。金融信息化是构建在由通信网络、计算机、信息资源和人力资源四要素组成的国家信息基础框架之上，由具有统一技术标准，通过不同速率传送数据、语音、图形图像、视频影像的综合信息网络，将具备智能交换和增值服务的多种以计算机为主的金融信息系统互联在一起，创造金融经营、管理、服务新模式的系统工程。

### （二）金融信息化的影响

1.金融信息化对金融机构的影响

（1）带来金融机构形态的虚拟化。所谓虚拟化是指金融机构日益通过网络化的虚拟方式在线开展业务，其客户直接在办公室、家里甚至旅行途中获得金融机构提供的各类服务，因此金融机构不再需要大量的有形营业场所和巨额的固定资产投资。全新的网络银行正借助互联网技术，通过计算机网络及其终端为客户提供金融服务。

1995 年 10 月 18 日，世界上第一家没有传统银行经营网点的网络银行—安全第一网络银行在美国诞生，它的诞生与发展标志着虚拟化银行的开端，预示了金融机构形态的未来发展趋势。

（2）对金融机构经营方式和组织结构的影响。金融信息化导致金融机构经营方式的巨大变化，信息技术的广泛应用正在改变着支付与结算、资金融通与转移、风险管理、信息查询等银行基本功能的实现方式。金融机构将传统的专用信息网络拓展到公共网络，电子货币、网络货币等数字化货币的应用使得以支票和现金为主的支付结算、资金转移方式正在趋向无现金的方式转化，各种信用卡、数字钱包得到了广泛应用；实时在线的网络服务系统能为客户提供全时空、个性化、安全快捷的金融服务；基于信息技术的各种风险管理与决策系统正在取代传统落后的风险管理方式，大大提高了工作效率和准确性；新金融产品和服务的开发也在迅速加快。

适应经营方式的变化，金融机构的组织结构也在发生深刻变化。建立在传统银行经营模式基础上的组织形式—基于分支行的组织结构已经无法适应新的经营方式。围绕客户的消费行为和需求，传统银行正进行新的结构设计，借助于信息技术重构其组织形式。新兴的网络银行完全摆脱了传统银行的组织结构，几乎找不到传统银行的结构特征。总之，金融信息化的作用将从提高金融业务的自动化程度，发展到对金融业经营方式和组织结构的深刻改变。

2.金融信息化对金融市场的影响

（1）促进金融市场一体化。随着世界经济一体化和全球信息网络的发展，各国金融市场日益联结成一个统一整体，金融信息化的深入发展为金融市场一体化奠定了坚实基础。一方面，金融信息化大大提高了相关信息的收集、处理、存储和发布的能力，成为金融市场交易物质和技术的基础。另一方面，互联网日益成为世界金融市场运作的中枢，低成本的网络交易将逐步替代传统的交易方式，投资者无论身处何地，都可以上网同步进行金融交易，全球金融市场被更紧密地联系起来。

（2）加速国际资本流动。网络技术促进了全球金融市场的形成，国际资本流动的空间屏障被打开。信息技术使得资本流动速度大大加快，也扩大了资金流动的总量，全球金融网络上跨国银行业务、国际证券交易、外汇交易急剧增长。

## 三、信息化技术下的互联网金融

### （一）互联网金融

1.互联网金融的概念与特征

"开放、平等、协作、分享"一直以来是互联网所推崇的价值，当前这种价值精神已经逐渐渗入到金融业中，改变了传统金融业在人们心中的形象，并由此产生了崭新的服务形态。当前，由于学术界还没有对互联网金融形成统一的认识，对于互联网金融的概念还没有确定。笔者认为，互联网金融作为一个崭新时代的崭新领域，作为金融和互联网的融合，它是能够充分利用互联网技术和网络通讯技术以及其他相关科技的金融模式。从宽泛的角度上来理解，互联网金融不单单是指传统商业银行业务的"上线"，更重要的是还衍生出了一大批方便快捷的相关服务，比如第三方支付等金融产品。从狭义的角度来讲，互联网金融就是依靠互联网的金融模式、金融业务，而且这种业务往往不是由金融业推出的，而是由互联网企业，尤其是电子商务企业推出的。互联网金融具有以下两点特征。

（1）操作简单，支付便捷，服务成本低；互联网金融操作简单方便

有业务需要办理时，客户不需要跑各大银行的物理营业网点排队办理，只需一部智能手机，便可以在任何时间、任何地点通过互联网来办理自己所需的业务。这样，客户节省了人力和物力，省去了传统银行的大量营业网点的服务费用，金融机构也可以通过减少营业网点进而节省资金投入和运营成本，极大地降低了成本。

（2）透明度高，用户庞大

互联网金融企业手中握有大量有关客户的信息，这些信息主要来源于客户的日常生活。通过客户在互联网上的交易活动，互联网金融企业得到有关客户的消费偏好、消费的资信额度等信息，并记录下来，最后形成庞大的客户信息数据库，互联网企业通过所组建的客户信息数据库，就能更好的掌握客户的情况，有效的降低了互联网企业和客户之间信息不对称程度，大大的提高了互联网金融企业与众多客户的信息透明程度。

此外，根据金融业"二八定律"，各大银行80%的利润来源于20%的客户，即传统银行主要服务于大企业和政府部门，长期忽视了中小型企业的融资问题。而互联网金融企业不是完全依赖于企业的财务指标，而是根据互联网企业所组建的客户信息数据库分析得出客户的信用评级，这样使得无论企业大小，均有机会获得贷款。根据"长尾理论"，只要产品的存储和流通的渠道足够大，需求不高的商品的市场份额甚至可以和畅销品的市场份额相提并论，甚至毫不逊色，即此前无法享受传统金融服务的中小企业足以汇聚成与大企业相匹敌的群体。

2.互联网金融兴起的原因

（1）环境驱动

如今，国际大环境为经济全球化、国际一体化，而经济全球化的发展促进了金融的发展，表现之一即是国际货币的自由兑换和资本的快速流通，因此要想发展各类金融业务，必须跨越空间和时间的限制，而互联网的特点极大的满足了金融交易的要求。2012年以来，新一届政府强调简政放权，鼓励促进中小微企业发展，在这样的大环境下，金融监管理念也随之变化，对于互联网金融行业发展的监管，传统金融监管机构"一行三会"表现出较为鼓励和支持的态度。各地政府也陆续出台政策支持鼓励互联网金融发展。

（2）市场驱动和互联网产业相联系的产业越来越多，甚至可以说大多数的产业或多或少都和互联网产业相联系。根据受互联网影响程度和速度的区

别，我们将产业分为四大类别：互补性行业、迟钝型行业、摧毁性行业、适应性行业（见图 5-1 所示）。互联网时代的四大产业类别的内容，见表 5-1。

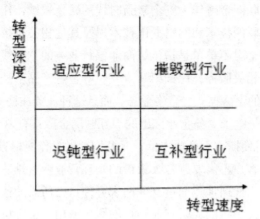

图 5-1　互联网时代的四大产业类别

表 5-1　互联网时代的四大产业类别

| | |
|---|---|
| 摧毁型行业 | 在互联网时代，处于这一产业的企业原有的核心业务基本上可以完全依靠网络进行，传统业务基本消失，并且由于网络而得到快速的改造。证券业、保险业和银行业就属于这一类型的产业 |
| 互补型行业 | 处于这一类型的企业可以快速利用互联网所具有的优势而开发一些新业务，这些基于互联网的业务与企业的传统业务可以相互促进。出版业、旅游业、零售业和娱乐业就属于这一类型的产业 |
| 适应型行业 | 处于这一产业的企业能够利用互联网络深刻的改造自己，但是改造的速度相对比较慢。配送业务属于这一类型的产业 |
| 迟钝型行业 | 处于这一产业的企业虽然可以利用互联网来改善资金的业务开展情况，但是在时间和内容上都比较慢。建筑业和农业就属于这一类型的产业 |

在现实中，许多行业表现为某几个产业类别的混合特征，但一般情况下，与信息服务息息相关的行业易受互联网影响，这些行业属于摧毁型行业。金融业与信息服务高度相关，因此对互联网的依赖性和敏感性较高，对于金融业来说，互联网带来的冲击和影响非常大，与此同时，带来的机遇十分诱人，因为这类行业会大力拓展互联网业务。除此之外，几年来中国货币供给总量也呈现迅猛发展的势头，到 2014 年底，M2 余额高达 122 多万亿元人民币。即便如此，这些中小企业依然难以获得国有金融机构的支持。由此可知，中小企业的贷款问题一直是传统金融机构不够重视的问题之一。此时，互联网金融应运而生，这对于广大中小企业来说无异于甘露，使得中小企业贷款问题得以解决。在服务成本上，互联网金融面对高中低端客户的成本实际上差别不大，这意味着互联网金融的服务可以面向大众，不仅包括大企业大客户，也包括被传统金融机构忽视的中小企业，实现对传统金融机构起到补充作用。

（3）用户驱动

用户驱动主要存在于二个方面：第一是用户对金融存在多样化和复杂化的需求；第二是互联网普及率大幅度上升，用户逐渐养成互联网金融消费习惯。首先，用户对金融机构的需求呈现出多样化和复杂化趋势。对消费者来说，享受互联网金融服务能够大幅度节约操作时间和成本。此外，庞大臃肿的传统金融体系往往效率低下，难以满足顾客的需求，并存在诸多盲区，给用户造成了许多不便。正是在这样的情况下，民间企业才发展了互联网金融，互联网金融的优点和特点在于其没有严格的检查和复杂的程序，因此为顾客带来了极大的便利。其次，互联网普及率大幅度上升。

近几年来，我国互联网普及率迅速提升，中国互联网网络信息中心（CNNIC）第 44次 CNNIC 显示，截至 2019 年 6 月，我国网民规模为 8.54 亿，新增网民 2598 万，互联网普及率达 61.2%，较 2018 年底提升 1.6%（见图 5-2 所示）。

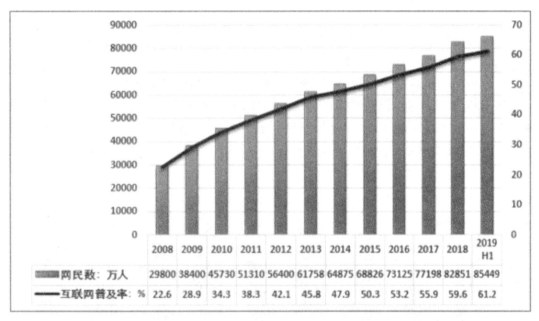

图 5-2　2008~2019 年 6 月我国网民规模及互联网普及率走势

其中，我国手机网民规模达 8.47 亿，较 2018 年底新增手机网民 2984 万；网民中使用手机上网的比例由 2018 年底的 98.6% 提升至 2018 年底的 99.1%，手机上网已成为网民最常用的上网渠道之一（见图 5-3 所示）。

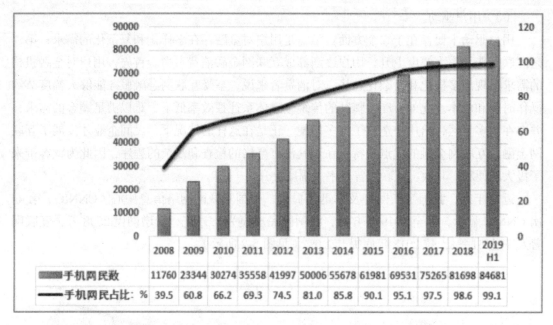

图5-3　2008~2019年6月我国手机网民规模及占比走势

从人均市场来看，得益于老年人口增加以及短视频等碎片化时间，2019年上半年，我国网民的人均每周上网时长有所增长，为27.9小时，较2018年底提高0.3个小时（见图5-4所示）。

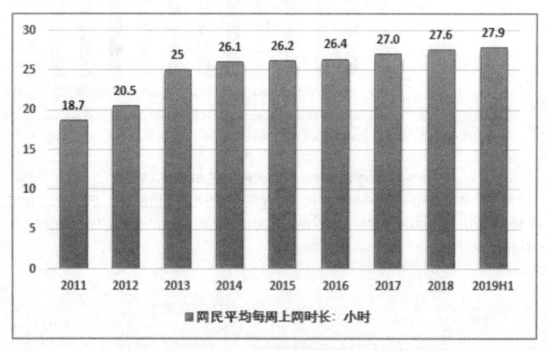

图5-4　2011~2019年6月我国网民平均每周上网时长

从网民的城乡结构来看，截至2019年6月底，我国农村网民规模为2.25亿，占网民整体的26.3%，较2018年底增长305万；城镇网民规模为6.30亿元，占网民整体的

73.7%，较 2018 年底增长 2293 万，城乡互联网普及率差异依然显著（见图 5-5 所示）。

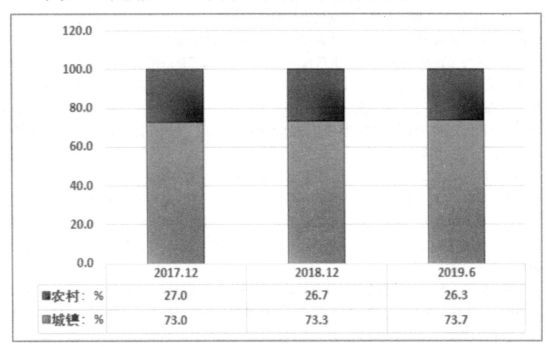

| | 2017.12 | 2018.12 | 2019.6 |
|---|---|---|---|
| ▨农村：% | 27.0 | 26.7 | 26.3 |
| ▨城镇：% | 73.0 | 73.3 | 73.7 |

**图 5-5　2017~2019 年 6 月中国网民城乡结构分析**

一方面是，互联网用户增长与行业技术水平，交互方式，网络成本紧密相关，近几年随着我国宽带建设加速，互联网提速降费，智能手机普及率大幅上升，以及流量成本显著下降，用户的接入成本已经降低到一个极低的水平。

此外，随着操作系统的革新，语音识别等人工智能技术应用极为广泛，同时人机交互的方式也逐步发生改变，现在没有经过什么培训的老年人也能顺畅的利用智能手机完成一些简单的互联网操作。整体来说，民众接入互联网的门槛越来越低。虽然目前语音识别等交互方式仍有待完善，如识别准确率，速度，方言等等问题仍有待加强，系统底层的安全性也存在一定的问题，但总的来看，随着技术发展，未来人工智能技术有望使得互联网的使用门槛显著降低，同时智能推荐算法的发展也会极大的增强用户粘性，虽然这种算法可能会导致"信息墙"等社会性问题出现。但就其商业化应用空间而言，具有较大发展潜力。

（4）技术驱动

技术的进步使得个人或者机构利益相关者将其消费习惯、经营状况等信息通过社交网络发布、传递和共享，把现实中的社会关系数字化到网络上并且产生相关信息，然而这些相关信息过于宽泛和繁冗，远远超出资金供需双方所需的信息量，因此在信息爆炸的如今，关键是筛选出有利于金融资源有效配置和风险管理的信息，这就需要搜索引擎及数据挖掘对关键数据进行检索、筛选、再加工及组织，从而形成标准化的金融信息。而云计算则保障了处理海量信息的能力，并且使计算能力标准化。因此随着搜索引擎、数据挖掘、和云计算等互联网技术的创新，互联网金融才得以长久发展。

## （二）互联网金融发展阶段

1995 年 10 月，世界上第一家网络银行创立于美国，这一事件标志这互联网金融横空出世，自此互联网金融风生水起，大致经历了三个阶段的发展。

第一阶段（1995~2001 年）。此阶段的互联网金融主要是以网络银行、网络保险、网络证券等多种形式出现。1997 年，招商银行推出中国第一家网络银行，之后我国互联网金融开始第一轮发展，这一阶段的主要形式是简单的查询、变更和转账业务。各大传统银行纷纷在此阶段抢滩，目的是在互联网金融领域中抢占先机。中国银行、中国工商银行、中国建设银行抓住了第一轮机遇。

第二阶段（2001 年~2012 年）。该阶段的互联网金融主要是以电子商务、移动支付、云计算、搜索引擎、大数据等多种形式存在的。这一阶段不仅是传统银行借用互联网技术发展扩大业务的时期，也是互联网金融企业利用其先进的技术形式将其自身业务快速渗透并融入到金融领域的结果，自此，互联网和金融真正的融合在一起，技术进步开始成为金融行业创新的强大动力。

第三阶段（2012 年~至今）。该阶段的互联网技术迅猛发展，互联网金融也随之进入井喷期。一方面，银行、证券、保险等传统金融机构与互联网技术充分融合，用户可以通过互联网办理理财、保险等业务。另一方面，传统互联网企业开始全面进军互联网金融。在这一阶段，第三方支付、P2P 贷款、众筹平台、大数据金融等互联网金融模式所占比重越来越大，互联网金融企业对传统金融业产生了实质性威胁。

## （三）互联网金融创新模式

伴随着互联网技术的飞速发展，互联网金融模式在当下还没有一个完全明确清晰的分类，通过对现今互联网金融现状的调研，笔者认为可以将互联网金融的模式概述为第三方支付、P2P 网络信贷、信息化金融机构、互联网金融门户、众筹、大数据金融六大互联网金融模式。

### 1.第三方支付

第三方支付上是指具备一定实力和信誉保障的非银行机构，借助通信、计算机和信息安全技术，采用同多家银行等金融机构签约的形式，进而将客户和银行的支付结算系统间建立连接的电子支付模式。第三方支付现今主要可分为三大类，首先是以支付宝、财付通为主导的互联网型支付企业，这种类型的企业被称为互联网型支付企业。第二类是以银联商务、快钱、汇付天下、易宝、拉卡拉等为首的金融型支付企业，这些企业侧重开发行业应用和满足客户需求，此种类型的企业为金融型支付企业。还有一种类型的企业主要以非金融机构的第三方支付为信用中介，与银联商务、拉卡拉、这类手机刷卡器产品相似，此类移动支付产品采用与中外多个银行签约，具备强大的实力及可靠的信用保障，是在银行的监管下保证交易双方利益的独立机构，在消费者与银行之间建立一个某种形式的数据交换和信息确认的支付流程。

### 2.P2P 网络信贷

P2P 网络借贷即点对点信贷，主要采用第三方网络平台进行资金借贷双方的匹配，资金需求者通过网站平台寻找到有出借能力并且愿意基于一定条件出借的人群，通过和其他贷款人一起分担一笔借款额度来分散风险，也帮助借款人在充分比较的信息中选择有吸引力的利率条件。

在当下 P2P 网贷主要有两种营运模式，其一是纯线上模式，它采用资金借贷活动都在线上进行的形式，而不在线下进行审核。目前大多数运营商采用审查借贷人资质的方法主要包括视频确认、银行流水账单查询、有效身份证件认证等方式。其二是线上线下统一相结合模式，借方通过在网络上提交借款需求申请后，运营商通过当地的代理机构进行走访调研等方式进一步审查借款人的信誉度，偿债能力等各方面的信息。

3. 信息化金融机构信息化

金融机构主要是指在互联网金融大背景下，通过广泛运用以互联网为代表的信息技术，对传统营运流程、产品服务等进行重构或改进，从而实现营运、管理等全方位信息化的银行、证券及保险等金融机构。互联网金融时代，信息化金融机构的运营模式相对于传统金融机构运营模式有显著不同，现今社会信息化金融机构运营模式主要可分为三大类：传统金融业务电子化模式、基于互联网的创新金融服务模式、金融电商模式。

4. 互联网金融门户

互联网金融门户是指在互联网平台上销售金融产品以及利用互联网技术为金融衍生品提供第三方服务平台。它的内核即"搜索"加"比价"。通过将产品进行垂直比较的分析方式，将各家金融机构的产品放在平台上，使用户根据自身情况选择自己合适的金融产品。

5. 众筹

众筹一言蔽之就是大家伙筹集资金，是资金需求一方利用互联网向网上大众募集所需的资金。众筹模式使融资渠道在一定程度上进行了极大扩展，颠覆了传统的融资方式，从而使融资不仅可以通过传统的金融机构，还可以来源于广大群众。任何人都可以通过这种方式募集资金，用来实现自己的目的，资金提供者通过富余资金进行投资，进而使财富得以更多创造。

6. 大数据金融

大数据金融主要以云计算为技术基础，通过进行海量的数据收集，并且进一步的深入分析，从而为互联网金融机构提供客户各方面全方位的信息。诸如通过深层挖掘和分析客户平时的交易信息从而了解用户的消费嗜好，并大大提升了预测客户行为的准确度，让金融机构和金融服务平台无论在营销方面和风险控制方面有都更加游刃有余。

## 四、电子商务对我国商业银行的影响

### （一）国内银行电子商务发展简况

1. 中国银行支付产品创新

"直付通"和"保付通"是中国银行宣布推出业界具有特色的两个 B2B 支付产品，当买卖双方信誉度高或者是支付效率高的情况下，这时候就可以用"直付通"。"保付通"被引入银行信用，买家和卖家在交易的过程中，买方公司通过银行网上支付系统将提前支付到在中国商业银行的中间开了一个商户，然后收到来自双方确认的信息，再将交易资金划至卖方企业收款账户的支付方式。

2. 中国招商银行网上商城和网上支付

"名品特卖会"被中国招商银行和深圳本地网上银行转移到互联网上，特卖会第一天的订单量比往日就多了很多。此次的网络特卖会是在我国首次举行的，主办方希望可以通过此次电子商务平台来实现用户资源共享，优势互补双丰收。中国招商银行网上支付结算"一卡通"为持有者提供网上购物、订购机票、彩票、网上订票、支付互联网接入和国际长途直拨电话。

3. 工商银行携手易网通旅行

中国工商银行广东省分公司和易网通旅行商业银行实现全面的电子商务合作，双方共同开发电子支付的基础上的 B2B 商务合作，都会有自己的优势 - 合并金融服务及商务旅行服务，提供立体化，个性化，多样化的旅游服务，以支持客户。这是一个针对中国商业银行的客户的 B2B 系统，它是专为客户创造在线商旅平台，它由工商银行和易网通共同开发，该系统提供了金融支付系统和商旅服务。

4. 深圳发展银行与阿里巴巴合作的中小企业金融服务

为了促进增长和发展中小企业发展和部署，深圳发展银行在上海同阿里巴巴集团签署合作协议，它们依托穿心理念、先进技术、强大品牌，及时开发新的合作领域。所以，深圳发展银行和阿里巴巴在未来的商业贷款服务和网络融资服务平台将会以小企业为重点。

**（二）电子商务对商业银行的影响**

1. 电子商务对商业银行中间业务的影响

中间业务是银行三大支柱业务之一，在我国商业银行受到西方国家商业银行的影响下，我国商业银行要全面迎接全球化的挑战，同时又面临着电子商务的冲击。第三方支付借助持续开拓市场空间，抢占了商业银行支付结算市场份额已经有了替代商业银行大量中间业务的趋势。比如，支付宝出来能够供应个体顾客快速给付，引用卡款项偿还，转账，保险买卖，生活费用支付服务，还可以给付对公顾客供应数量较大的收付款，层级众多的市场活动，大批款项的支付等结算服务。而第三方支付不仅仅只包含支付宝，他还包括其他的第三方支付平台，如，余额宝，天天赢等。由于第三方支付具备安全，简单，快捷，且成本低等特点，对商业银行的客户基础产生了冲击，支付宝在发展的过程中积攒了大量的客户，这些客户既包括其自身平台上的电商，也包括了网购的个人客户，我们都知道，客户是一切业务的基础，所以，就算是商业银行经营转型做互联网金融也不一定具备这样的优势。

2. 电子商务对商业银行存贷款的影响

众所周知传统银行之所以"传统"其主要体现在业务发展单一，它们主要依靠存贷款，然而我们都知道存款是利润的基础，贷款是利润的源泉。离开二者，中国的银行就不叫银行了，因为随着社会融资多元化，互联网全球化，电子商务批计划等因素，银行走单一的存贷款业务的路子是越走越窄。很早就提出了转型的设想和规划，都知道银行未来发展的战略方向就是转型。改革开放 40 年来，我国商业银行的经营主流模式是"负债主导"，即全部业务的起点、过程、目标和结果，围绕负债的增长，这一模式下的两大动力支柱就是"以存定贷"和"以贷揽存"。而目前，第三方支付的迅速发展，使得支付宝，余额宝，天天赢等第三方支付平台用户不用再依赖于商业银行的网银系统进行支付充值。他们还可以在邮局汇款，手机充值卡等渠道为第三方支付账户充值。这就足以说明第三方支付平台在获得资本的路径上能够离得开银行系统，存在某种意义上的获得存款的渠道。从而分流了银行很大一部分的银行存款。

3. 电子商务对商业银行传统销售的影响

基金、保险等常规的金融商品的代销，中国始终是商业银行的单独商品活动。基金企业直接销售与第三方市场的代销比重一直不高。但是，当前第三方支付机构借助本身给付方式的特点逐渐对基金、保险等商品进行代销操作。增加了这些企业的销售路径与空间，削弱的商业银行的代销渠道优势。目前，国有商业银行，面临的挑战在于以下三个电子商务营销。

（1）电子银行

与银行的电子银行平台相比，高位运行的安全性和可靠性的要求超出了金融风险，传统意义上的电子银行风险除了包括包括技术风险，传统观念的风险，最重要的是金融风险。同时，银行的风险，不仅从银行与客户，还要与第三方行为之间相互作用。然而，提高电子银行的安全管理是发展的主要问题之一。

（2）相关法律问题

与传统银行相比，网上银行有两个非常突出的特点，它传递信息（包括租赁）是应用于电子方式；

（3）该银行的人力资源问题的存在

随着进一步加快电子银行业务的步伐，原本只适应新的商业传统的手工操作和简单的电脑操作都将被淘汰，在银行不能满足日益增长的使用失业产生的新技术将继续增加。

4. 电子商务对商业银行客户维护的影响

现在，第三方支付组织更多的客户，一旦有一定的关联度，客户将有更大的粘度。虽然第三方支付企业开始依赖于发达的商业银行的支付渠道，他只能提供支付功能，则无法获得有关用户的信息。然而，随着企业，通过不断的发展和创新第三方支付机制，要改变这种状况，如快钱，银联支付公司，如果没有一些银行，目前的网关实现的活动的帮助下，只能通过通道模拟网关结构本身，客户才可以得到相关情况，依托阿里巴巴电子商务平台，支付宝实现这个功能，腾讯财付通还有 QQ 用户实现这一功能，以及目前的运营商，等在基地，他们掌握的个人具有相对大的特性信息流。然而，商业银行的钱在此基础上支付的好处，客户服务的水平，并得到坐落在一个相对弱势的地位。换言之，许多客户可以提供直观的工具，但是，通过改变在第三方支付机制这一独特存在的观点之前获得的商业银行中的位置。目前的客户和商业银行，第三方支付平台可以使用第三方交易平台，干扰商业银行客户维护和信息之间的管理，据统计，现在支付宝个人注册用户已经远远超过国有四大银行的用户数量，支付宝用户和其他主要商业银行建立庞大的客户群体。从而，很大程度上增强了第三方支付机构和国有商业银行的竞争力。

### （三）电子商务给商业银行业带来的机遇和挑战

1.电子商务给商业银行业带来的机遇

（1）电子商务使银行服务不受时空限制

在经济全球化的影响下，网络用户数量的增长也为银行提供了一个全球性的市场。网络它可以打破传统信息传递被限制，而且它还打破了地区与地区之间的壁垒。随着经济全球化的迅速发展，网络技术日新月异，电子商务技术，更多、更快、更便捷的服务被银行利用。

（2）低成本，高效率

随着电子商务的发展，各大商业银行已经消除了票据、文书的储存邮寄过程，不仅仅是降低了银行的经营成本，而且更降低了交易及资金清算成本等各项费用。商业银行为客户提供便捷的服务，顺应了客户的需求，增强银行的竞争力。

（3）加速银行体制变革

电子商务技术的发展使得银行的运作模式逐步趋向于虚拟化，智能化，不难看出，传统的银行运作模式已经无法满足现代化的需求。以后银行主要通过网络为客户提供全功能服务。因此，客户可以通过比较，从而选择服务最佳的银行。银行只有不断创新、变革体制来提升自己的竞争力，提供给客户更满意的服务。

2.电子商务对商业银行业带来的挑战

（1）利润来源转移，竞争激烈

电子商务的迅速发展，金融服务的好与坏很大程度上决定着银行利润的多与少，而不是传统的存贷，所以，传统商业银行应根据自身情况主动推销自己的服务，从而满足客户的需要。客户会更偏向于提供更好服务的银行，因此银行与银行之间的竞争也是与日俱增的。它必须要以"为消费者提供完善的服务将是一家优秀银行的本质所在"为目标，才能在电子商务浪潮中，立于不败之地。

（2）对支付体系和信用体系要求更高

电子商务的应用后，银行如何提供高效、安全的跨国界的资金划拨和清算是面临的一大挑战。银行支付系统必须提供实时交易，甚至实现零时差的实时资金清算。随着IT企业已经介入社会支付服务领域，传统银行在社会支付体系中的垄断地位受到威胁。因此，商业银行必须充分重视电子商务发展，才能维持自身的生存发展。

（3）安全技术有待提高

在整个网上交易过程中，人们所关注的重点都是它是否安全，目前利用信用卡的安全性问题盗窃冒充、涂改骗取、伪造诈骗、内外勾结转移资金等。另外网络诈骗、钓鱼网站也层出不穷，这些可能会制约银行业电子商务的发展。因此，必须提高交易的安全性，网络的安全性，才能给客户资金带来保障。

# 第四节　加强风险评估、完善金融风险的防范机制建设

通过全面的金融评估报告和市场调查加强金融风险评估，对相关金融机构的运行状况进行准确识别，针对高风险的市场变化建立健全应急处理机制，通过事前预警体系的建设来缩小金融风险的影响范围，有效地控制金融风险，为有力管控现代金融风险提供良好的制度基础，从而保证金融经济稳定高速发展。

## 一、国外金融风险定量分析方法的评价

近年来，国外学者对金融风险问题作了很多研究，并提出了许多金融风险理论和各种金融风险的定量分析方法。在金融风险理论方面，包括金融主体的有限理论、内部人控制理论、金融客体缺陷理论、金融体系运作方式和组织结构缺陷理论、价格波动理论、金融资产收益和风险的关系理论、金融风险的国际传导机制等。在定量分析方法方面，国外学者对市场风险、信用风险、流动性风险、投资风险、利率风险、国家金融风险等都提出了一些定量分析方法，这些分析方法可大致归纳为三类。

第一类：概率统计理论在金融风险领域研究中的运用，即测算在一定时期和一定置信度内，金融资产的可能损失额，设定金融风险指标的监控值或临界值。

第二类：巴塞尔银行监管委员会、西方一些国家的金融监管当局就银行业的风险提出了特有的定量分析方法，如对不同类型的贷款给予不同的风险权重，据此计算一个金融机构的风险大小。

第三类：综合评价风险，其方法属于综合评分法。即将风险转换成0-1的风险系数，评价单个金融机构或单项风险。

以上定量分析方法都存在几个共同的问题：①缺乏系统性，没有对金融风险的形成因素作全面的系统的分析，不能从总体上全面地把握一个金融机构或一个地区金融风险的形成原因，使防范和控制金融风险措施的效能降低；②部分西方学者提出的金融风险的定量分析方法的数学过程过于复杂化、抽象化，实际运用的效果差；③巴塞尔银行监管委员会提出的风险资产权重带有很大的主观性，并且不同国家和地区，同一类别贷款的风险权数有可能不一样，这就使得其运用的普遍性存在问题；机构的一部分指标比乙的风险大，而乙的另一部分指标的风险比甲要大。在这种情况下，由于没有规定各指标的权重和综合方法，就无法对这甲乙两个金融机构的风险做出比较。

最后，人民银行的监控指标侧重于风险的预防和控制，只是作为对金融机构的一种目标性要求和约束，并没有从中央银行把握金融风险程度的角度提出测定风险的具体的量化标准。我们从这些指标中也很难得出金融企业风险程度的总体判断和量化概念，并很难对不同时期、不同地区、不同行业、不同金融机构的风险情况进行比较。

从总体上看，我国对金融风险的定量研究还处于较为初级的阶段，缺乏系统性、客观性、

科学性和精确性。由此我们认为，我国对金融风险问题的研究在理论深度上需要进一步加深，在研究方法上需要创新。

## 二、我国金融风险综合评价方法的选取

### （一）指标赋权的意义及原则

金融风险统计监测指标体系内含有多个具体指标，每个指标在综合评价中的重要程度不同，在综合评价中必须给每个指标赋权。赋权是金融风险统计工作的重要内容和关键环节，每个指标的权重是否合理，直接影响到金融风险统计监测与评价工作的质量。制定金融风险统计监测与评价指标的权数必须具有导向性、科学性和合理性，要突出重点，照顾全面，要考虑指标的反映力度，使真正的金融风险状况能得以体现。因此，在给指标赋权时应遵循以下原则。

1. 导向性原则

各指标权数的大小，关系到被评价单位对金融风险各方面的状况的重视程度，因此要根据当前金融各行业的战略目标和工作重点并突出相应指标，给予较大的权重，以引导各主体加强该方面的工作取得更大的成效。

2. 突出重点，兼顾一般的原则

金融风险统计监测与评价指标体系是若干个相互联系的指标的集合，每个指标在监测与评价指标体系中的重要程度不等，给每个指标赋权时，必须根据监测总目标，将评价指标体系内指标区分为关键指标和次要指标，对反映金融风险监测本质特征的指标应赋予较大的权数，对反映次要方面或者说非本质特征的指标应给予较小的权数。

3. 科学性原则

指标的赋权科学首先表现在赋权方法要科学。制定权数方法有许多种，如层次分析法、主成分分析法、专家赋权法等，在给指标赋权时必须根据研究对象的特点，有选择的加以应用。其次赋权的科学性还表现在：对于指标数值准确可靠的指标一般应给予较大的权数，反之赋予较小的权重。

### （二）指标的赋权方法

1. 德尔菲法

又称专家咨询法。该方法通过征求社会、经济、高校、国外等各方面的专家意见，将专家提供的权数意见经多次统计处理，直到专家赋权比较协调的情况下，得到指标的适宜权数。它是主观赋权法。

2. 主成分分析法

它是定量赋权法。某一种现象数量的变化往往受许多因素的影响。分析这些影响因素时，人们可以列出大量的指标或数据。由多指标进行综合评价时，要以各指标的总变差来说明被评价对象在多项指标形成的多维空间中的相对地位。本文拟采用主成分分析法对我国金融风险水平进行综合评价。

下面将对次方法进行简要介绍。主成分分析又叫矩阵数据分析、主元分析、主分量分析，

是多元统计分析中应用广泛的一种方法，是由 Pearson 于 1901 年首先引入，由 Hotelling、Rao、Gnanadesikan、Morrison 和 Bibby 等人进一步发展而形成的重要的多元统计方法。主成分分析是一种通过降维技术把多个具有一定相关性的指标约化为少数几个综合指标的统计分析方法，被广泛应用于自然科学和社会科学的各个领域。在实证经济问题中，有时必须考虑众多因素对同一个经济过程的影响。而每个因素都在不同层面、不同程度上反映了所研究问题的某些信息，并且指标之间彼此有一定的相关性，也就是说统计数据反映的信息在一定程度上有重叠。如何找出影响此经济过程的几个综合指标，使综合指标为原来变量的线性组合，综合指标不仅保留原始变量的主要信息，彼此之间既不相关，又比原始变量具有某些更优越的性质，使得在研究复杂的经济问题时容易抓住主要矛盾，主成分分析是一个理想的工具。

## 三、指标体系的建立

### （一）指标选取原则

为了使金融风险的统计监测能综合的反映我国金融风险的总体状况和程度，在构造金融风险统计监测指标体系时，必须遵循以下几条原则。

1.目的性原则

指标体系应是对监测与评价对象的本质特征、结构及其构成要素的客观描述，应为监测与评价活动的目的服务，针对监测与评价任务的需求，指标体系应能够支撑更高层的评估准则，为评价结果的判定提供依据。目的性原则是指标体系设计的出发点和根本，衡量指标体系是否合理有效的一个重要标准是看它是否满足了监测与评价的目的。

2.科学性原则

指标体系的科学性是确保监测与评价结果准确合理的基础，一项监测与评价活动是否科学很大程度上依赖其指标、标准、程序等方法是否科学。指标体系的科学性主要是以下几个方面。

（1）代表性强

金融风险的引发是多方面因素共同造成的，我们在模型中不可能把所有影响因素都涵盖，而只能选取各方面的代表性指标来衡量各自方面的余融形势的变化，这就要求选取的指标代表性强、客观、全面。

（2）准确一致性

指标的概念要准确，含义要清晰，尽可能避免或减少主观判断，对于难以量化的评价因素应采用定性与定量相结合的方法来设置指标。指标体系内部各指标之间应协调统一，指标体系的层次和结构应合理。

（3）完备性

指标体系应围绕监测与评价目的，全面反映金融风险的方方面面，不能遗漏重要方面或有所偏颇。否则，评价结果就不能真实、全面的反映被监测对象的金融风险状况。

（4）独立性

指标体系中各指标之间不应有很强的相关性，不应出现过多的信息包容、涵盖而使指标有所重叠。

（5）灵敏度

所选取的指标数值上的细微变化就能敏感的反映金融形势的变化，而金融形势的细微变化也能在这些指标的变化中得到体现。需要指出的是，上述指标休系设计中的完备性是针对监测与评价目的而言的，而不是包罗万象，指标越多越好，指标的数量有一个适度原则。另外，实践中指标之间完全独立无关常常是很难做到的，一方面是因为事物各方面本身就是相关的；另一方面，指标体系不是许多指标的简单堆砌，而是由一组相互间具有有机联系的个体指标所构成，指标之间绝对的无关往往就构不成一个有机整体，因此指标之间应有一定的内在逻辑关系。

3.适应性原则

指标体系的设计应考虑到现实的可能性，指标体系应适应于监测与评价的方式，适应于监测与评价活动对时间、成本的限制，适应于指标使用者对指标的理解接受程度和判断能力，适应于信息基础。具体的，指标体系的实用性又可分为以下几个方面。

（1）简明精炼

一套指标体系可能包含许多指标，如何把一些简单精炼而又说明问题本质的指标提炼出来，这是一项非常重要而又需要许多理论研究和实践经验的工作。指标是对原始信息的提炼与转化，指标不宜过于繁琐，个数不宜过多，以避免因陷于过多细节而未能把握对象本质，从而影响监测与评价的准确性，同时，指标的精炼可减少监测与评价的时间和成本，使该活动便于操作。

（2）易于理解

在监测与评价过程和评价结果使用中往往涉及多方而的人员，如评价者、咨询专家、管理者、决策者和公共使用者，指标应易于理解，以保证评价判定及其结果交流的准确性和高效性。

（3）稳定一致

在满足监测与评价目的的前提下，应尽可能采用相对成熟和公认的指标，与国内外相关方面的工作相衔接，以便于评价结果的比较与应用。

（4）可操作性

所选取的各个指标都应该能够快捷、方便、低廉的收集到相对准确、可靠的指标值。

## （二）我国金融风险评价的指标体系构建

由于不同类型的金融风险，在经济危害的发生过程、引发原因等方面均有很大的差别。在选取反映金融风险的指标时，我们充分的吸收了国内外相关的研究成果。在此基础上，结合我国金融风险的特殊性和数据取得的可能性，遵循指标体系小而精的原则，共选择了八个方面，31项指标。

1.评价宏观经济总体态势的指标

金融风险的危害与宏观经济是否健康运行有着密切的关系，因此在金融风险的评价指标体系中，必须把这方面的情况反映出来。宏观经济总体态势我们选取经济增长率、通货膨胀率、失业率三项指标来反映。

2. 评价经济结构的指标

经济结构是否合理，一、二、三产业的比重是否失调，是影响金融风险的重要指标。本文选取农业增加值 /GDP、工业增加值 /GDP、服务业增加值 /GDP 这三个指标来衡量经济结构。

3. 评价对外贸易类风险的指标

首先，汇率水平是否过高，可用经常项目赤字与 GDP 的比率来衡量；其次是外债偿还能力，可用外债总额与 GDP 比率来评估；再次，应付突发事件的能力，可用外汇储备支持进口的月数来衡量。因此，选用经常项目赤字 /GDP、出口 /GDP、劳动对经济增长的贡献率、资本对经济增长的贡献率、全要素生产率（技术进步率）、外汇储备 / 月平均进口额等六个指标来反映对外贸易风险。

4. 金融类风险

词类风险大小主要取决于债务的总体水平及偿还能力。本文选取负债率、债务率、偿债率、短期外债 / 总外债、内债 /GDP、内债 / 财政收入、债务依存度等七个指标来衡量。

5. 货币类风险

此处我们选取 M1 增长率、M2 增长率及 M2/ 外汇储备这三个指标来代表。

6. 财政类风险

政府对经济的调控能力一般由财政收入 /GDP 所表示。因此，在此类风险中，我们选取财政收入 /GDP、财政赤字、财政收支平衡指数等三个指标来衡量。

7. 银行信贷类风险

此类风险大小主要取决于银行资产质量的高低和银行的抗风险能力。在此我们选取储蓄存款稳定率、储蓄存款巩固率、贷款净回收率等三个指标来反映。

8. 评价经济泡沫成分的风险指标

经济泡沫主要是指股市泡沫，而股市泡沫的大小取决于股票价格偏高的程度和股票流通市值的大小，可用股市价格指数（上证年底收盘）、投资回报率、房地产空置率等三个指标来衡量。

# 四、缓解我国金融风险的政策策略

## （一）防范金融风险的根本出路在于深化金融体制改革

不良债权不断增加和自有资本金比率不断下降是我国所面临的最主要风险，解决这两个问题的根本出路只能靠深化金融体制改革。

1. 建立多元化的金融体系

金融系统效率低下是我国金融业不良债权不断增加的重要原因。而要提高金融系统的效率，仅靠现有金融企业改善内部管理机制是远远不够的，关键是强化金融业内部的竞争。为此必须逐渐地消除国有银行对金融业的垄断，建立多元化的金融体系。

要建立多元化的金融体系，首先必须解决的是认识问题，也就是政府有没有必要对金融业保持垄断。虽然金融业在经济运行过程中的地位极为重要，但从西方市场经济国家的经验来看，金融业并不需要政府进行垄断，可以让民营经济发挥更多的作用。

其次，多元化的金融体系是否会加大金融风险。金融多元化必然意味着大力发展民营金融机构，金融机构平均规模也会缩小，破产的金融机构也会增多，但这并不一定会导致金融风险增大，关键在于建立与此相适应的金融监管体系，合理的规范金融机构的行为。金融业垄断经营，虽然依靠规模大或政府信誉作保障，可以把金融风险暂时隐蔽起来，但风险并没有消失，随着风险的不断累积，仍有可能陷入危机，并且一旦陷入危机，问题就会特别严重，后果也特别可怕。因此用垄断经营来防范风险是不可靠的。

2.允许产业资本进入金融领域

金融业自我积累能力很弱和金融业快速发展都是我国面临的现实，若没有产业资本大量进入金融领域，而单靠金融业的自我积累来发展，那么金融业自有资本金比率不断下降是必然的。由于金融业比较特殊，因此如何让产业资本进入金融领域则必须制定一套完整的规则，一方面要有效的控制风险，另一方面又不应造成过多的进入障碍。

3.积极稳妥地发展直接融资

直接融资可从两个方面降低金融风险，①增加直接融资可使企业的自有资本比率提高，从而提高企业的偿债能力；②缩小了间接融资的规模。但直接融资也有自身的风险，比如股市泡沫。另外，发展直接融资不能只考虑对金融风险的影响，更重要的是对资源配置效率的影响，从目前护深两市的上市公司情况看，直接融资的资源配置效率并不高，这对直接融资作用的发挥构成了制约。

## （二）完善国有商业银行的管理体制

国有商业银行金融风险的不断增大与国有商业银行运行效率低下密不可分。要提高国有商业银行的效率，只能从完善国有商业银行的管理体制和运行机制入手。国有商业银行管理体制的改革可以借鉴一些国有企业改革的成功经验。

1.必须强化利润目标

强化利润目标就是要用利润的多少来衡量国有商业银行经营的好坏。从目前的情况看，利润目标并没有引起应有的重视，利润的多少对银行的负责人没有影响，对员工的报酬也没有太大影响。如何强化利润目标，有很多问题要解决。

（1）国有商业银行的经营自主权问题，政府管得过多过死，企业就不可能适应市场的变化，在竞争中就会垮下来，利润目标的约束就难以建立起来。

（2）利润的核算，如果任凭呆坏账不断的累积，那么利润就不可能真实的反映金融企业的经营绩效，而坏账应如何冲销，则可借鉴西方发达国家的经验。强化利润目标与强化呆坏账约束之间并不矛盾，因为在利润核算时，已经考虑了呆坏账因素。更为重要的是：单纯的呆坏账约束会造成金融企业少放贷款的不合理行为，而强化利润目标则可以让经营者有更多的选择。

2.建立健全商业贷款风险防范体系

随着我国市场化改革的不断推进，银行贷款所面临的风险也在不断增大。针对这种情况，金融企业必须增强贷款的风险意识和风险识别能力，建立起一套完善的商业贷款防范体系。首先是在贷款对象的选择上必须转变观念。金融企业在选择贷款对象时，最重要的是看企业偿债能力和资信状况，企业的所有制类型和规模并不重要。一般来说，企业效益与企业的偿债能力密切相关。从我国目前的情况看，民营经济的效益相对较好，国有经济的效益相对较差，因此今后贷款的主要对象应逐渐地从国有经济转向民营经济，那种认为民营经济贷款风险较高的观点是片面的。其次，贷款方式必须要有所选择。贷款方式有信用贷款、抵押贷款、担保贷款等多种。各种贷款方式所面临的风险大小和类型都不一样。银行在提供贷款时，必须根据借款人的特点来决定贷款方式。

### （三）建立和完善金融风险的逐步释放机制

金融活动中充满着各种各样的风险，如果在形成呆坏账以后不能释放，那么就会逐渐累积起来。随着累积规模的增大，最后就有可能演变成金融危机。要避免这种情形的发生，关键是要有一套完善的金融风险释放机制，使金融风险在经济正常运行的情况下逐步释放。在金融风险的释放机制中，最重要的有两条，一是金融机构的呆坏账必须及时冲销；另一个是有问题的金融机构必须及时处理。要做到这两条，金融机构的平均规模就不能过大。对于大规模的金融机构，即使不良资产的规模较大，往往也能照常运行，并且政府要处理这类金融机构的难度也很大，这两个方面的原因使得这类金融机构的风险往往难以及时释放，只有累积到相当严重时才不得不处理。

### （四）改善金融业运行的外部环境

为了降低贷款的风险，银行在近年已作了很多努力比如推行贷款证制度、银行贷款要以抵押贷款和担保贷款为主等等，但收效并不明显，除了银行自身的因素以外，关键在于缺乏严格执行这些制度的外部环境。

1.加快国有企业改革，增强国有企业的偿债能力国有企业作为国有商业银行的主要贷款对象在短期内还很难改变，因此国有企业的效益状况、国有企业的偿债能力，对于国有商业银行的贷款风险有很大的影响。由于国有企业并不是单纯的经济主体，因此对于无力偿还债务的国有企业，银行也往往难以采取有效制裁措施。要改变国有企业的这种状况，就必须加快国有企业的改革，适当的提高直接融资的比重，使国有企业的经济效益和偿债能力尽快提高，把国有企业的社会性职能分离出去，改造成单纯的经济主体。

2.增强商业银行与各级政府的独立性虽然政府对商业银行经营活动的直接干预不能简单的等同于银行不良债权的增加，但是政府行为目标与商业银行的目标不同，因此政府干预对商业银行防范风险是不利的。

3.完善企业的资信评级体系客观、公正的资信评级是金融机构给企业提供贷款的重要依据。要做到资信评级客观、公正，首先是评级必须要以事实为依据，企业的资信是由企业以往债务的偿还情况、企业的资产负债状况、企业的经营状况等因素决定的；其次是资信评级机构必须高度独立。

4.消除经济运行中的不健康因素金融风险是否会演变成金融危机以及金融危机对经济

的危害程度均与经济运行是否健康有关。如果经济运行中存在结构失衡、重复建设、三角债、高通货膨胀等严重的问题，那么即使风险的程度不是很高，也有可能引发金融危机。因此努力消除经济运行中的各种不健康因素，对于防范和化解金融风险可以起到积极的作用。

### （五）加强金融监管，提高金融监管的效率

金融监管是防范金融风险的重要一环，但要做好金融监管的难度也很大。从我国目前的情况看，要充分的发挥金融监管的作用，有几个问题非常值得注意。

1. 有效的金融监管必须要以可靠的信息作为保证

对金融企业的经营活动进行监管是金融监管的重要内容，若对金融企业的真实情况缺乏了解，那么监督就会成为一句空话，更谈不上对有问题的金融机构进行及时的处理。

2. 金融监管的政策措施必须切实可行

如果金融监管的政策措施不具有现实可行性，就必然会造成无法实施，金融监管的严肃性就会遭到破坏，违法违规就会成为正常现象。金融监管的政策法规和具体措施是否具有现实可行性，是由一国的实际情况所决定的。由于我国金融系统比较特殊，一些理应遵守的国际标准在我国却并不一定可行，比如在巴塞尔协议中要求核心资本与风险资产的比例最低为4%，但我国的大多数金融机构在短期内根本无法达到这一要求。随着我国经济的快速发展，对金融业的要求也越来越高，金融监管管得过多和过死的问题已越来越突出，若不尽快地对这些属于"过多、过死"的政策法规作调整，那么也会变得没有现实的可行性。针对我国目前情况，如何使金融监管的政策措施既具有现实可行性，同时又能起到防范金融风险的作用，是一个比较难处理的问题，一种比较可行的方法是制定一些过渡性的政策法规。

## 五、实例：衡阳金融系统性风险防范对策

随着经济的飞速发展，为了适应时代的发展，我国的金融体系发生了巨大的变革，新形势下的衡阳金融呈现出多元化和复杂化的特点，导致了金融系统性风险的频繁发生，各种各样的风险开始涌现出来，造成了金融投资者的各种损失。实例深入地剖析了衡阳金融存在的问题风险，从关联交易风险、投资行业风险、期限错配风险、夸大宣传风险、监管缺失风险5个维度来描述金融系统性风险的形成过程，最后针对这五大风险提出了防范措施和对策。

### （一）新形势下衡阳金融存在的问题风险

在2017年，中国在银行表外业务方面另辟蹊径，达到8万亿元的业务量，其中有委托贷款和信贷投资，与新增加的银行贷款几乎保持同样的量。然而，根据金融稳定委员会的定义，对我国金融规模进行预算，到2017年底，中国的金融业务量将会突破30多万亿元，达到了全国银行金融机构贷款总额51.7万亿元的2/3，面对着这么庞大的融资量，多头管理仍然缺乏行之有效的监管效果，并且信息不透明，金融风险开始显现。下面以衡阳金融出现的系统性风险为例进行分析。

1. 关联交易风险

衡阳金融组织的股东与相关合作单位或上下游企业是合作关系，这种情形十分常见。比如，担保企业正是私人交易中心的股东，因为某些项目是他们推荐的，交易中心就会在审查方面放松。对于一些不合格和不合规的公司项目，也能够被准许与项目库对接，毫无阻碍地与投资者进行资金方面的对接，如若公司的项目发生了一定的偿付风险，担保企业将无法承担赔偿，投资者的资金将面临巨额亏损。

2.投资行业风险

中国国家审计署最近公开宣布了衡阳政府债务情况的审计结果，其债务比率超过了100%。衡阳政府对借贷视如空气，债务太高的话，风险很大，房地产行业的风险更是明显。由于目前银行贷款的门槛相对较高，可控性也很强。衡阳的投资和融资渠道，以及房地产等信用风险相对较高的领域，都不是很愿意通过私人的金融组织和银行表外业务进行融资，因而，各领域显现出来的风险还是比较大的。

3.期限错配风险

当前，中行实施了相对紧俏的货币政策。衡阳很多银行都面临着资金不够的问题。它们只有利用高利息的理财产品才能吸引更多的存款，不惜把利息提高到8厘来抢夺存款。这迫使银行不得不购买1～5年的高收益债券，其流动性差、信用评级低，作为理财产品的基本运作，使财富管理产品和基本资本与前面提到的高收益债券的到期时间不相符合，这会造成很大的期限错配风险。

4.夸大宣传风险

处理金融业务的初衷是吸收公众存款，因此，它涉及广泛的问题。银行和私人金融机构经常夸大金融业务的低风险，并在面对公众时对投资者进行错误的引导，特别是一些年龄较大的投资者，他们往往忽视了隐形存在的风险。如若项目具有很大的偿付风险，投资者就会承担很大程度的资金损失，或者是没有达到投资者的预期收益效果。这很有可能会造成一些蝴蝶效应，造成群体性事件的发生，例如2012年，衡阳中支处理了银行业与保险业之间合作引发的纠纷，造成群体性事件，可能蔓延到正规金融。

5.监管缺失风险

金融业务监管的主体尚不清楚，缺乏对长期管理的有效监督和管理以及不透明的信息，没有形成正规的金融业务统计体系，数据的上报途径仅仅通过自己的意愿或是调查获得，并且口径不一致，没有统一的标准，在真实性和精准性上十分欠缺。当前，没有比较正式的法律法规来确定这些管理部门的管理者和监督管理负责人。没有统一有效的管理方法，目前衡阳的金融行业监督处于真空状态。

### （二）防范衡阳金融系统性风险的政策

1.对于私人金融机构，有必要加快立法程序

目前，有关私人金融交易监管的法律法规很多。虽然有很多法律法规，但从国家到地区，没有统一的立法，而且大多数是针对私人金融机构的。例如，在多管理管理的状态下，小额信贷公司、融资担保企业和私人金融交易中心的监督管理部门大部分都是地方政府的财管部门，典当行的管理也隶属本地的商务部。工商管理部门主要负责公司的注册，但无

论金融领域怎样标准规划，都希望政府部门加速立法的统一性，成立金融业协会，制定出金融业的自律条例，对融资的利率和服务中介费进行统一规定，使金融业绿色发展。

2.对于整个金融要加强管理，实行混业监管

尽管衡阳每个金融组织的管理部门存在着差异，但是监管部门必须统一起来。如今，银行机构、证券机构、保险企业、私人金融组织和其他类别的金融组织是各自为营的，但是它们之间却藕断丝连。随着越来越多的跨职能部门和业务部门的发展，金融行业的快速发展强化了金融组织之间的联系。当前，行业监管虽在"一行三会"的模式上变得更加专业，但是仍然不能很好地适应于衡阳金融行业混业运营的"潮流"，极易在众多的业务交错中形成监管上的空白。寄希望于中行实行混合的监管模式，分离出商业金融组织，负责整个金融业的监督管理，对社会产出更具权威性的金融时讯。这不仅利于整个金融行业第一时间掌握统计监测数据，还能对金融政策进行宏观上的调控，以防止系统性和跨行业的金融风险产生。

3.整个金融业应增强社会责任感，强化服务理念

目前，中国经济复苏困难，步履维艰。在实体经济中无望盈利的情况下，衡阳金融业存在严重的空洞化趋势。它已经从正常的"货币—经济—货币"盈利模式转变为异常的"货币—货币"空盈利模式，已成为货币这个产业链中的多层次分销商，而实体经营位于整个产业链的最底层，具有资本和成本的上升持久性。目前，中国金融业的爆发性增长并不是满足实体经营发展的需要，它反映出了衡阳金融行业的变态发展，如果不加干预将引发新一轮的金融危机。中国人民银行应该引导整个金融业，包括非政府金融机构，增加社会的责任感，理解"皮之不存，毛将焉附"的真相，并与实体经营一同面对成功和失败，全力加大对衡阳实体经营的投资力度，为其提供更优质的服务，实现衡阳实体经济和金融行业的互利共赢。

# 第六章　现代金融经济风险的监管体制

## 第一节　金融监管体系的模式

### 一、加重对金融控股公司的责任制度

为了抑制关联交易以及过度负债经营，美国推出加强对金融控股公司的责任制度，其内容主要包括：要求金融控股公司完全或部分地保证其所管理的子公司的清偿能力，向其不能清偿债务的子公司重新注入资金或向政府机构赔偿因子公司经营失败而给公众债权人（例如存款人）造成的损失，或赔偿公共保险基金。其目的是为了实现一系列的金融监管政策，抑制金融控股公司中特有的道德风险问题。

### 二、金融控股公司的风险与加重责任的制度选择

#### （一）金融控股公司的双重属性

1.控股公司属性

从狭义上讲，控股公司通常是凭据对其他公司拥有一定数量的股权而对后者进行控制或经营管理的公司。控股公司与被控股公司主要通过股权关系而联结，并在大多数场合通过股权路径来实现两者之间相关联的经济运作。而从广义上讲，控股公司是指通过股权、债权或其他投入方式来实现对其他公司的控制权限或经营管理的公司。在现实中，从狭义上讲的控股公司为数较多且比较典型。但是从定量上看，到底何谓"控制性持股"的规定却不尽相同，也没有统一的标准。在股权日益分散的情况下，低于50％的也能控股，有些股东仅持股30％、20％、10％甚至更低，只要是第一大股东，并且能够联络足够的其他股东股权和影响力，就能控制和支配公司。

在通常情况下，控股公司的组织结构都是母子公司结构，从而可以把控股公司称为母公司，被控股公司则为子公司。控股公司一般来讲都拥有子公司的资本控制权、财务控制权、经营决策控制权、审计监督权和人事任免权等，有时甚至直接向子公司派遣高级管理人员。

由此可见，虽然说控股公司的母子公司之间是各自独立的法人实体，但是由于控股公司模式的特点使然，子公司往往不能片面强调自主经营、自负盈亏、自我发展和自我约束的"四自"方针，而是围绕母公司的总体发展战略，在维护总体利益的情况下寻求自身利

益最大化。

2.金融公司属性

所谓的金融属性，也就是这种类型的公司控制着巨大的资金和其他经济金融资源，至少是主要经营金融业务或金融相关业务．美联储在 Y 条例中规定，在金融控股公司的合并报表中，总收入和总资产的 85％必须来自金融活动或属于金融资产；"欧盟指弓┆"则规定金融控股公司必须是合并报表中金融；资产超过 50％以上的控股集团。可见，金融控股公司主要是据供综合的金融服务产品，其本身占有广泛的金融资源，故其经营活动对社会生活、经济运行产生重要的影响。

金融控股公司所具有的上述这两个方面的属性，决定了其在社会经济活动中的特殊地位，同时，这神特殊性也导致了金融控股公司具有了特别的风险性。

## （二）金融控股公司固有的潜在风险

金融控股公司的控股公司属性使得它具有复杂的结构特点，而金融属性又使得其很可能在混业经营的情况下产生特殊的道德风险，这些都使得金融控股公司具有潜在的特殊风险。

1.结构风险

金融控股公司的母子公司之间关系密切，金融控股公司作为"战略决策、财务控制、人力资源配置"中心，对各子公司实行有效的控制管理，这就在极大的程度上影响了子公司的经营决策权，使其面临自主权丧失的风险。较典型的是，金融控股公司会在子公司之间频繁、大量地转移资本，从而实现自身利益的最大化。在严格的金融监管中，银行控股公司中的控制权的行使可能不会如其它的控股公司严重，但由于其具备金融属性导致产生的危害可能更加严重。当控股公司通过银行子公司转移风险时，政府（存款保险基金）将承担银行的损失，因为每个银行子公司在控股公司中都是独立的公司法人。不可能对母公司或控股公司行使追索权。因此，在控股公司这种结构中，母公司作为控股或参股金融机构或非金融机构，都有可能利用其控制权为其经营行为的需要，或是为长远利益，或是为整体利益考虑，而不惜牺牲子公司的利益而得其秘。在传统的有限责任制度下，这种结构将很可能导致母公司将不利转移给子公司，从而危及其股东和债权人，这在事实上造成了不公平、不正义。

2.系统风险

这种风险是指在一个金融集团内部，由于其中一个成员的危机，通过控股公司作用机制的传递作用，使整个金融控股公司都面临风险，产生"多米诺骨牌"效应，甚至是相对隔离的业务单位也会由于公众的信心效应出现严重问题，最终成为席卷整个金融控股公司的危机。

此外，一个金融控股公司的风险也可能传染到其它金融控股公司或其它金融企业，然后传染到其它经济主体，甚至由一个国家传染到另一个国家，结果可能导致系统性金融风险甚至是世界性金融危机。例如，短期内银行资金进入股票市场过多，也容易迅速拉升股价，带来股市"泡沫"，"泡沫"膨胀破裂，引起股市暴跌，银行无法兑付，发生金融危机。金融控股公司控制：巨大的金融资源，试想如果"金融航母"级的金融控股公司沉没，那将对整体经济造成巨大的打击。

3.利益冲突

利益冲突又称利益背反，是指某个人或某些人同时对于不同的某些个人、某些集团或组织以及某种事物在忠诚度和利害关系上发生矛盾的现象。在法律上谈及利益冲突时的一个很重要的假设前提就是双方之间存在一种信任和委托的关系，即进行委托的一方有理由合理地期望接受委托的一方会以适当的方式以最佳的方式办理委托事务，并实现委托一方的利益最大化。当这种合理的期望受到影响或可能受到影响，且影响的因素（直接或间接地）是受托人自己的利益时，法律上谈及的利益冲突就出现了。就金融控股公司而言，它在经营上可以看作是一个整体，但这个整体内部各子公司之间，母公司与子公司之间，以及公司与债权人、股东之间存在着各种利益冲突。其根源是主体角色的多元化，金融组织兼营许多不同的金融业务，各个部门或业务单位的经营目标不相同，难免会出现冲突和矛盾，而维护组织整体利益的结果往往是对其他人或单位利益的损害。如投资者进行银行储蓄的主要目的是追求"金融资产的安全性"，如果金融控股公司把银行资金用于证券子公司的证券交易，追求股票的高额利润，则违背了投资者追求"安全性"的意愿。此外，各子公司之间也可能存在由于企业文化和经营管理模式差异而产生的利益冲突。所以，如果能做到金融控股公司与各个子公司之间在财产、人员、经营管理等各方面都相对独立那固然好，但如果做不到，并且这种做不到的行为影响某个子公司的正当利益，控股公司及相关子公司就应当承担责任。

4.政府信用担保下的道德风险

政府基于法律规定和政治考虑，维护金融机构信用，避免发生大规模挤、兑，保障中小债权人或投资者的资金安全，都会建立相关的保障制度，如存款保险制度、投资者保险基金、保险保障基金等。金融机构风险的传导性和、它所担负的社会责任，成为其要求政府提供信用支持的对价，政府在提供了此类支持后，则必须寻求一个更加有效、均衡的责任承担机制，才能防止金融机构利用政府提供的信用支持制造道德风险。但是政府的信用支持，已经在一定程度促使了金融机构趋向于选择高风险业务。

以存款保险制度为例，此制度设立的目的在于稳定金融、促进经济发展并保障小额存款人的利益，但银行和金融控股公司却是最大的受益者。金融控股公司的银行子公司如果破产，按照法律规定清算和赔偿等这些对储户的善后工作将由存款保险公司接手，而这些存款保险公司在大多数情况下都是由政府出资设立的. 正是由于政府这种明示或默示的担保，使得金融控股公司受到的市场约束更加弱化，从而无后顾之忧的倾向于从事高风险、高利润的银行业务。而如果没有存款保险制度，银行医濒临倒闭、无法得到信用、或不得不对增加的风险而向债权人付出高利息，这些都将制约其冒险活动。

### （三）金融控股公司股东有限责任的制度缺陷

有限责任制度是公司法上的一块传统基石，是在公司无限责任基础上发展而来的一项基本制度。在这种制度框架下，公司法把公司股东的责任限定在股东对公司的投资额内，也即意味着，如果公司破产，每个股东的损失数额不超过其已经向公司投入的资本数额。它同时表明当公司破产时，公司的损失转移到债权人并最终转嫁到社会。特别是就金融控股公司而言，如上所述的结构的、系统的、道德的风险，使得有限责任制度在金融控股公司领域受到滥用的风险加剧，不利于保护债权人利益。如印度尼西亚加达家族控制的金融控股公司，其控制的金融机构和上市公司因无法清偿债务而倒闭，然所以，在金融控股公司的责任认定中应当在一定程度上突破有限责任，寻求一种利益的平衡，克服制度缺陷引发的矛盾，制约金融控股公司的道德风险，防范金融风险。

### （四）加重责任制度是金融控股公司独特的制度选择

综上所述，加重责任制度的出现成为了对传统有限责任的修正与补充，它直接触及了金融控股公司中道德风险的本质，所以对金融控股公司的潜在风险有一定的预防作用，是对金融控股公司进行治理的有效机制，具体而言：

一方面，在加重责任制度中，控股公司在其银行子公司倒闭时的损失超过其对银行子公司的投资，这对银行在介入高风险业务时比在有限责任制度下存在着尽量减少损失额、加强管理的激励．例如，对于控制着多个银行的金融控股公司而言，交叉担保条款可迫使控股公司体系中有清偿力的银行补偿其他银行倒闭面给政府造成的损失，并且还有可能使得原本有清偿力的银行也面临破产倒闭的危险，就是由于这种可能性的存在，才会使得控股公司放弃制定高风险计划、意图将风险集中于某一子公司的企图，从而达到避免更大损失，稳定金融环境的目的。这样一种市场约束的目的是为控股公司监督其银行子公司的管理者提供经济刺激以阻止银行的冒险倾向。加重责任可以理解为追使控股公司权衡其子公司所作出的投资决策的全部成本的一种方法。它在事实上可能把部分或全部高风险战略造成的成本挡回了金融控股公司。

另一方面，在政府提供信用担保的体制下，"如果一家银行或公司知道自己会从自己所干的蠢事中得到解救，这实际上会促使他进一步放弃高标准要求而沉迷于蠢行"，更严重的是"一旦蠢事已干，它具有扩散倒闭和失败的性质，就像火灾、雪崩、脱缰的马和人群中的恐惧一样，在这样的时刻，负责部门就会出现，收拾、控制崩溃的局面"。"而在加重责任制度下，子公司的损失将会（最终）转移给控股公司，这样一来就调动了处于非常有利地位的金融控股公司的控制和约束资源。因为金融控股公司时时掌握被控制子公司的事务，与政府监管者相比，控股公司处于更加有利的位置去评价予公司的业务活动是否妥当。对子公司监督的积极性和权威性成为了加重责任制度的重要优势。因此，加重责任解决了传统预防性监管方法难以遏制银行管理者冒险欲望的问题。由此可见，加重责任对于加强金融控股公司的经营管理和制约道德风险发挥了重要的作用。它是公司有限责任适用的一种例外，是针对金融控股公司这一特殊的实体而产生的，它并不完全排斥有限责任的作用，而是以有限责任为基础，在特殊情形下消除了有限责任的弊端，而介于有限责任与无限责任之间，为了寻求利益的平衡而作出的一种特殊的制度选择。

## 三、我国金融控股公司加重责任制度的策略

### （一）我国金融控股公司的风险与责任承担机制分析

1. 我国金融控股公司的主要风险

金融风险是指经济主体在从事金融活动中由于各种不确定性因素所遭受损失的可能性，而作为从事金融活动的金融控股公司自身并不能消除这种风险。我国金融控股公司的发展刚起步，对其所带来的风险进行考察，可以使我们对其有足够的认识，并做好充分的应对准备。具体而言，我国金融控股公司存在着以下几个方面的风险隐患。

（1）资本安全风险

资本是金融机构抵御风险的最后一道防线，是金融机构债务的最终保证。所以，建立资本充足率制度是监管金融机构制度中一项基本又重要的内容。金融控股公司采取的控股公司模式，其经营业务渗透多个金融领域，极易产生资本不足的风险。其主要原因在于：如果母公司资本投资一金融性子公司，子公司注册投资一个不受监管的工商企业，该企业又持有母公司股份。母公司与子公司间的资本就有重复计算之嫌，如果母公司股份扩大后进而可进一步投资一子公司，子公司再注册另一工商企业，该企业又可持有母公司股份或者该企业又可持有母公司下属另一金融性子公司．这样同样一笔资金被同时用于两个或更多的法人实体投资，资本不断被重复计算。当前由于我国三个监管部门之间在机构市场准入时的股权资金监管上缺乏协调，有些母公司、子公司、孙子公司之间互相持股、、股权结构混乱，因此在金融机构资本充足问题上隐藏着很大风险。

（2）信息透明度风险

透明度问题既与个别集团成员的财务状况有关，也与整个集团的财务状况有关，同时也与集团的法人结构和管理结构有关。金融控股公司的低透明度会使得各子公司之间的协调与沟通受到妨碍、存在时滞性，将使得在风险发生的初期无法及时进行预警，最终造成巨大的损失。此外，低的透明度还可能使外部监管者无法确定监管对象、业务活动等的真正执行者，给外部监管带来困难。在这种情况下，不仅极有可能助长金融控股公司内部的违规行为，还可能使得在发生危机时，监管者或投资者在不能了解真实情况下，夸大风险程度，收紧资金供给，从而加重危机。

（3）制度性风险

制度性金融风险是指在两种体制转轨过程中，由于新旧体制的磨擦、深层次矛盾没得到根本性解决而产生的金融风险，它是由计划经济向市场经济转轨过程中的国家所特有的风险．其特征为金融风险与体制因素有关，包括法规缺失、产权不明晰和监管体系不适等．就我国的情况而言，在经济转轨时期，我国的金融业也获得了新的发展，金融体制也在不断地进行改革，并初步建立了适应市场经济体制的金融市场雏形，但这种雏形与完善的市场机制所需要的金融市场差距甚大，呈现出明显的"过渡性"特征。对于我国的金融控股公司，更是一开始就是在严格分业经营体制且缺乏明确法律规范支撑下自发形成和发展的。

2.我国金融控股公司的责任承担机制

目前，我国对于金融控股公司责任机制方面基本上都是执行的有限责任制度和在《公司法》中参照一般公司的标准制定的例外规定，除此之外，在我国现行金融法律法规中，也有与外国（地区）执行金融控股公司加重责任相类似的规定。

（1）股东有限责任制度

《公司法》第3条第2款规定：有限责任公司的股东以其认缴的出资额为限对公司承担责任；股份有限公司的股东以其认购的股份为限对公司承担责任。我国立法仅承认有限责任公司和股份有限责任公司两种公司形态，也就是有限责任体现于公司制度的全部企业类型. 无论是国有独资公司还是一人公司都属于有限责任公司，其股东对公司仅承担以其出资为限的责任。责任的有限性便得股份的价值成为与股东的具体人格无关的抽象物，增强了股份的自由转让性，投资风险的确定性加强了股份在市场的流通性，从而证券市场得以产生，繁荣，进而通过证券市场实现资源的优化配置成为可能。

虽然时代前进的步伐使股东有限责任登上了法律的舞台，但同时又给社会带来了困扰。一些以股东有限责任为护身符的公司投资者，抽逃资本、无端分享利润，甚至将公司财产经常混同于个人名下，损害了债权人的利益. 随着金融控股公司的发展，在这种公司组织形式中，段东有限责任制度越来越受到质疑，于是一种新的责任制度—加重责任制度被研究和讨论。

（2）公司法人人格否认制度

公司法人格否认制度在西方国家运转一个多世纪以来，有效规制了利用公司有限责任制度来规避法律、规避合同或侵权债务以及逃避强制执行等滥用公司独立人格的行为，使公司制度在实际运行中更符合设立宗旨，有力地促进了这些国家的经济发展。

公司股东滥用公司法人独立地位和股东有限责任，逃避债务，严重损害公司债权人利益的，应当对公司债务承担连带责任。这一规定为防范滥甩公司制度的风险，保证交易安全，保障公司债权人的利益，维护市场经济秩序，提供了必要的制度安排。但是，由于法律的局限性的原因，该规定对其适用条件、场合，不免缺乏精确性和系统性，而司法实践中，虽有少数司法判例已开始尝试对该制度的适用，但还不够典型，基本上仍处于一种空白状态。故还需要加大研究，将我国当前司法实践中滥用法人独立人格情形特定化，对适用公司法人人格否认制度的条件、场合及除外规则等加以具体、细化，增强其可操作性，从而为司法实践提供明确的审判规制，使其与法人人格确立、法人人格消灭共同构成三位一体的完整的法人制度。

（3）其他类似加重责任制度的规定

如我国《银行业监督管理法》第37条规定，银行业金融机构违反审慎经营规则，逾期尚未改正的，可经批准采取如下措施：责令暂停部分业务、停止批准开办新业务、限制分配红利和其他收入、限制资产转让、责令控股股东转让股权而使其不再占有控股地位、责令调整董事和其他高级管理人员或限制其权利、停止增设分支机构申请的审查批准。除了上述金融领域的法律法规外，在新《公司法》中也可以看到有关昀规定。如《公司法》

第21条规定了公司股东的权利与股东的义务,明确规定其给公司造成损失的应负赔偿责任。73 该法第 217 条第 4 款还明确规定了关联关系的定义,对于规制不正当关联交易起到了积极的作尉。就金融控股公司而言,控股公司与各子公司之间,各子公司之间都具有关联关系。而它们之间不正当的关联交易就成了实行加重责任的前提。由上可见,对于金融控股公司类似加重责任的规定只是将其分别放在了各个部门法及行政法规中,数量有限,且比较分散,不易于实际运用与操作。

### (二)我国建立金融控股公司加重责任制度的可行性

1.金融控股公司资本实力雄厚

在我国,组建金融控股公司的股东一般都是大的金融机构或是大型的企业集团,这就使得我国目前的金融撞股公司相对于其他金融机构来说,拥有了更为雄厚的资本实力,产业规模也较大。

2.积极构建中的存款保险制度

建立存款保险制度,由成员银行分担个别机构经营失败的风险,是国际上比较通行的做法. 目前有 67 个国家和地区先后建立了存款保险体系,主要发达国家都有比较完善的存款保险制度。这些国家和地区多年的实践证明,良好的存款保险制度,在提高公众对金融机构的信心、减轻政府负担、稳定金融方面发挥着巨大的作用. 特别是我国自改革开放以来,中央财政和中央银行就以最后贷款人的身份自始自终对存款人的利益给予保护,实行的是隐性的存款保险制度。

### (三)构建我国金融控股公司加重责任制度的策略

目前,我国金融控股公司的发展已成为与金融体制改革发展相适应的一种模式,在事实上也有不少的金融控股公司进入了金融市场,可以说这样一种新的组织形式已经成为了我国金融领域不可或缺的一部分。另一方面,就目前我国金融机构经营的现状来说,一些已形成事实上的金融控股公司业态的金融集团所存在着的诸如关系人利用现行法规的真空进行关联交易、金融机构资产品质弱化等种种问题,无不使得我国金融机构获利能力下降,风险凸显。在这样一种情况下,构建起符合我国金融控股公司特点的责任制度体系就显得非常必要,下面将作详细地分析。

1.完善金融控股公司配套监管机制

金融控股公司加重责任的适用作为最后的救济手段之一,其实行的成本比较高,在有可能的情况下,应该尽量避免使用这一责任制度。那么要做到这一点,就需要建立健全配套的金融监管机制,防患于未然,尽量减少需要适用加重责任的情形的出现。

在目前,我国实行的是"分业经营、分业监管"的体制,各金融机构分别由不同的监管部门监管,而金融控股公司并没有直接的监管者,造麒某些行为得不到有效的控制。由于传统的分业监管制度对金融交叉领域也考虑较少,已不能适应金融控股公司的棍业经营和复杂自辱组织结构,况且,金融控股公司加重责任制度的实旋者,在很大程度上也是金融业的监管者,所以必须完善金融控股公司的监管机制,具体要注意以下几个问题。

(1)监管原则上的转变

现在的金融监管是一种外部监管，其目的在于发现、预警、评估和控制风险，而对金融机构运营行为的合法性监管不足，因此，应该将监管的重点转向关系到金融机构稳健运营的风险性监管上来，即是从宏观的监管逐步转变为微观层面上的监管，以增强市场的信心，如加强对金融机构资本充足率的监管。概括起来，微观风险监管的目标包括两个方面，一是风险管理控制目标，将风险消除或控制在一定程度内；二是损失控制目标，将损失控制在一定范围内。

（2）对监管制度的完善

①完善对金融机构资本状况的监管

当金融控股公司的子公司未达到主管机关规定的资本充足率，或者财务状况显著恶化时，监管机关应对控股公司的援助义务进行监管，在保证控股公司履行义务的同时，也要注意避免援助过度造成更大的风险。

②完善对金融控股公司关联交易的监管。

首先所有的内部交易都必须建立在正常的商业基础之上，并符合公平交易韵原则，如果是处于集团整一体利益的需要而为不公平的内部交易时，则从不公平交易中获取不正当利益的公司应该对利益受到损害的公司承担适当的补偿义务，而相关的董事对此应承担连带责任；其次，严格限制控股公司与子公司之间，各个子公司之间相互交换经营信息，客户资料等，维护公平竞争的环境；最后，要求金融控股公司对其集团范围内的关联交易进行披露，当关联交易达到一定金额，必须及时报监管部门批准。

③完善的内部控制机制是金融控股公司能否有效地控制风险的关键，监管机构应指导金融控股公司建立起内部控制机制。参照巴塞尔委员会关于内控铆度的框架性文件，金融控股公司的内部控制主要有三个目标：第一，实现集团的协同效应，实现效率目标；第二，提高集团的透明度，保证对内对外的信息是及时的、可靠的和恰当的；第三，保证整个集团的经营活动符合监管要求和法律，符合公司制定的政策和程序。

对于单一金融机构实体来说，金融控股公司的内控制度更为复杂，它具有两重性，即母公司要形成一个监控集团整体风硷的内控制度，同时还要监督各子公司建立起适合自身业务特点的内部控制制度. 具体而言，金融控股公司母公司的内部控制包括资本控制制度、财务控制制度和审计监督制度等；金融控股公司子公司的内部控制制度主要包括财务控制制度、风险控制制度、岗位税制制度和授权分权制度等。

2.协调加重责任制度与现行法律的相关规定

金融控股公司加重责任制度是对现行公司有限责任制度的一种突破与限制，其适用具有特殊性，与现行的法律及有关规定可能存在着矛盾与不协调之处。所以，我国在建立金融控股公司加重责任时，要注意与现行法律的协调问题。首先就金融控股公司的设立、发展而言，应对现行的法律加以整合或修订，避免冲突。

## 四、规范金融机构信息披露制度

金融安全与金融效率事实上是会受制于信息效率这一要素的。一方面，监管系统信息能力的不足，造成金融秩序的混乱，难以保障金融安全，另一方面，在金融监管信息不足的情况下即使加强了金融监管当局的控制能力，有利于维持金融秩序，金融效率仍然是低下的。因此，信息披露是金融监管的基础。披露指引应特别注意加强对资本充足率、资本结构、贷款质量、盈利能力和市场风险管理技术等方面的披露。并以法律的形式进一步明确规定有关金融活动信息披露的义务人、信息披露的内容和形式、信息披露的原则和标准。信息披露要把握准确、完整、及时三大原则，这也是金融监察的重点所在。

此外，还应特别注意操作风险、信用风险等的披露，提高风险管理技术水平。完备信息披露制度，加大对市场操纵行为的处罚力度，加强对资本市场交易的长期监督。对于涉及信息披露的行为主体，包括上市公司、证券商、会计师事务所、新闻媒体和证券咨询人员等，应予以规范管理，加强中介机构人员职业过程的职业谨慎意识，树立优良的职业道德规范，从根本上保证金融机构的健康规范发展。同时要完善企业会计制度，进一步同会计制度靠拢，会计制度的调整应以提高会计信息的可靠性人为首要目标。为防止企业经营者操纵财务预测信息，确保盈利预测质量，应规范预测性财力信息的披露，建立和健全一整套有关上市公司预测性财力信息生成，披露和审核的规范体系。对于上市金融公司的信息披露是监管的重点，所以鉴于信息披露存在的问题，证监会应加大执法的深度和广度，同时做到事先预察，把违规行为消灭在萌芽状态。

## 五、完善金融机构财务风险内控机制

当前的金融危机产生的原因就是金融虚拟资产已经严重脱离实体经济资产，导致金融机构形成资产虚高的泡沫。金融机构通过资产证券化，层层将不良资产进行包装后上市，然后大肆宣传和鼓吹，以蛊惑投资者，最终把资产的风险转嫁到广大投资者身上。并当泡沫越吹越大直至破灭的时候，面临的就是整个金融机构的财务危机曝光，公司破产，投资者利益受损。所以建立金融机构的财务预警和控制机制显得尤为重要。面对金融机构过度负债经营可能导致的风险，监管机构的重点要引导和督促金融机构完善内部风险控制建设，促进金融机构规范运营。

### （一）建立公司风险预警机制

当财务状况达到一定的危险程度或者有危险和恶化趋势时，启动相应的预警机制，此时对于一些相关的交易做出限制，直到财务状况回复良性循环时，才可以正常运作。并严格对不良资产的外包证券化的审查和监督。当一个公司的不良资产证券化超过一定比例时，要对其进一步的证券化加以限制，并给以一定的整顿期限。如果在整顿期间不能使财务状况回复，就将其列入重点监察的名单，以防止以进一步的通过资本市场进行融资负债经营。

### （二）构建相应的稽核部门

督促金融机构建立与本系统业务发展相适应的内部审计部门或稽核部门，该部门要具有相对独立性、超脱性和权威性。其次要完善银行的内部管理，健全的管理将保证内部信息畅通，控制体系完善。为保证制定的政策和程序得到落实，防止特殊的利益集体对决策的影响，有效的内部控制极其重要。银行董事会需要通过内部和外部的审计程序来建立有效的、独立的、有权威的内部稽核制度，内部风险评估体系、经营预报系统，建立合理的授权分则制度，即做到对金融机构的监管"分级分口"。

## 六、完善我国系统重要性金融机构的机制

金融体系以商业银行为主导，而国有银行又占据商业银行体系的半壁江山，各银行在经营理念、业务模式和风险暴露等方面的同质性很容易造成系统性风险的滋生和积聚。而近年来我国金融业混业经营势头发展迅猛，银行、证券和保险等领域各种跨业和跨市场的金融创新产品不断涌现，金融机构间业务同质化或相互复制的现象越发严重。因此，当前我国很有必要借鉴上述境外成熟国家和国际组织金融监管改革的经验，通过立法推动宏观和微观审慎监管框架的建立，完善对我国系统重要性金融机构的监管。

### （一）明确我国系统重要性金融机构的评估方法和范围

后危机时代全球性的金融监管变革，加强对系统重要性金融机构的监管是国际金融监管理念从注重金融业的微观审慎监管向宏微观审慎相结合方向的重大转变。为此，我国在推金融市场改革中也应尽快借鉴国际组织提出的 SIFIs 的识别方法与参考指标，并结合我国金融机构的特点，科学识别我国的 SIFIs，拟定合理的过渡期安排，以便监管部门更好地实施动态差别化监管。

虽然中国银监会 2011 年在《关于中国银行业实施新监管标准的指导意见》中已要求未来国内系统重要性银行的评估主要考虑规模、关联性、复杂性和可替代性等四个方面因素，但尚未明确具体标准和监管措施。假若系统重要性金融机构的范围过于狭窄，对系统性风险识别不利，固然会危及宏观金融的稳定，但若系统重要性金融机构的范围过于宽泛，实施差别化监管的银行数量过多，对银行业的监管标准过苛，又会增加银行体系的运营成本，降低银行体系的运行效率。因此，建议我国评估系统 SIFIs 应采用定量指标和定性判断相结合的方法。借鉴国际经验，定量指标包括规模、关联性、可替代性、复杂性等四大类指标；定性判断要考虑金融机构的公司治理、风险管理、内控机制、风险传染途径等因素，由负责宏观金融稳定的宏观审慎监管部门会同各行业监管者做出判断。

考虑到我国金融体系现状，大型国有商业银行自然成为系统重要性金融机构的主体部分。同时，系统重要性金融机构应不限于大型银行，还要实现对银行业、证券业和保险业的全覆盖，还应包括一些大型复杂的保险公司、金融控股公司、私募股权基金以及提供支付结算等基础设施服务的机构等。此外，目前处于监管盲区的影子银行体系，其中一些符合条件的也应纳入系统重要性金融机构的监管范畴。

### （二）完善我国系统重要性金融机构的监管体制

1.建立系统性风险监管协调机构

近年来我国金融业混业经营的趋势愈发明显，组织机构复杂、业务多元化的大型金融控股公司早已成型并发展成熟，其中以中信集团公司、光大集团公司和平安保险（集团）股份有限公司等为代表。混业经营给金融业的分业监管提出了难题，仅仅依靠单一的监管机构来实现对跨行业、跨市场的系统风险的有效监管显然不可行，因此需要在加强金融监

管体系内的协调。而对于 SIFIs 而言，这些机构的混业经营涉及多个监管部门的协调冲突问题更难解决。因此，目前需要一个具备宏观审慎监管能力的部门，从金融体系的全局出发，整合、分析和利用全面的监管数据信息，准确识别和判断系统性风险隐患，将系统重要性金融机构纳入监管范围，制定针对 SIFIs 的更为严格的监管政策和标准。

目前欧美各国在应对系统性风险的改革中普遍提出要加强金融监管部门之间以及金融监管部门与政府其他决策部门之间的协调。我国《金融业改革和发展"十三五"规划》中也提出"十三五"期间要健全金融监管机构之间以及与宏观调控部门之间在重大政策与法规问题上的协调机制。结合我国国情，可以认为目前可在"一行三会"体制上建立一个更高级别的金融监管协调机构，加强分业监管机构间的协调合作与信息共享。这个机构可以由一个国务院副总理牵头，成员应包括财政部、和一行三会的代表，该机构主要负责监测、识别和分析系统性金融风险，全面监测、评估宏观经济变化对金融系统稳健性的影响。对于某些系统重要性金融机构的经营不善可能对金融稳定造成威胁的，向证监会、银监会、保监会等监管机构提出相关的具体建议并跟踪评估其改进情况。而微观审慎监管方面则由银监会、证监会、保监会等金融监管部门作出规定。

通过这样的协调机制可以使"一行三会"在系统重要性金融机构混业经营的监管问题上既相对独立又密切合作，保持宏观审慎监管与微观审慎监管的衔接，同时，还可以避免监管权力过于集中于某个监管部门，解决各监管机构之间的职能纷争，更好地维护金融系统的稳定。

2. 加强对系统重要性金融机构的审慎监管

（1）强化 SIFIs 的内部风险管理

对于系统重要性金融机构而言，良好的内部治理和风险管理是维护自身安全、稳健运营的重要保证，同时也是他们获得社会公众信任的关键。因此，SIFIs 需要强化内部风险防范意识，加强公司治理，减少过度冒险，减少其负外部性对整个金融体系的不良影响。监管当局应当结合巴塞尔委员会新出台的公司治理和风险管理标准，对 SIFIs 的风险治理和管控提出更高的监管要求。

第一，目前应着力监管 SIFIs 的信用风险。信用风险的防控主要在于平台贷款清理规范、房地产贷款风险监管、贷款集中度风险监管、表外业务风险监管以及防范民间融资风险；

第二，银监会已将巴塞尔委员会关于流动性监管的两个最新标准，即流动性覆盖比率（LCR）和净稳定融资比率（NSFR）纳入非现场监测，进一步完善了流动性风险监控指标体系。目前还可考虑开展系统重要性银行流动性压力测试，加强现金流预测分析，以提高其流动性风险管理水平；

第三，重点完善操作风险监管制度，着力加强操作风险的资本监管和内控管理等长效机制建设；最后，目前应推动银行业金融机构完善市场风险政策制度和限额管理机制，推进市场风险计量技术工具和方法的构可以由一个国务院副总理牵头，成员应包括财政部、和一行三会的代表，该机构主要负责监测、识别和分析系统性金融风险，全面监测、评估宏观经济变化对金融系统稳健性的影响。对于某些系统重要性金融机构的经营不善可能对金融稳定造成威胁的，向证监会、银监会、保监会等监管机构提出相关的具体建议并跟踪评估其改进情况。而微观审慎监管方面则由银监会、证监会、保监会等金融监管部门作出规定。通过这样的协调机制可以使"一行三会"在系统重要性金融机构混业经营的监管问题上既相对独立又密切合作，保持宏观审慎监管与微观审慎监管的衔接，同时，还可以避免监管权力过于集中于某个监管部门，解决各监管机构之间的职能纷争，更好地维护金融系统的稳定。

（2）加强对系统重要性金融机构的审慎监管

①强化 SIFIs 的内部风险管理

对于系统重要性金融机构而言，良好的内部治理和风险管理是维护自身安全、稳健运营的重要保证，同时也是他们获得社会公众信任的关键。因此，SIFIs 需要强化内部风险防范意识，加强公司治理，减少过度冒险，减少其负外部性对整个金融体系的不良影响。监管当局应当结合巴塞尔委员会新出台的公司治理和风险管理标准，对 SIFIs 的风险治理和管控提出更高的监管要求。具体而言：

第一：目前应着力监管 SIFIs 的信用风险。信用风险的防控主要在于平台贷款清理规范、房地产贷款风险监管、贷款集中度风险监管、表外业务风险监管以及防范民间融资风险；

第二：银监会已将巴塞尔委员会关于流动性监管的两个最新标准，即流动性覆盖比率（LCR）和净稳定融资比率（NSFR）纳入非现场监测，进一步完善了流动性风险监控指标体系。目前还可考虑开展系统重要性银行流动性压力测试，加强现金流预测分析，以提高其流动性风险管理水平；

第三：重点完善操作风险监管制度，着力加强操作风险的资本监管和内控管理等长效机制建设；

第四：目前应推动银行业金融机构完善市场风险政策制度和限额管理机制，推进市场风险计量技术工具和方法的开发和应用，加强市场风险指标的应用分析，提高市场风险管理的专业化水平。

②鼓励金融创新，提高金融机构市场竞争力

此次金融危机所暴露出的一个重要问题是监管机构对金融创新，尤其是金融衍生品的监管过于宽松，从而导致金融风险的累积和最终爆发。而中国目前的情况来与欧美等发达国家正好相反，由于目前监管机构对金融创新的管制过严，致使国内金融衍生品市场发展滞后。当前国内银行主要依靠存贷差赚取利润，依赖简单的信贷规模扩张进行粗放式发展。此外，国内银行业务从发展战略到客户定位等存在较严重的趋同性，这种趋同化的经营模式是导致当前金融体系产生系统性风险的重要原因。监管当局加快推进利率市场化进程，应鼓励商业银行通过金融创新来增强其竞争力，如提高中间业务占比、发展表外业务、信贷资产转让业务等，建立更为完善的内部资本约束体系，在资本监管更加严格的背景下更为节约地运用资本，创造新的利润增长点。

在鼓励金融创新发展的同时，监管部门应关注不同金融机构之间规模和性质的差别及其相互作用，对系统重要性程度不同的金融机构采取差别化监管措施，提高监管的针对性和有效性。根据目前我国银行业现状，对于系统重要性银行的风险防范而言，限制银行资产规模和降低银行可替代性的途径并不可取，较为可行的办法是通过加强对系统重要性银行的混业经营风险和金融创新的监管，降低其的复杂性和风险关联度。加强对银行金融创新监管的重点是要强化并表监管和理财产品监管。各系统重要性银行应落实并表管理制度，银行理财产品必须做到"成本可算、风险可控、信息真实披露"。此外，金融创新须立足于实体经济的有效需求之上，不能脱离实体经济。

③加强金融市场基础设施建设

为了防范系统重要性金融机构对金融体系和经济活动的带来的系统性风险，还应关注金融市场基础设施建设。2011年3月，支付清算体系委员会（CPSS）和国际证监会组织（IOSCO）发布的《金融市场基础设施原则》报告中提出金融市场基础设施是指为参与金融市场的金融机构提供包括支付、清算、存管、证券交易、衍生品交易和其他金融交易等服务的多边体系，具体包括支付体系、中央证券存管体系、证券交易和结算体系、中央交易对手以及交易数据库等。

金融市场基础设施为金融市场的参与者提供关键服务，是金融市场运行的基础，健全的金融基础设施可以提高金融市场参与者经营运作的效率和风险管理的有效性，增加金融交易的透明度，减少金融市场中机构间风险传染，维护金融体系的稳定。但是，金融市场基础设施的薄弱环节也会助长高度关联的系统重要性金融机构的风险扩散，从而导致金融市场的系统性风险滋生和蔓延。因此，我国要加强包括交易和支付清算平台等在内的金融市场基础设施的建设，构筑系统重要性金融机构风险传播的"防火墙"，增强金融系统的抗风险能力。

具体而言，应提升支付结算系统的科技含量，大力推广新的支付工具和手段，逐步实现对现有支付结算系统的升级换代；密切关注跨境金融活动对支付结算体系运行的影响，逐步完善我国金融市场的结算安排；建设第二代中央银行跨行支付系统和跨境人民币清算系统，继续推动非现金支付工具应用；进一步完善账户实名制，加强对非金融机构从事支付服务的监督管理；进一步健全金融市场的登记、托管、交易、清算系统，弱化SIFIs之间的关联性以降低风险传染。加强金融行业自律，不断完善社会信用体系，完善国家金融信用信息基础数据库，加快建立金融业统一征信平台；大力支持本土评级机构的发展，减少对外部评级的依赖，引导大型金融机构加强内部评级体系建设。

### （三）构建我国系统重要性金融机构的风险处置框架

1.建立我国系统重要性金融机构的特别处置机制建议

借鉴国外的"生前遗嘱"计划，要求我国系统重要性金融机构定期向人民银行提交可行的恢复和处置计划，由人民银行对该处置方案进行可处置性评估，以便跟踪了解系统重要性金融机构经营状况，在其经营失败时有效应对，实现迅速安全地处置，减少对金融体系的冲击。在对系统重要性金融机构的处置措施选择上，可以由中国人民银行设立"过桥银行"临时接管问题金融机构的部分或全部业务，确保一些难以存续的大型金融机构有序退出金融市场，同时确保关键金融服务的存续。此外，针对全球系统重要性金融机构，应当加强监管机构之间跨境监管合作，完善信息共享机制，建立跨境危机处置安排，防范风险的跨境传递。

2.建立完善的存款保险制度

我国目前缺少市场化的金融机构处置风险分担机制。国际上较普遍的做法是通过建立有效的存款保险制度，从而实现在参保的金融机构市场退出时对存款人进行规定限额内的给付，从而合理确定国家、金融机构、股东和存款人应负担的金融风险损失，降低"大而不倒"的道德风险。我国应借鉴国际经验，尽快完善金融机构的市场退出机制，建立存款保险制度。通过法律形式对存款保险的组织形式、法律地位、参保范围、理赔条件等予以具体规定，在存款保险的资金来源方面应当采取事前积累方式，而且各类存款类金融机构都应参加保险，为防止大型金融机构的道德风险，对大型机构和小型机构应实行差别保险费率，而为了加强存款人对金融机构的约束和监督，应对存款人实行限额赔付。此外，还要赋予存款保险机构补充监管职能，使其具有相应的检查监督权和处置权，以便获取信息，及时采取处置手段和措施。同时，还要正确处理好存款保险机构的补充监管与监管机构的日常监管之间的关系，避免交叉和重复监管，为存款保险制度的运行营造良好的发展环境。

# 七、S财务公司银行承兑汇票信用风险控制的实例分析

## （一）S财务公司目前银行承兑汇票信用风险控制现状

### 1.组织保障方面

公司建立了三会一层治理结构，按照决策权、执行权和监督权三权分离原则，股东均为集团及其成员单位，董事会成员由股东大会选出，监事会成员3人，其中财务公司职工监事1人，集团派出监事2人。董事会下设"风险管理委员会"，是管理风险专业性事务的机构，由董事长、总经理及另外一名董事成员担任，设主任一名，风险管理部为风险管理委员会日常办事联系机构；总经理下设"信贷审查委员会"，是信贷投资的主要负责机构。图6-1为财务公司组织架构图。

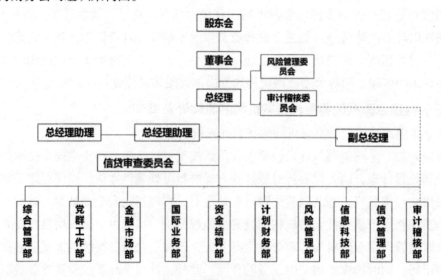

**图6-1 财务公司组织结构**

公司的银行承兑汇票业务由信贷管理部负责，部门设立部门经理一名，客户经理两名，

后勤人员一名。部门经理负责整体业务把控、客户信用评级审核、客户授信额度审核、银行承兑汇票业务的复核审批工作；客户经理负责前期访问客户进行现场尽调、收集客户资料、填写信用等级测分表并进行初步打分、编写客户授信报告、初步确定客户的授信提用方案、银行承兑汇票业务相关资料审核、同开票申请企业签署《银行承兑汇票承兑协议》，以及银行承兑汇票到期负责向开票申请企业收取风险敞口部分金额；后勤人员负责各项业务资料、合同的归档、贷后资料的收集、登记维护台账等工作。在公司成立初期的人员招聘时，对于信贷管理部的部门经理、员工均要求具备银行信贷业务相关的专业知识和工作经验，后由于公司内部岗位轮岗，后勤人员由不具备银行相关工作经验的其他员工担任。

2.制度保障方面

公司各项业务制度在开办前均配套相应的业务制度和管理制度，所有制度均通过法律审核，确保业务的开办有法可依，符合监管部门的相关要求。公司成立初期，通过借鉴其他商业银行、财务公司现有的制度，结合本公司特点，以及业务发展的需要，制定了一些列业务管理办法、操作细则及流程，先后下发的同银行承兑汇票业务相关的制度有：《信贷审查委员会工作制度》《客户信用评级管理办法》《综合授信管理办法》《银行承兑汇票承兑、贴现业务管理办法》《银行承兑汇票转贴现、再贴现管理办法》《电子银行承兑汇票操作制度》《银行承兑汇票再贴现管理办法》《合同管理制度》等。对现有的制度汇编成册，分发到各部门，供大家学习参考。

3.信用风险要素管理方面

（1）收集客户信息

目前公司的客户信息收集工作由信贷管理部客户经理发起，主要调查收集的内容包括客户基本情况、客户经营情况分析、客户财务情况分析。

客户基本情况包括：公司名称、注册地址、办公地点、企业性质、注册资本、企业规模、成立时间、法人代表及简历、行业分类、股东情况、征信查询情况、对外担保余额及其说明等信息。

客户经营情况分析包括：所处行业地位、发展前景、资源优势、管理优势等。客户财务情况分析包括：近三年资产负债表、利润表、现金流量表主要数据，财务指标表、销售及盈利能力分析、偿债能力分析、营运能力分析、现金流量分析等。

信息收集方式以客户提供的书面材料为主，通过客户经理同客户相关工作人员的电话、邮件沟通等，获取主要的资料，去到客户现场进行调查的次数较少。

（2）信用分析/评级/审批

公司目前采取"先评级、后授信"的原则，对集团成员单位开展评级，适用于公司所有授信客户及其保证人，同一评级对象，无论是作为授信客户还是保证人，在公司内部只能有一个评级。

根据之前收集的信息，由信贷管理部客户经理填写《信用等级测分表》，评级采取百分制，分别给予各项指标以不同的分值，计算总分，并依据评级总分确定信用等级，然后提交部门经理进行审核。

（3）制定信用政策/分配信用额度

客户经理根据事先进行的评级结果，对成员单位授信业务种类以及其综合授信额度进行初步确定，编写授信报告，连同所有授信资料原件，一并递交至风险管理部进行审批。风险管理部对资料审核通过后，财务公司召开授信审查委员会对该笔授信业务进行审议。若审议通过，由授信审查委员会主任在《信用评级业务审批表》和《额度授信审批表》中签署意见；若审核不通过，则告知客户经理，由其修改后重新提交。

授信额度通常是给客户审批一个总体额度，并规定业务品种、期限（一般为一年）、担保方式（信用担保或上级公司担保）、用信条件、利率、还款方式等。

（4）开立银行承兑汇票，签订协议

授信业务审批通过后，开票申请企业向财务公司信贷管理部客户经理提出开立银行承兑汇票申请，并将保证金及相关手续费足额存入财务公司指定的账户中。开票申请企业需提供的资料有：银行承兑汇票申请书、贸易合同、增值税发票（以上均需加盖开票申请企业公章、法人章）；财务公司信贷管理部客户经理对上述资料进行审核，资料齐全无误，满足可以开立银行承兑汇票业务的，完成在电票系统中的操作，此时银行承兑汇票的状态已变为"财务公司已承兑"。同时，由客户经理组织开票申请企业与财务公司共同签署《银行承兑汇票承兑协议》，协议中需注明开票申请企业全称、保证金比例、开票日、到期日等，协议一式两份，双方各执一份，需加盖双方公章、法人章。

（5）事后监控，到期补足敞口

按照公司贷后管理的相关规定，客户经理每季末对有授信余额的业务进行严格检查，形成五级分类初分结果，并对有授信余额的成员单位进行现场和非现场调查，出现风险及时汇报，并采取风险把控措施。每季度末，信贷管理部客户经理向有授信余额的成员单位索取上期财务报表，客户经理对成员单位进行现场检查与非现场监测，针对成员单位所属行业及经营特点，分析成员单位经营、财务、信用、支付、担保及融资数量和渠道变化等状况，掌握各种影响成员单位偿债能力的风险因素，撰写《贷后检查表》，并提交至部门经理审核。若在贷后检查过程中发现成员单位出现重大异常变化情况，且会对授信业务产生风险，客户经理及时填写《授信异常情况汇报表》，并提交到信贷管理部经理审核。信贷管理部经理根据客户经理提交的《授信异常情况汇报表》进行分析审核，并签署审核意见，提交到风险管理部和主管副总经理。

（6）逾期账款催收/坏账处理

目前公司未发现任何逾期票据无法收回敞口现象，公司未出现垫款情况。

（7）绩效考核

公司对于信贷管理部的绩效考核，主要体现在表内外业务量方面，即针对各项贷款、贴现、开立银行承兑汇票等业务量，及其不良贷款、不良资产的发生情况，制定了相关考核指标。在考核时主要由公司领导层依据全年业务量的完成情况和不良率，为部门经理打分，部门经理再依据部门内员工各自完成的业务量、不良率及表现情况，为员工打分。

## （二）S财务公司银行承兑汇票信用风险控制的策略

1.组织保障

（1）继续完善规范的公司治理架构

财务公司要遵循市场化运作规律，以优良的公司治理结构促进稳健经营和高质量可持续发展。

①调整现有的董事会、监事会结构针对董事会功能不健全、监事会监控力度较小的问题，可以通过限制集团派出董事人数、增加独立董事等方式进行合理的解决。集团作为最大股东，应对其派出董事的人数加以控制，增加独立董事和执行董事；同时财务公司也可以寻找符合独立董事任职条件的人选，完善公司治理架构。如果股东单位已派出董事，则不能再派出监事，增加小股东单位派出的监事，充分发挥独立董事与外部监事的作用，提高董事、监事的独立性和职业素养，促使其实现专业化与职业化。

加强监事会职权，可赋予监事会以业务执行调查权和异常事件调查权，并将调查结果报告股东会。目前财务公司的股东均为集团或集团内成员单位，通过以上限制集团派出董事及监事人数的方式，同时其他小股东严格按照规范公司治理结构的要求行使股东的权利和义务，打造高素质、职业化的董事队伍，避免出现在某些重大经营事项决策、制度制定、人事任免上，以集团为标杆的现象，真正的独立的发挥股东的作用，维护财务公司作为金融机构独立运营的要求。

②进一步完善"三会一层"内控建设

股东会、董事会、监事会、经理层及各职能委员会，要对权责进行明确，避免出现相互越位，努力打造职责合理、履职高效、运转顺畅的公司治理结构。严格按照"三会一层"治理结构运行，股东会对公司经营方针、投资计划、年度预算、利润分配等进行决策；董事会对公司重要内控制度、重要业务开展以及其他内部控制的相关事项进行集体审议；监事会定期参加董事会，监督董事会、高级管理层完善内部控制体系，履行内部控制职责的情况。高级管理层指导各部门制定系统化的制度、流程和方法，制定和完善风险控制措施，确保内部控制各项职责得到有效履行，严格发挥作用，确保管理层面、制度执行层面和监督层面在信用风险控制中有效发挥应有的作用，进而为信用风险控制提供必需的组织基础。

（2）通过合理途径减少集团的干预

鉴于目前S财务公司存在的集团行政干预较大等问题，可以通过合理的方式进行避免，比如引入战略投资者和实行职业经理人制。

①引入战略投资者

目前我国大多数财务公司的股东均为集团或集团内成员单位，但是不乏有财务公司在成立初期或运营当中，引入了外部战略投资者的先例。根据我国《中国银监会非银行金融机构行政许可事项实施办法》规定，"财务公司的出资人主要应为企业集团成员单位，也包括成员单位以外的具有丰富行业管理经验的战略投资者，除国家限制外部投资者进入并经银监会事先同意的特殊行业的企业集团外。"

因此，为了优化财务公司组织结构，完善公司治理，保持金融机构的独立性，建议财务公司引入第三方优质的战略投资者，有利于完善公司内部治理结构，确立现代企业制度，对目前股东结构加以制衡，使集团一家独大的领导局面加以改善，同时还提高公司声誉，优化员工素质。对于成员单位以外的战略投资者，可以选择有丰富银行业管理经验的战略投资者作为出资人，也可以与商业银行建立战略合作伙伴关系，由其为拟设立财务公司提供机构设置、制度建设、业务流程设计、风险管理、人员培训等方面的咨询建议，并至少引进 1 名具有 5 年以上银行业从业经验的高级管理人员。此外还应遵循以下条件："依法设立，具有法人资格，有 3 年以上经营管理财务公司或类似机构的成功经验，具有良好的公司治理结构、内部控制机制和健全的风险管理体系，入股资金为自有资金，不得以委托资金、债务资金等非自有资金入股，承诺 5 年内不转让所持财务公司股权（银监会依法责令转让的除外）并在拟设公司章程中载明等。"

②实行职业经理人制

财务公司要加大从银行招聘力度，引入具备银行从业经验的高管人员，以减少目前高层管理人员中，大部分由集团任命或集团管理层兼任的情况。通过完善高层人选选聘机制，使财务公司更好的面向市场，独立运行，减少集团的行政干预影响，同时增强财务公司的整体素质，从公司治理、业务处理、风险控制、内控等方面得以全方位的提升。财务公司也要对聘请的职业经理人加以充分的信任，全方位的配合工作，使之职权得到充分的保障，从而得以施展拳脚，真正融入到财务公司的建设中，维护工作积极性，避免出现空挂名，没有实权，没有话语权，集团仍旧占实质领导地位的现象。

（3）通过成立票据业务部来合理配置人员

针对目前业务部门人员配置不合理的现象，以及银行承兑汇票业务量较大、客户数量较多、承兑余额较多的特点，建议成立专门的票据业务部，将这部分业务从原来的信贷管理部中划分出来，设专人进行操作，建立以市场为导向、以客户为中心、以防范风险为重点的票据业务经营管理架构。通过设立单独的票据业务部门，一方面可以提高财务公司对银行承兑汇票业务的重视；另一方面也可以增强票据业务人员的工作专业性，提高工作质量。对于票据业务部的设立，要遵循岗位制约的机制，坚持不相容职务相分离的原则，严控风险。将风险点划分不同的等级，风险高的业务环节岗位选择责任心强、业务素质强、职业道德过硬的人员。

（4）加大培训力度

目前我国票据市场发展迅速，政策法规、规章制度不断更新，票据载体、形势也不断变化，因此必须从意识上形成定期培训这样一个观念，以符合市场变化的要求。公司要从管理层中认识到培训的重要性，要加强对员工的业务培训，强化员工风险意识，树立正确的银行程度汇票业务观念，提高对票据业务风险的认识，同时不定期的进行工作轮岗，不断提高人员素质，在丰富个人经历、增长个人才干的同时，防范岗位固定化可能带来的风险。在培训方式上，做到基础知识培训与票据业务专项培训相结合；在培训形式上，要充分结合国家最新的法律法规以及政策制度，给员工提供最新的政策方面的导向；在培训内容上，产品操作培训与风险警示教育相结合，以提高从业人员的风险防范意识。

2.制度保障

（1）继续完善制度建设

建议公司要完善现有的制度建设，对照监管制度要求及国家法律法规的规定，对现有制度进行整合和细化，开展梳理和检查，在杜绝制度空白的基础上，确保各项制度内容的合规性、合理性，弥补制度短板，针对票据承兑、贴现、转贴现、再贴现及交易电子化等，制定严密的产品类管理制度和操作细则；针对授信审批、额度管理与领用、授信后管理、风险评估等，制定严密的流程类管理制度与操作细则，形成完整统一、规范合理的制度防范风险的体系；针对票据业务的每一关键风险点，制定风险防范操作规程；强化票据真实交易背景的审查，多角度、多维度进行调查跟踪，确保交易真实、资金用途合规，做到对银行承兑汇票业务所涉及的每个环节都有明确的操作要求和防范措施。根据目前公司的经营状态及业务发展，建议制定以下几个方面的制度，对现有制度进行更好的完善。

①建立集团内部的公开信息披露制度

建立财务公司管理层向董事会、监事会进行定期和不定期的报告机制，将信用风险的状况向集团及其他各股东公布，使其更好的了解财务公司的整体运营情况、所面临的信用风险，以便更好的做出正确决策，有效的监督财务公司的经营活动。

②建立集团内部担保制度

建立集团内成员单位的担保制度，二级成员单位由集团进行担保，三级成员单位由所属二级成员单位进行担保等。用这种制度对成员单位的信用情况加以制衡，也增强了集团或成员单位对下一层级企业的监管作用，以达到加强信用风险控制的目的。

③制定职业道德操守方面的制度

把职业道德建设列入员工培训的常规学习内容，主要包括：职业道德概述、职业道德规范、职业道德的养成、员工职业道德规范等，通过开展职业道德操守方面的教育，提升财务公司乃至集团的信用风险防范意识，宣传诚实守信的正气，努力营造诚信为荣，失信可耻的良好氛围。

④制定定期轮岗、强制休假方面的制度

对前台业务部门或者关键岗位员工，参照目前大多数银行的处理方式，实行定期轮岗、强制休假的管理方式。在轮岗及强制休假期间，对该员工所进行的业务进行抽查审计，发现存在的问题或者隐患点，达到遏制违规违纪行为、防范各类风险的目的。

（2）强化制度落实有制度

必须按照制度执行，这是有目共睹的，否则制度就失去了存在的意义。公司员工从上到下，都要严格按照制度执行，公司良好的发展，规范的运营，只建立一套完善的制度是不够的，还要全方位的强化落实，让每个员工在意识上自觉形成一切工作以制度为规范、以制度为指导。公司应把制度作为一项重要的学习内容，公司领导以身作则，凡事按照制度执行，并及时解决在制度执行、落实过程中出现的问题，同时还应将员工对制度的掌握程度作为对员工考核的重要内容，激励员工自觉学习制度，强化控制与监督。可以通过定期开展制度学习和测试活动，提高员工对制度执行的认识程度，并增强相关的金融理论知识，同时通过持续的宣传，加强员工遵守制度的自觉性，在公司内部逐渐形成"制度保障效益"的共识。

（3）及时对制度进行修订

制度不是一成不变的，对于所有已经印发的、涉及票据业务的所有现行规章制度、管理办法、操作规程等，要随时进行认真梳理，并根据国家政策法规的变化、宏观经济条件以及市场环境的变化等，随时进行调整更新，不断的修订、完善，以适应最新形势。要定期的对工作进行总结，在总结过程中以及检查考核中发现的问题要及时处理，如果是执行力度不够的，要加强考核力度；如果是制度有缺陷、不完善的，就要组织有关人员修订完善制度，实现制度的定期修订。

3.信用风险要素管理

（1）对客户信息的收集

要更加详细要真实客观的掌握客户的情况，不能因为同时隶属于集团管辖，都是兄弟单位，就放松或减少对客户情况的调查。对于客户的信息收集，不仅仅局限于营业执照上面显示的那些基本信息以及自身的财务指标情况，还要增加对市场状况的了解，要充分关注其经营情况、所处行业情况、经营产品的市场份额、应收账款回款速度及其与行业正常水平的比较等，从而对客户的经营情况做到真正的掌握。加强现场检查的力度，公司负责客户调查的客户经理应采取现场与非现场结合的形式，认真履行尽职调查的职能，不能流于形式，要增加到客户工作场所实地调研的次数，提高调查质量，通过认真观察客户的经营场所状况以及通过同客户相关部门工作人员的访谈，真实的了解客户经营管理情况，并形成书面调查报告，客观全面的反映客户的各项信息。同时要建立客户档案，设专人对档案进行定期的维护，形成管理机制，一旦客户的情况发生变化，都有及时的在档案中有所反映，以便对公司后续的信用评级、授信工作提供良好的基础。

（2）进一步规范评级流程

对目前使用的信用等级测分表要加以完善，增加以下几种进行考核：综合素质、经济实力、偿债能力、盈利能力、经营管理、履约记录和结算记录，再根据所属种类的具体特征，设置不同的考核内容，全面划分信用等级。集团业务单一，均属于商贸类，但所经营的商品种类并不相同，因此建议按照实际的业务经营品种，将评级对象按企业业务种类划分，每种类型再设 SSS、SS、S、BBB、BB、B 等信用等级，严格评级程序，做好交叉检查、风险审核，确保打分的合理性。信用评级工作应由公司多个部门配合完成，其中：由信贷管理部按照制度规定，如实对客户评级基础数据进行录入、评价，严肃评级工作、合理打分；由风险管理部严格审查客户授信过程中的评级等级，保证评级结果严格按照标准执行；由信贷审查委员会审核评级结果，最终确定客户评级。评级工作的频率也应灵活设置，不能限于一年一次这样的条条框框中，而应该根据市场行情的变化而随时开展。如表 6-1 信用等级评价表。

表 6-1 信用等级评价表

| 评级总分 | 信用等级 | 总体评价 | 客户特征 |
|---|---|---|---|
| ≥90 | AAA | 特优 | 客户信用很好，整体业务稳固发展，经营和财务状况良好，资产负债结构合理，偿债能力强，授信风险较小。 |
| ≥80 但＜90 | AA | 优 | |
| ≥70 但＜80 | A | 良 | |
| ≥60 但＜70 | BBB | 一般 | 客户信用较好，现金周转和资产负债状况可为债务偿还提供保证，授信有一定风险，需落实有效担保规避授信风险。 |
| ≥50 但＜60 | BB | 较差 | 客户信用较差，整体经营和财务状况不佳，授信风险较大。 |
| ＜50 | B | 差 | 客户信用差，经营及财务状况较差，偿债能力极弱，授信风险极大。 |

（3）加强授信管理，审慎授信额度的分配

公司应加强授信额度审核，在对客户经营情况、抗风险能力等综合评价基础上，审慎确定授信额度、品种、期限、利率和提款条件。对于信用评级结果较低的客户，应采取相应紧缩的信用政策，例如降低授信额度，强化用信措施，如加大其开立银行承兑汇票业务的保证金比例要求。比如，评级为 SSS 的客户，在为其开立银行承兑汇票时，保证金比例可以稍低一些，而评级较差的，则要提高保证金比例，必要时可以提高至 100%。同时要合理的确定授信额度，改变之前的授信额度一旦评定，就不再变更的做法，可以采取同业比较法和业务量核定发相结合的方式，一方面，在收集客户信息时，增加"其他金融机构对该客户的授信额度"一项，以考察该客户所取得的授信真实情况，为财务公司对其给予授信额度提供真实有力的基础；另一方面，由信贷管理部根据客户提供的财务报表，结合该客户在财务公司各项授信业务中的开展情况，以及预期对客户经营管理水平、资产负债比例情况、偿还债务和抗风险能力、企业信用等因素进行综合评估，合理测算客户的授信需求，逐级上报并由风险管理部、信贷审查委员会审核确定授信额度、品种、期限、利率和提款条件等内容，确保需求测算的合理性。同时也要客观真实的了解集团的整体经营情况，特别是目前受大宗商品形势不乐观的影响，更要适当的调减对集团成员单位的授信额度。

（4）增强对开票资料的核验，强化债权保障

在办理银行承兑汇票业务时，要增强对开票申请企业提供资料的核验，包括商品交易

合同、增值税发票等，还要更加严格地审核贸易的真实性，同时结合企业的经营范围、规模和经营特点，分析交易背景的真实性，审核购销合同的有效性、完整性，查验税票的真伪，审核其与购销合同的一致性等内容。同时，要加强保证金账户管理工作，对每个保证金专户实行封闭管理。对于没有在银行承兑汇票开票之前提交的资料，财务公司要建立催要资料的机制，经手该笔业务的客户经理要完善台账登记，在开票完成后两个月内及时向开票申请企业索取，同时部门经理要及时审阅台账，对类似没有完整提供资料的现象要及时监督，如果客户经理经过多次催要，仍未及时取得的，部门经理应向开票申请企业的中层管理人员通报事件，进行催要；如果经部门经理催要仍未成功的，需要向更高一层的管理人员汇报，必要时上报集团。

（5）增加贷后检查

贷后管理是有效防范和化解信用风险、确保资金安全的重要手段，也是提高财务公司业务质量、推动业务经营效益持续增长的根本需要。要完善贷后管理约束机制，逐户制定客户的贷后管理方案，逐项落实贷后管理内容，及时发现风险，提前化解危机。公司全体上下要摒弃"重贷轻管"观念，从思想上观念上转变对贷后管理工作认识的偏差，树立贷后管理和贷前审批同样重要的观念，持续的对可能影响还款的因素进行持续监测，一旦发现潜在的风险，就要及时发出风险预警提示，同时还要加大贷后检查的广度与深度，增加到现场进行贷后检查的次数，要对客户的经营情况进行仔细的调查，通过敏锐观察，辅以谈话技巧等方式，深入了解客户的真实经营情况，除了要及时全面了解客户自身情况外，还要对客户所处的整体行业及其上下游企业进行调查研究，及时发现可能不利于还款的问题，防患于未然，减少或避免损失。

贷后管理不应只是信贷管理部一个部门的责任，同时也要有其他部门介入，以形成制约与监督的机制，例如，可以引入风险管理部、审计稽核部等，随机抽取贷后管理的样本，检验贷后管理工作完成的效果。通过增强对贷后管理的监督，对信用风险发现不及时、处理不得当的现象，要严肃处理相关责任人。通过贷后管理相关机制的建立与完善，形成多层次的监督体系，增强整体合力。

# 第二节　现代金融风险监管体制的发展趋势

当前金融监管模式还是存在很多不足的，因此调整金融监管模式，形成新的金融监管体系，应对新的金融风险是必然选择。对于我国金融监管应该如何发展，还未有较为统一的意见，但其发展趋势却是一定的。

## 一、符合国情是金融监管发展的基础

金融监管首先要符合我国经济发展的独特情况。中国实行社会主义市场经济，与单纯实行资本主义经济的国家有本质区别。而金融监管作为经济发展的产物，势必要适应基础经济的发展，没有任何一种金融监管模式是具有普适性的。所以我国金融监管发展趋势，不管如何发展，其基础一定是符合我国国情。

### （一）中国金融监管体制的新挑战

改革开放之前，"大一统"金融体制让中国人民银行既是"裁判员"又是"运动员"，同时承担行政管理与业务经营职能。改革开放初期，地方政府对金融资源的争夺，使得这一阶段区域性金融风险凸显、通货膨胀直接影响到中央的成本收益，削弱了中央宏观调控能力。1997年11月全国首次金融工作会议召开，将金融监管权力回收至中央层面，正式确立了其后中央集中、分业监管的金融监管体制。但这一监管体制在近年来越来越暴露出一些问题，难以适应形势发展。

金融监管治理范围应该涵盖银行业、证券业和保险业、信托业等主要金融领域。而从银行表内到表外，再从债券到股票，再至其他金融衍生品，基础风险逐步演化，风险点遂由传统金融资本不足向现代金融市场透明度不足转变。这种脱媒化的金融风控的升级和调整是传统金融迈向现代金融的重要标志。新金融业态即互联网金融也已经在我国快速发展，对金融结构和风险点的改变影响巨大，其与生俱来的技术风险更有脉冲式发展的趋向。这些现象的出现给传统监管体制带来巨大挑战。

鉴于分业监管体制下的"主监管人"无法也"无意"承担其他监管者的职责。银行业、证券业、保险业、信托业内的持牌金融机构本身有获得不同监管标准下"监管套利"的天然冲动，并利用金融业务多样化、分散化，及金融衍生品杠杆效应与投机性高度灵活的特点，将特定业务或产品交由服务成本低、受监管限制少的子公司孙公司来完成，充分"享受"这一套利直至被叫停，转而寻找下一个监管"裂缝"地带。

严格来说，我国金融监管理论发展于90年代亚洲金融危机，尤其在加入WTO之后，金融监管理论研究开始加速。2008年的国际金融危机促使金融工作者和经济学家开始对原来的金融监管体系进行反思并提出改革措施。一系列金融监管体制改革理论的热潮，构筑了对现行金融监管体制的反思基础。但金融事务具有复杂性，人类认识事物的能力又取决于实践发展的程度，金融危机爆发后所引发的一系列问题，促使具有针对性的金融监管政策和法规应运而生。

### （二）新时代中国金融监管的指导思想和鲜明特征

1.金融监管的指导思想：习近平新时代中国特色社会主义经济思想

经济发展与社会稳定的实现不需要也不能以没有边界的"自由"为前提。2008年爆发的国际金融危机充分暴露出了新自由主义监管模式存在的深刻弊端，我们需要借鉴西方监管制度中的有益做法，但必须对其中所蕴含的新自由主义理念保持高度警惕。

习近平同志曾指出，中国特色社会主义制度是特色鲜明、富有效率的，但还不是尽善尽美、成熟定型的。中国的金融监管制度也同样处于这一过程当中。破解监管困局的答案只能来源于具体实践，立足于国情。从对失误和挫折的反思中得到的经验教训往往是理论创新的起点，亦可成为对国际社会金融监管的理论贡献。中国的实践可以给世界性问题提供思路和办法，规律的发现亦有一个从特殊性到普遍性的过程。

党的十九大之后举行的首次中央经济工作会议提出了习近平新时代中国特色社会主义经济思想，这是党的十八大以来推动我国经济发展实践的理论结晶。这一理论的成型基于五年来以习近平同志为核心的党中央"观大势、谋全局、干实事"，以及"相机抉择、开准药方"。近年来的金融监管动态也明确体现了这一思想的规制与引导，其中以2017年以来各大金融机构"去杠杆"的动作可谓触达防范风险的本源。

金融业的初心和落脚点在于服务实体经济，脱离实体经济，金融业繁荣一分，风险也将增加一分。仅在金融领域或者虚拟领域"空转"的高杠杆率不仅对实体并无助益，且极易形成泡沫、积累风险。应对当前无时无刻不在发生变化的国内外经济金融环境，必须坚持以习近平新时代中国特色社会主义经济思想为指导，走符合中国国情的金融监管路径，坚持在国务院金融稳定发展委员会的领导下，由"一行两会"联手对经济和金融活动进行必要的干预和监管。要厘清金融监管的职责、目的，利用和发挥好社会主义制度优势，走中国特色社会主义的金融监管之路。金融监管改革和实践，需从社会主义基本经济制度和经济发展的实际出发，正确处理好政府与市场的关系，对系统性金融风险有充分的警惕与预防，从而维护我国金融的稳定发展、保护广大人民群众利益。

2.中国金融监管的新时代特征

十八大之后，中国的经济发展迈入"新常态"。供给侧结构性改革，正是顺应新常态改革的核心内涵，这也要求金融监管改革能够顺应大势。能否走出适应新形势下金融健康稳定发展的新路径，在推进供给侧结构性改革的过程中实现金融稳定，强化投资者信心，优化资源配置、提高经济效率，为现阶段经济发展保驾护航，是评价其成败与效用的关键。

新时代中国特色社会主义道路需要新时代中国特色金融监管与之相匹配。我们既要看到中国与美国等金融监管相对成熟国家之间所具有的统一性或共通性，积极学习和借鉴，又要看到中国与其之间所具有的差异性，摒弃其中不适应当前中国经济发展的成分，形成中国特色监管方式。要充分发挥社会主义制度优势，坚持习近平新时代中国特色社会主义经济思想，强化综合监管，优化监管资源配置，在金融监管中维护公平与效率，降低跨领域监管套利预期，最终引导资金脱虚向实，实现金融服务于实体经济的目的，坚决杜绝系统性风险发生的可能性。

尤其是在我国经济步入新常态的背景下，金融监管也应当呈现新时期的特征。

（1）新时代中国特色社会主义经济发展指标更加体现提质增效与转型升级相适应，强调银行、信托、基金等行业资管质量与效益，不唯资管规模。

（2）与新时代中国特色社会主义经济发展强调创新驱动相适应，强调发挥大数据科技等创新手段在金融监管过程中的作用。

（3）与新时代中国特色社会主义对民生的关注相适应，强调提升公共服务能力和水平，支持投资者的合理诉求，对违规违法的资产管理人或上市公司严惩；四是与新时代中国特色社会主义强调绿色发展相适应，强调以监管引导企业与投资者走绿色低碳循环发展之路。

**（三）新时代中国金融监管的思路调整与监管转型**

1.新时代中国金融监管的思路调整

近年来，理财、非标等非传统信贷业务得到了空前发展，银行、信托、券商资管平台、公募基金子公司等各类金融机构之间密切合作，收入大幅增长，同时规避实体经济的融资风险。"影子银行""资金空转""监管套利"频频出现，资金"脱实向虚"愈演愈烈，这使得市场一度出现了某种错误认识：在分业监管的格局下，此类业务无法被有效监管。但到了2017年，我国金融监管"突然"大幅收紧，力度可谓近年来未有，并且是原"一行三会"共同发力，以《中国人民银行、银监会、证监会、保监会、外汇局关于规范金融机构资产管理业务的指导意见（征求意见稿）》为代表的相关政策法规密集出台，使得以往常见的不同监管领域内的"套利"手段失去了效用。虽然监管架构尚未发生根本性变化，监管效力却判若泾渭，这与国务院金融稳定发展委员会设立前后的政策执行密不可分，防范化解系统性金融风险被提到更加重要的位置。

事实上，原"一行三会"近年来所颁布的监管政策，所涉内容大部分可谓早已存在，部分新条文也是以征求意见稿形式在市场上流传多时。全方位的监管力度空前则预示着，监管机构对当前经济复苏和银行资产质量全面改善、本轮银行资产负债表清理步入尾声抱有信心，而对酝酿着系统性风险、错误抬高全社会利率中枢、挤占实体经济融资需求的"影子银行""资金空转"等的容忍度已降至最低点。

之所以发生这些变化，正是因为当前金融监管机构在习近平新时代中国特色社会主义经济思想的指引下，更加强调监管协同，强调机构监管向功能监管与行为监管的延伸；同时宏观审慎管理制度建设不断加强，功能监管与行为监管摆到了更加重要的位置。

2. 新时代中国金融监管的监管转型与角色重塑

近年来随着国际和国内社会金融环境的发展与变化，我国金融监管部门持续调整与改进监管措施，探索新方式。尤其自2017年以来，一场全面覆盖银行、证券、保险等行业的大金融监管改革已经启动。原银监会重申银行业需要转型升级，继续原有有效举措，解决融资难等问题，加强对投资者的保护，推进银行内部改革，对于网贷平台将联合其他部门展开专项监管等；证监会强调注册制改革势在必行，强调对证券市场中小投资者的保护，主导建立多层次的资本市场；原保监会提出保监会"姓"保，主要职责在于民生保障，从商业保险、农业保险、医疗保险等角度服务于社会。

金融监管作为规范金融机构行为的最后一道防线，在操作层面有法律、行政法规以及部门规章和规范性文件这三个维度的预防与严控。随着互联网金融的出现，金融机构身兼资金、资产配置中介和风险资源把控主体的多重角色。而金融风险的市场化配置可以作为金融监管的补充，以提升效率。此外，纵观国内外金融发展，创新与监管本是一对基本矛盾，相互冲突并相互促进，相互作用，即创新活动活跃，金融管制跟进，循环往复，速度渐次加快，互联网金融更是显著提高了这一进程的深度和广度。

在金融创新层出不穷的背景下，分业监管不可避免地存在着监管目标和规则不统一，与此同时，监管真空的出现也在所难免。监管与创新所构成的矛盾，是金融组织在资金资源配置过程中的利润最大化假定。信息革命在一定程度上降低了市场的信息不对称，利于金融组织在资金配置和风险配置中实现利润最大化。金融行业监管之中，奖惩结合应对机制由来已久，仅靠处罚不足以弥补金融漏洞和失败，而应采用积极适度的鼓励，以降低危险金融行为出现的概率。面对业务与技术发展的"跨界"，监管机关必须在监管手段、范围与效率上有所提升。应及时关注风险监测与早期介入，更注重事前预警与防范，共享监管综合数据与信息，为协同监管提供技术保障。

面对新时代，金融监管机构需要以习近平新时代中国特色社会主义经济思想为指导，走符合中国国情的金融监管路径，在国务院金融稳定发展委员会领导下，由"一行两会"联手"无真空"对经济和金融活动进行必要的干预和监管，处置重点风险，整治金融乱象，补齐制度短板，提前防范局部风险朝系统性风险转变，坚决守住不发生系统性金融风险的底线。同时监管层自身要充分发展组织优势和制度优势，加强监管机构之间的协调，处理好监管与创新之间的关系，以平衡风险与效率。从而积极适应金融创新不断深化的内外部环境，审慎对待金融监管行为及其实践，确保不发生系统性金融风险，维护国家金融安全，同时更好地发挥社会主义金融监管的特点和优势。

## 二、混业经营是金融监管发展的必然

从经济发展形势来看，现今金融市场混业经营是大势所趋，但是现有金融监管体系仍属于分业监管，使得金融监管模式严重落后于金融发展现状。就拿我国来说，我国所实行的金融监管体制是上个世纪 90 年代逐步形成的，经过二十多年的发展，经济形势已经发生了巨大的变化，混业经营成为金融市场的主旋律，这就使得现行的"一行三会"分业监管格局与经济发展形势严重不符，很容易导致金融市场监管不全面，出现监管真空区，并且容易导致金融腐败。实际上，很多场金融危机的爆发已为我们提供了经验教训，金融衍生产品的发展推陈出新，涉及到银行、证券、保险等多个领域，落后的监管模式无法很好的抵御这种综合风险，所以金融危机的爆发也变得愈加频繁。

### （一）现阶段实行分业经营的必要性

目前我国金融业仍有必要实行分业经营体制，其原因主要体现在以下几个方面。

#### 1. 商业银行

内部风险控制机制不完善，分业经营有利于降低商业银行的经营风险。我国商业银行特别是四大国际银行的现状是，一方面存在大量的不良贷款，另一方面却又吸收着高额的居民储蓄。近年来央行连续降息，投资工具的多样化，投资者开始积极寻求其他的投资保值方法，若不良贷款得不到妥善解决，一旦储蓄的增量弥补不了不良贷款的增量，金融危机就可能爆发。只有在分业经营的管理体制下，才能够有效保护投资人存款人的利益，分业经营模式在现阶段是必需的。此外，如果允许银行从事证券、保险等混业业务，四大国有商业银行因其资金优势而形成金融寡头，不利于中小商业银行的发展。

#### 2. 证券业

市场发育尚不成熟，相关法律法规不健全，银行业与证券业的融合将会助长证券市场的投机活动，造成证券市场虚假繁荣。而采取分业经营和分业管理模式，有利于证券市场的规范和稳定发展。

3. 保险业

近年来虽取得了长足的进步，但仍存在着保险经营手段不够规范，理赔机制不够健全，保险公司自身缺乏有效的自律手段，险种不够丰富等隐患，一旦发生动荡性的事件，容易产生金融风险。

4. 金融监管

目前监管水平不高，有关金融监管方面的法律法规不完善，监管手段措施也比较落后，专业人员和高质量信息缺乏，金融监控资源和经验都不足。因此我国目前还不具备混业经营的监管环境和能力，金融监管体制和监管水平还远未达到混业监管的要求。

由此可见，在我国金融机构风险意识不强、内控机制不完善，法律法规不健全、监管水平相对落后的情况下，在现阶段实行分业经营制度是符合我国国情的，也是金融体系的安全的保证。但是安全并不等于效率，混业经营体现了金融市场内部沟通的基本要求，有利于提高金融市场配置资源的效率；混业经营是适应跨国公司和大型企业集团实施多元化经营和大规模资产重组的要求而出现的一种主流趋势，有利于促进金融资本更好地服务于产业资本；发展混业经营，允许金融企业和非金融企业相互持股，可优化金融企业的资产负债结构，改善金融服务，增强综合竞争力。从发展趋势看，我国必然会走向混业经营。

### （二）走向混业经营的必然性

1. 混业经营是国际银行业发展的趋势

全球金融市场一体化和金融自由化发展趋势，改变了金融业的市场环境，金融业传统的行业分工和业务界限日趋模糊，金融市场的条块分割格局已被打破。20世纪90年代，日本、美国相继立法肯定了金融业混业经营。伴随着竞争的加剧，世界范围内的金融集团并购有愈演愈烈之势。我国融入国际金融市场体系程度日益加深，待条件成熟时选择混业经营模式是一种必然。

2. 金融创新和外资银行的进入为混业监管提出了客观要求

传统赚取的存贷利差的经营手段获利空间有限，金融机构愈发重视金融创新。如扩充各种代理业务、拓宽传统结算领域，增加信用卡功能，开展信息咨询、创新金融产品等；随着金融产品和交易技术的不断创新，银行证券、保险业务相互代理相互渗透的特征愈来愈明显，从而使分业经营流于形式，这就为混业监管提出了客观要求。

3. 信息科技的发展为金融监管提供了强大的技术支撑

随着我国信息产业的迅速发展，大规模信息的共享和处理能力的加强，为金融监管提供了良好的技术环境。2002年中国工商银行完成了数据集中的跨世纪工程，中国银联公司的成立，以及中国建行、中国农行、中国银行完成数据集中工程的决心，这都说明金融行业自身信息化建设呈现跨越式的发展。

4 为增强中资银行的竞争力，必须走混业经营之路

我国加入WTO后，金融业将面临全方位对外开放的新格局，入世5年后，将取消对外资银行的所有限制。面对竞争实力强大的外资银行，中资金融机构如果固守传统商业银行发展模式，其结果只能在日益激烈的竞争中处于不利地位。因此，我国商业银行要提高

自身的竞争力，必须最大限度地实行综合化经营，根据市场、客户需求的变化和规避风险的要求，不断开拓新的业务领域和业务品种，采取新的交易方式和交易手段，利用各种金融创新工具发展自己。从长远着，我国国有商业银行应逐步介入证券市场和保险市场，积极稳妥地推进国有商业银行建立混业经营的模式，实行全能制，增加利润增长点，以降低经营成本和经营风险，提高国有商业银行的金融效率和国际竞争力。

5 我国具有推行金融混业经营的现实要求和可行性

事实上，目前我国银行、证券、保险三业已出现了相互渗透、共同发展的态势。保险基金进入股票市场。商业银行也越来越多地参与证券资金的清算服务，推出银行转账等新型业务；2002 年 12 月中信控股亦正式挂牌，其旗下有中信实业银行、中信证券、中信信托、信诚人寿保险、中信资产管理有限公司、中信期货以及中国香港的中信国际金融控股有限公司等多家金融机构，亦在事实上证明了混业经营的可操作性。

## 三、统一监管是金融监管发展的关键

混业经营带来的影响之一，就是要求金融市场中存在较为综合统一的金融监管模式，从而抵御愈来愈复杂的金融风险，数次金融危机也显示出，建立一个统一综合的金融监管模式的重要性。金融市场发展之快，涌现出了很多形式多样的金融产品，其自身携带了大量风险。不断涌现的金融创新产品，使得各类金融机构以及金融市场整体所面临的风险更复杂，是一种综合性的金融风险，同时很多金融机构所面对的金融风险特征也趋于相似。面对这些，分业监管的模式不具备较高的可操作性，往往重视了这头就忽略了那头，难以平衡。而建立统一的监管模式，可以使金融监管具有规模经济效应，提高金融监管的效率，降低金融监管的成本，同时制度上的简化，有助于提高市场参与者的信心，有利于货币政策目标的实现，还可以减少过度监管或监管空白，减少监管套利机会。因此，统一监管是对混业经营的适应，是我国金融监管发展的关键所在。

### （一）统一金融监管的优势

1.统一金融监管模式顺应金融控股公司发展的需要

目前，国内外金融业混业经营的主要方式是金融控股公司，这促使监管当局寻找更有效的途径进行监管。如果采用分业监管，不能从总体上衡量整个金融控股公司的风险，不能确保各分业监管间没有缝隙或漏洞，不能根除一些金融控股公司内部的风险，也难防止金融控股公司内某个机构危机和风险的扩散。

2.统一金融监管模式能较好地解决金融机构套利行为

随着金融混业的发展，金融产品和金融机构之间的界线日渐模糊，出现了提供类似金融产品的金融机构却归口完全不同的部门监管。由于不同监管部门监管要求的差异，会导致某些被监管者在提供特定服务或产品时具有竞争优势，从而引发监管套利行为。如果监管套利行为很普遍，各独立监管机构为避免监管客户的转移和流失就会竞相减轻监管负担，从某些方面看这种竞争是有利的，但如果造成原有审慎性监管被削弱的话，却不容忽视。统一监管模式能较好地解决上述问题。当然，从金融创新的角度看，适当的监管套利行为应该鼓励，但应最大限度地降低出现系统性危机的风险。

3.统一金融监管模式更有利于提高监管效率

监管效率是指由规模经济带来监管成本的降低而引发的效率提高。尽管一个监管组织的规模经济很难以测量，但一般说来，较大规模的组织更有利于劳动力的专业化分工和投入品的集约化应用等。表现在统一监管模式中，就是可以从共享基础设施、管理以及辅助设施等方面节约成本，克服分业监管模式中相关的重复建设。对于混业经营的被监管金融机构而言，其面临单一监管机构，可以节约被重复监管的成本。有学者认为，将多个分离的监管机构合并为一个机构获得的规模报酬将会使得执行监管的成本下降成为可能。

4.统一金融监管模式增强了监管弹性

从监管法令的角度来看，统一监管模式更具弹性。在分业监管模式下，为明确各方的责任，就需要对各机构的监管权限和责任进行清晰的、详尽的界定，但又不可能事先对市场发展做出准确的预期。所以各个独立的法定监管机构所依据的法令会在其处理特殊问题时留下管理权的不确定性，尤其当新的金融产品或机构出现而最初并没有在法律中规定时。而在统一监管模式下，只需作原则性和概念性的规定，可以为监管制度的发展提供更大的灵活性。法令的灵活性使监管当局能够及时、准确地对市场发展或创新做出反应，并有效防范市场风险。此外，法令的不完备使得分业监管机构的监管领域存在着不可避免的交叉和漏洞，这样各自的监管目标和责任不明确或不一致会造成各监管机构间的冲突。不过，即使各监管机构能有效的承担各自的监管责任，但汇总起来未必能达到和谐一致的监管效果，在这种情况下，统一监管模式就有明显的优势。

5.统一金融监管模式能较好地改善职责

分业监管模式下，在职责和权限上各监管机构可能存在重叠，因此，监管者间有可能相互推诿责任，很难让其中一个机构对出现的问题负责。而统一监管由于管理结构单一，对政府官员、产业界和公众来说，除这个监管机构外，没有其他机构对金融监管事务负责。

### （二）金融监管模式创新的路径选择

我国的金融监管从中央银行"统一监管"到如今中国银行监督管理委员会、中国证券监督管理委员会、中国保险监督管理委员会三部门"分业监管"的改革取得了举世瞩目的成就。实践证明，我国分业金融监管模式确实有效地维护了国内金融体系安全、稳定、高效地运行，控制了信用过度扩张，防止了银行信贷资金过多地流向证券和房地产市场，从而减少了金融风险，抑制了投机行为和泡沫经济的膨胀。随着我国金融业混业趋势的加强，现行的分业监管很难应对这种金融业务相互渗透的混业经营局面。当前分业监管下的监管重叠和监管真空的现象时有发生；金融创新推出的金融机构边缘业务，也使得多个监管部门之间法律权限的分配需要很长时间才能协调完成；监管协调机制的缺乏和监管信息的不共享使监管效率大大降低，影响金融系统的内在稳定性。目前我国的金融市场已全面对外开放，外资金融机构，特别是实力雄厚的"航空母舰"式的"金融百货公司"涌入，代表着混业经营外来冲击力在加强，所有这些对我国当前的分业监管提出了挑战，金融监管模式必须进行创新，而金融统一监管优势使其成为我国金融监管模式的最终选择。当然，统一监管的最终实现，不是一蹴而就的事情，要根据国内金融业混业经营的程度分阶段最终实施。

第一阶段（即现阶段）。目前由于我国银行、保险、证券等金融机构的业务基本上处于合作阶段，跨行业的金融产品比较少，因此，跨行业的监管问题较少且相对简单。当前的任务主要是对国内日益发展的金融控股公司建立相应的监管制度体系。据此，构建我国双层的金融监管体系。建立国务院直属的国家金融监管局，由其负责对金融控股公司的经营实施整体综合监管。国家金融监管局有独立的组织体系与行政设置，功能主要在于加强统一监管，增进信息沟通，提高综合监管能力，防止监管漏洞。而银监会、证监会、保监会依旧按照分业监管的原则对银行业、证券业、保险业及金融控股公司各相关子公司业务实施专业化监管。国家金融监管局有权对上述分业监管机构的职责和争议予以界定和仲裁。通过建立这种双层的金融监管模式，一方面可以确保现行分业监管体制下对金融控股公司各子公司实施有效的分业监管，另一方面明确了金融控股公司的主要监管职能部门后，不仅能使银行、证券、保险三个监管部门在协调金融控股公司监管上形成制度化，而且有利于加强对金融控股公司总部的监管，尤其对各子公司间的关联交易及财务状况实施重点监管，将金融控股公司蕴藏的风险尽可能降到最低限度。通过上述组织设计，可有效解决我国在向混业经营转变过程中混业和分业经营行为并存而引发的监管难题。

第二个阶段，如果金融控股公司已经成为我国金融机构主要的组织形式时，将银监会、证监会、保监会三大监管机构成为国家金融监管局的内部分支部门，国家金融监管局将成为我国唯一的金融监管机构。国家金融监管局负责对金融控股公司进行监控，其下设置的各个金融行业的监管部门负责对金融控股集团公司旗下各分业经营公司的监控，这样，金融监管机构的设置成本和协调成本都大大降低，提高了对金融业的监管效率。

## 四、走向国际是金融监管发展的趋势

当今金融市场的发展，已经打破了国与国的界限，一国金融机构及其业务活动早已突破了传统的国界线，而是向全世界延伸开来。在这种国际化的趋势下，金融风险已经不局限于国内，国际金融风险也是一个重要方面。因此，金融监管必将同样走上国际化的发展道路，只有这样才能应对国际化的金融风险。近年来，一些双边协定、特惠政策等的制定，都给世界各国金融监管模式的变革带来了影响。跨国公司的建立，金融市场界限的模糊，使得各国金融市场之间的联系和依赖性也在不断加强，金融风险在国家之间相互转移、扩散的可能性也不断加大，金融危机的发生已经不再局限于某个国家，而是蔓延到一定区域，甚至是全球性的金融危机、经济危机。

### （一）国际金融监管的发展趋势

1. 金融监管体制的组织结构体系向部分混业监管或完全混业监管的模式过渡

各国金融监管体制的组织结构千差万别。英国的大卫 t. 卢埃林教授在 1997 年对 73 个国家的金融监管组织结构进行研究，发现有 13 个国家实行单一机构混业监管，35 个国家实行银行、证券、保险业分业监管，25 个国家实行部分混业监管，后者包括银行证券统一监管、保险单独监管（7个）；银行保险统一监管、证券单独监管（13个）以及证券保险统一监管、银行单独监管（3个）3种形式，并且受金融混业经营的影响，指定专业监管机构即完全分业监管的国家在数目上呈现出减少趋势，各国金融监管的组织机构正向部分混业监管或完全混业监管的模式过渡。

2.金融监管法制呈现出趋同化、国际化发展趋势

金融监管法制的趋同化是指各国在监管模式及具体制度上相互影响、相互协调而日趋接近。由于经济、社会文化及法制传统的差异，金融监管法制形成了一定的地区风格，在世界上影响较大的有两类：一是英国模式，以非制度化著称，加拿大、澳大利亚、新西兰即属此类。二是美国模式，以规范化闻名于世，监管严厉，日本、欧洲大陆国家多属此类。历史上，英国对金融业的监管主要采取行业自律形式，英格兰银行在履行监管职责时形成了非正式监管的风格，不以严格的法律、规章为依据，而往往借助道义劝说、君子协定等来达到目的；而美国是一个以法制化著称的国家，金融监管制度被视为规范管理的典范，监管法规众多，为美国金融业的发展营造了一个规范有序，公平竞争的市场环境。自20世纪70年代以来，两种模式出现了相互融合的趋势，即英国不断走向法治化，注重法律建设；而美国则向英国模式靠拢，不断放松管制的同时增强监管的灵活性。随着不断加深的金融国际化，使金融机构及其业务活动跨越了国界的局限，在这种背景下，客观上需要将各国独特的监管法规和惯例纳入一个统一的国际框架之中，金融监管法制逐渐走向国际化。双边协定、区域范围内监管法制一体化，尤其是巴塞尔委员会通过的一系列协议、原则、标准等在世界各国的推广和运用，都将给世界各国金融监管法制的变革带来冲击。

3.金融监管更加注重风险性监管和创新业务的监管

从监管内容看，世界各国监管当局的监管重点实现了两个转变。

（1）从注重合规性监管向合规性监管和风险监管并重转变

过去监管当局一直将监管重点放在合规性方面，认为只要制定好市场游戏规则，并确保市场参与者遵照执行，就能实现监管目标。但随着银行业的创新和变革，合规性监管的缺点不断暴露，这种方法市场敏感度较低，不能及时反映银行风险，相应的监管措施也滞后于市场发展。有鉴于此，国际银行监管组织及一些国家的监管当局相继推出一系列以风险监管为基础的审慎规则，如巴塞尔银行监管委员会发布的《有效银行监管核心原则》《利率风险管理原则》等，实现了合规性监管向合规性监管和风险监管并重转变。

（2）从注重传统银行业务监管向传统业务和创新业务监管并重转变

随着金融市场的不断发展，金融创新产品层出不穷，如金融衍生产品交易、网上银行交易等创新业务，它们在增加收益的同时也增大了风险，且更易扩散，对金融市场的冲击也更加直接和猛烈。因此，只注重传统银行业务的监管已经不能全面、客观地反映整个银行业的风险状况，只有"双管齐下"，并重监管传统业务和创新业务，才能有效地防范和化解银行业的整体风险。

4.金融监管越来越重视金融机构的内部控制制度和同业自律机制

金融机构的内部控制是实施有效金融监管的前提和基础。世界金融监管的实践表明，

外部金融监管的力量无论如何强大，监管的程度无论如何细致而周密，如果没有金融机构的内部控制相配合往往事倍而功半，金融监管效果大打折扣。在国外银行经营管理层的内控意识很强，他们把这作为非常重要的管理理念，贯穿于整个经营管理体制工作中。国外商业银行一般专门成立独立于其他部门的、仅仅对银行最高权利机构负责的内部审计机构，并建立了健全的内控制度。近年来，由于巴林银行、大和银行以及住友商社等一系列严重事件的发生都与内控机制上的缺陷或执行上的不力有直接关系，国际金融集团和金融机构在震惊之余，纷纷开始重新检讨和审视自己的内控状况，以免重蹈他人覆辙，许多国家的监管当局和一些重要的国际性监管组织也开始对银行的内部控制问题给予前所未有的关注。金融机构同业自律机制作为增强金融业安全的重要手段之一，受到各国普遍重视。以欧洲大陆国家为代表，比利时、法国、德国、卢森堡、荷兰等国的银行家学会和某些专业信贷机构的行业组织都在不同程度上发挥着监督作用。尽管金融业公会组织在各国监管体系中的地位不尽相同，但各国都比较重视其在金融监管体系中所起的作用。

5.金融监管向国际化方向发展

随着金融国际化的发展及不断深化，各国金融市场之间的联系和依赖性也不断加强，各种风险在国家之间相互转移、扩散便在所难免，如1997年7月东南亚爆发的危机就蔓延到了许多国家，使整个世界的经济都受到了强烈的震动。金融国际化要求实现金融监管本身的国际化，如果各国在监管措施上松紧不一，不仅会削弱各国监管措施的效应，而且还会导致国际资金大规模的投机性转移，影响国际金融的稳定。因此，西方各国致力于国际银行联合监管，如巴塞尔银行监管委员会通过的《巴塞尔协议》统一了国际银行的资本定义与资本率标准。各种国际性监管组织也纷纷成立，并保持着合作与交流。国际化的另一体现是，各国对跨国银行的监管趋于统一和规范。

### （二）国际金融监管的发展趋势给我国的启示

1.建立有效的金融监管组织体系

我国于1998年进行金融监管体制改革，形成了中国人民银行、证监会、保监会分别监管银行业、证券业和保险业的分业监管体制，这种体制适应了我国分业经营的金融体制结构。但随着我国金融业的发展，分业经营的模式逐渐显现出不相适应的方面，突出表现在银行资产项目过于集中、券商融资渠道不畅、保险资金投资效益低下。于是管理层逐渐放松了管制，如允许券商进入银行间同业拆借市场，允许保险基金以购买投资基金形式进入股市以及允许券商股票质押贷款等，呈现出混业经营趋势。同时，一些金融机构开始仿效国外同行，以控股的方式实现业务范围的扩张，如光大集团和中信集团集银行、证券、保险业务于一身，构造了一个符合国际潮流的金融集团的雏形。

另一方面，我国加入世贸组织后，随着外资金融机构的大量涌入，国外金融混业经营的趋势必将给予我国的金融业带来冲击和挑战。因此，我们应借鉴国外先进的经验对我国金融监管组织结构进行适当改革，以适应已经变化的经济、金融形势。比较发达国家的监管模式，我们认为可以借鉴美国综合监管与分业监管相结合的模式，成立国家金融监管局作为监管的权威机构，通过对金融控股公司的监管实现对银行、证券、保险业务的全面监管，原专业监管机构仍然负责各自领域的监管。国家金融监管局的主要任务是针对金融监管的真空及时采取相应措施，划分各金融监管机构的职责范围，协调各监管机构的利益冲突以及划分监管归属等。这种新的金融监管组织体制模式既能满足实行混业经营后金融业发展对监管体制的要求，也能适应现阶段分业经营向混业经营过渡期对监管的要求，因此是一种较为理想的选择。

2.建立和完善金融监管法律体系

首先，要依据国内金融业发展的现状、国际金融监管变化的新趋势以及人世后内外资金融机构监管并轨的需要，及时做好法规的废、改、立工作。其次，必须强化对金融监管执法的监督，让非金融监管职能部门承担金融监管执法监管职能，如法律部门、内审部门等。

3.改进和完善我国金融监管方式，提高监管效率

将合规性监管与风险性监管相结合，以合规性检查为前提，风险性监督为主，二者并重；建立银行信用评级制度，进行合规性和风险性评级，以强化银行对其经营和风险程度的识别和管理，增强自我约束力，同时便于中央银行准确掌握银行经营状况，并根据不同等级银行采取不同监管措施；加强银行创新业务的监管，如网络银行业务应正式列入金融机构管理范围，建立专门的网络银行准入制度，制定网络安全标准，建立安全认证体系等。应注意加强监管不能扼杀和阻碍金融创新；运用现代科技对金融运行实施动态、实时、持续的风险监管，以便及时化解风险提高监管效率。

4.建立健全我国金融监管自律机制

（1）健全我国金融机构的内部控制制度

我国金融机构基本上都制定了一套内部控制制度，但随着我国金融市场化程度不断提高，必须进一步健全和完善内控机制。

①合理设置内控机构

以我国商业银行为例，虽然较为普遍地设立了内部稽核机构，但目前多数归各分支机构管辖，独立性和权威性不足，应借鉴国外经验，设立对最高权利机构负责的内审机构，以确保最高管理者关注实践中发现的任何问题。只有这样才能使内部监管的最高权威地位得到明确。

②建立金融机构内部控制的稽核评价制度

在我国金融机构自我约束不力、内控意识不强、过分依赖外部监管的情况下，建立内控稽核评价制度显得尤为重要。

③充实改善内控设施，建立高效的金融管理信息系统

利用计算机这一现代化工具，实现信息采集、加工处理、传输的自动化，实现信息资源共享。通过建立数据库、模型库、方法库，实现快速、准确、合理的预测和分析，提供内部控制的信息来源和最终决策支持。

④修改完善内控制度

内控制度的建立与完善是一个动态过程，各金融机构都要适时根据其业务发展和环境变化不断修改完善内控制度，以动态适应其业务发展与金融创新对风险控制的需要。

（2）建立金融同业自律机制

从世界各国金融同业自律制度建设的实践看，同业公会或协会是适应金融业行业保护、行业协调与行业监管的需要自发地形成和发展起来的，从我国金融业发展的现状分析，显然存在金融业发展较快与金融监管当局监管相对不足的矛盾，迫切需要建立以对金融监管当局监管起拾遗补缺作用的金融同业公会制度，创造一种维护同业有序竞争、防范金融风险、保护同业成员利益的行业自律机制。建议在金融监管当局的鼓励，指导及社会舆论的倡导下，在自发、自愿的基础上建立金融业同业公会，可根据金融机构的不同类型、不同地区建立不同的金融同业公会，并在此基础上形成全国金融同业公会的联系机制，赋予金融业同业公会具有行业保护、行业协调、行业监管、行业合作与交流等职能。

## 五、我国经济的可持续发展与绿色金融

国内经济的健康发展需要金融行业的健康发展为其提供支撑。新形势下，金融行业需要树立一种绿色、可持续的发展理念，进而提升经济可持续性发展的水平。因此需要提高对于绿色金融的关注度，重视"低碳经济"。想要真正实现"绿色金融"并让其助力于国内经济的可持续发展显然并没有那么容易，结合实际分析，其中仍存在诸多问题。因此分析绿色金融发展中存在的问题并制定相应的策略，最终让其能够为国内经济发展产生助力也就成为了我们所必须要关注的一部分工作。

### （一）现阶段国内绿色金融发展所遇到的问题分析

（1）经营宗旨与经营目标有待改善

现阶段，商业银行等金融机构的经营宗旨以及经营目标强调的是股东利益以及利润的最大化，因此绿色金融的发展遇到了缺乏价值驱动因素的问题。再者，国内很多从事环保业务的中小型企业仍缺乏合理的融资渠道，无奈他们只得选择民间借贷融资，这种做法既增加了他们的运营风险，又使得银行等金融机构失去了对于这类企业发展的制约及掌控作用。

（2）公司结构不完善，绿色金融的发展缺少保障

纵观全球，很多知名的金融机构都确立了"可持续发展"的价值理念，更设置了属于自己的环境部门、环境执行官以及环境执行委员会。上述部门或个人在金融机构拓展业务时拥有一票否决权或业务监督权。但国内金融机构的组织结构设置还尚未涉及到环境保护方面的内容，更缺少具备相应职能的机构，因此绿色金融发展进程中很多问题仍得不到有效监管。

（3）专业产品、专业人才、产品和服务相对缺乏

在中国，以商业银行为代表的金融机构在项目技术可行性、节能量测算、节能行业政策及技术标准确定等工作中仍存在诸多问题，相关的规程以及标准还未熟练掌握。另外，现有的人才结构更无法满足绿色金融项目实施以及环保评估的各项标准，缺乏针对绿色金融产品的服务细则。虽说部分商业银行已展开了绿色金融国际合作，在产品开发、推广方面积累下了一定的经验，但相关的细节仍需进一步完善。

### （二）绿色金融与可持续发展的关系论述

（1）绿色金融能够推动经济实现可持续发展

现阶段，区域经济的发展为社会资源的可持续开发利用做出的贡献已经得到了相关人士的重点关注。综合相关案例分析，绿色金融决策的制定能够为资源的优化配置打下坚实的基础，既能够实现经济效益的最大化，又能够为各个行业的转型发展创造更加丰富的环境效益。再者，绿色金融业也有助于缓和经济发展与环境保护之间的矛盾，进而帮助企业运用合法、合理的手段规避风险，促进区域经济结构的优化调整。在各方因素的综合作用下，传统金融正在逐渐向"绿色金融"转变，因此金融机构的绿色环保理念、绿色金融战略理念均得到了强化。而这方面变化产生的影响最终将体现在企业生产方式以及经营管理模式的变化之上，能够为区域经济的可持续发展注入新的动力。基于宏观层面分析，区域经济的转型发展是社会经济腾飞的重要前提，所以我们需要摆正对于"绿色金融"问题的关注度。

（2）能够促进产业、社会的可持续发展

通过相关措施并优化资源配备来促进绿色金融的发展对相关产业结构的转型升级有着非常重要的意义，最终会使相关产业呈现出可持续发展的新态势。具体来说，绿色金融能够对社会资金流向起到引导作用，进而推动产业结构的调整以及转型升级。在此基础上，它还能够以聚集资金的方式为相关产业的发展提供支持，这一环节的支持作用是不容忽视的。基于宏观层面分析，在绿色金融的影响下"绿色产业"也将产生规模经济效益，能够助力于劳动力、商品以及技术的空间转移，进而使产业实现整合发展。在上述变化的影响下，市场体系将会愈发完善，政府主管部门对于金融市场的监督管理也因此而增加了新的可能性。

绿色金融的引导下，企业管理者以及普通公民的环保意识也能够得到强化，这方面的变化最终将有助于增加社会成员对于社会的认同感。现阶段，民众的环保意识正在不断增强，金融业同样需要顺应这一变化，进一步推进自身的优化调整。以商业银行为代表的金融机构需要通过绿色金融业务承担起属于自己的社会责任，进而树立起良好的社会形象。另外，发展绿色金融对缓解当前日益严峻的环境保护问题有着非常重要的意义，企业能够在追求利润最大化的前提下为环境保护作出相应的努力。

### （三）发展绿色金融，实现经济可持续发展的策略

（1）强化金融队伍建设

金融机构想要发展绿色金融，并让其助力于国内经济的转型发展需要强化金融队伍建设。这方面的工作是后期各类细节工作优化落实的前提。具体来说，需要选择具有丰富经验的项目经理以及金融分析师参与到绿色金融产品的开发与推广之中，针对特定产品制定出详细的风险管理方案，确保在绿色金融业务领域能够及时完成相应的人才储备。在此基础上，国内金融机构还需进一步加强与国际绿色金融机构的合作，确保能够在管理理念、人才队伍建设等方面能够得到相应的支持。严格按照上述标准落实相关细节才能够在全新的行业形势下助力于绿色金融的发展，最终让其在国内经济转型发展中发挥应有的作用。

（2）进一步推进金融产品的创新

　　绿色金融产品的创新也是相关领域实践中所必须要关注的一部分工作。最常见的方式便是发行绿色金融债券，既需要发挥市场机制对企业旅行环境责任的监督和保护作用，又需要发挥市场的导向作用。待企业评估上市时，要将履行环境保护责任纳入评估体系之中，以此来约束企业的行为。在此基础上，企业需要重视绿色债券产品的发行，如此才能够为绿色产业的发展提供更多低成本、使用周期长的资金。而这方面的实践也能够为以企业为主导的环境保护项目解决好融资难的问题。最后，完善巨灾保险以及绿色衍生产品也是金融机构应当重视的一部分内容，它实现了金融产品对于自然环境风险的有效管理，既能够创造经济效益，又能够为环境保护打下坚实的基础。

　　（3）推广绿色信贷政策

　　绿色信贷是绿色金融的重要体现，而实施绿色信贷则能够为绿色产业、低碳经济、循环经济的发展提供强有力的支持。具体来说，在相关领域的实践中可以尝试制定差异化的信贷政策，主要通过降低经济资本的占用指标、信贷规模优化以及贷款利率优化等手段强化对于节能环保项目的扶持力度。此外需要尝试控制产能过剩、污染严重企业的授信，以此为起点限制对环境产生污染的项目的建设。若能够将环境因素纳入风险评估以及贷款审批制度之中，则有助于对相关风险做好防范。

# 参考文献

[1] 姜春志.互联网金融背景下校园网贷的经济风险研究 [J].现代经济信息，2017，（28）：298.

[2] 孙宇.现代金融经济的风险问题分析及防范 [J].中国商论，2018，（5）：27-28.

[3] 王多亮.浅谈现代金融经济的风险概述 [J].财经界，2018，（8）：13-14.

[4] 贾翔夫.新形势下我国金融控股公司发展现状及监管对策 [J].现代管理科学，2018，（9）：79-81.

[5] 许迎春.金融信息化及其风险防控研究 [J].天津科技，2015，02：53-54.

[6] 阎枫.金融信息化建设在风险防控中的作用探讨 [J].中外企业家，2015，01：104.

[7] 周婷，吴燕.风险防控中的金融信息化建设探讨 [J].经营管理者，2015，06：19-20.

[8] 张艳妮，何桂芳，阙波.金融管理信息化建设框架研究 [J].武汉金融，2012，09：55-57.

[9] 谢平，邹传伟.互联网金融模式研究 [J].金融研究，2012，（12）.

[10] 龙海燕.模糊综合评价在电子银行风险控制中的应用 [D].西安：西安电子科技大学，2011.

[11] 朱凤萍.建设银行网上银行风险管理研究 [D].西安：西安理工大学，2010.

[12] 朱维英.财务公司信用风险管理初探 [J].湖北财经高等专科学校学报，2011，23（02）：38-40.

[13] 郭德香.我国商业银行信用风险控制刍议—以新巴塞尔协议为视角 [J].征信，2012，30（05）：28-33.

[14] 侯昊鹏.国内外企业信用评级指标体系研究的新关注 [J].经济学家，2012（05）：88-97.

[15] 扬州市农村金融学会课题组，任祖智.当前基层银行防控企业信用风险的难点与对策 [J].现代金融，2014（09）：41-43.

[16] 梁婉春.浅析商业银行票据业务风险及防范措施 [J].市场周刊（理论研究），2014（02）：80-82+92.

[17] 姜坤，谢海涛，高阳.浅议财务公司信用管理与企业集团融资风险防范 [J].时代金融，2014（11）：170+174.

[18] 周晓彧.中小企业商业银行信用风险评级体系研究 [J].东南大学学报(哲学社会科学版)，2014，16（S2）：33-36.

[19] 牛永辉.浅析企业信用管理体系的构建 [J].当代经济，2015（27）：20-21.

[20] 张莹 . 财务公司推进电子商业汇票业务发展的对策建议 [J]. 经济师，2015（07）：157+159.

[21] 黄俊 . 新常态下票据业务发展及风险防控探讨 [J]. 上海金融学院学报，2015（04）：77-83.

[22] 邓雨菡 . 新经济形势下商业银行的信用风险与防范 [J]. 湖南商学院学报，2016，23（01）：97-100.

[23] 董震，程亚硕 . 企业信用风险和管理体系的创建 [J]. 中国商论，2016（27）：60-61.

[24] 刘志洋 . 商业银行流动性风险、信用风险与偿付能力风险 [J]. 中南财经政法大学学报，2016（03）：52-59+159-160.

[25] 刘明勇 . 商业银行如何防控票据风险？ [J]. 金融市场研究，2016（06）：82-88.

[26] 林瑞伟 . 关于财务公司业务创新的思考 [J]. 企业管理 .2016（S2）

[27] 金星燕 . 钢铁集团型财务公司贷后管理的问题及对策 [J]. 冶金财会，2016（10）：17-18.

[28] 范方志，苏国强，王晓彦 . 供应链金融模式下中小企业信用风险评价及其风险管理研究 [J]. 中央财经大学学报，2017（12）：34-43.

[29] 金星 . 企业集团财务公司金融风险管理浅析 [J]. 商场现代化 .2017（13）

[30] 李军 . 工商企业管理与企业信用管理体系的构建 [J]. 中外企业家，2017（14）：13-14.

[31] 张晓东 . 产融结合背景下企业集团电子商业汇票应用研究 [J]. 冶金财会 .2017（09）

[32] 赵慈拉 . 商业信用新时代电票应用影响大 [N]. 上海证券报 .2017（006）

[33] 徐丽媛 . 财务公司电子票据业务现状及对策 [J]. 现代商业 .2017（36）

[34] 汤莹玮，张婕珂 . 美国票据市场发展借鉴 [J]. 中国金融 .2017（22）

[35] 晁宏扬 . 企业信用风险成因及防范措施 [J]. 中外企业家，2017（26）：9-11.

[36] 冯彬 . 我国企业信用管理问题与对策 [J]. 合作经济与科技，2018（05）：188-189.

[37] 姜春志 . 互联网金融背景下校园网贷的经济风险研究 [J]. 现代经济信息，2017，（28）：298.

[38] 孙宇 . 现代金融经济的风险问题分析及防范 [J]. 中国商论，2018，（5）：27-28.

[39] 王多亮 . 浅谈现代金融经济的风险概述 [J]. 财经界，2018，（8）：13-14.

[40] 贾翔夫 . 新形势下我国金融控股公司发展现状及监管对策 [J]. 现代管理科学，2018，（9）：79-81.

[41] 胡坚 . 对于现代金融经济中的经济泡沫研究 [J]. 财经界（学术版），2013，17（32）：14.

[42] 张彩霞 . 浅谈现代金融经济中的经济泡沫问题 [J]. 经营管理者，2015，23（16）：202.

[43] 李春光 . 试析现代金融经济中经济泡沫金融风险防范的对策 [J]. 全国商情·理论研究，2016，8（16）：66-67.

[44] 郁钧铢 . 数学在金融领域应用浅谈 [J]. 中国经贸，2017（10）.

[45] 王曙光，邓亚仁 . 经济增长与农村就业问题分析—以陕西农村就业现状为例 [J]. 经济界，

2019（01）：79-83.

[46] 肖伊，王万辰，陈瑶.建设现代化经济体系背景下农村妇女就业问题探究——以河南省长葛市为例 [J].现代商贸工业，2018（32）：93-94.

[47] 王蕾.区域经济发展与大学生就业问题研究—评《新疆区域经济发展与大学生就业研究》[J].中国青年研究，2018（10）：121.

[48] 杨俊青，陈虹，许艳红.传统产业转型与新兴产业培育发展中的就业问题研究—以山西省为例 [J].中国人口科学，2018（05）：2-16+126.

[49] 张璐.经济新常态下大学生就业问题探析 [J].现代经济信息，2018（18）：455.

[50] 李云，李银娟.改革开放四十年我国就业战略转变历程与广东实践 [J].岭南学刊，2018（05）：14-25.